Lothar Quinkenstein

AM TAG ZUVOR, AM TAG DANACH

Essays und Erinnerungen

*edition.*fotoTAPETA

Für Gosia und Zuzanna

Ich sang ihm also zuerst das jüdische Lied
Es war einmal eine Geschichte und auf sein weiteres
Drängen auch das ukrainische *Hyla, hyla.* Mit beiden
Händen auf seinen Stock gestützt, gesenkten Kopfes,
hörte er zu, dann schwieg er eine lange Zeit, und ich
sah, wie seine Tränen auf seine bleichen Finger fielen.
Mir stockte der Atem. Ich hatte Roth in nüchternem
Zustand noch nie offen weinen sehen.

Soma Morgenstern, *Joseph Roths Flucht und Ende*

INHALT

DAS GEDÄCHTNIS DER STRASSEN
POSENER ERINNERUNGEN

Es ist zu befürchten, daß der heiße Enthusiasmus für das Deutsche
sich in der sarmatischen Luft abkühle oder verflüchtige.
(Heinrich Heine, *Über Polen*)

Der Zug hat die Grenze überfahren.
Ich gehe schon auf fremdem Boden. So rasch ging das.
(Alfred Döblin, *Reise in Polen*)

Jahrtausendwende

In den Monaten vor dem Millenniumswechsel tauchten in der deutschen Presse Artikel auf, die mögliche Bedrohungsszenarien entwarfen. Der Jahrtausendsprung im Datum, so die Spekulationen, könnte Verwirrung stiften in Datenbanken. Denkbar wären Pannen im Zahlungsverkehr, Beeinträchtigungen in administrativen Systemen, in der Infrastruktur, und die Apokalyptiker unter den Experten unkten gar von Stromausfall und Versorgungsengpässen. Die Artikel waren illustriert mit Fotos, auf denen weitsichtige Deutsche (Rentner zumeist) auf Doppelzentner von Konserven wiesen, die sie „für alle Fälle" im Keller eingebunkert hatten, auf den mit Holz zu befeuernden Ofen oder auf das Päckchen Scheine im Safe, mit denen sie den Weltuntergang überstehen wollten.

Diese Beiträge las ich in der *Czytelnia Niemiecka*, jenem Winkel der Posener Universitätsbibliothek, in dem sich die Zeit so leicht vergessen ließ zwischen den Zeilen eines Sommerabends, zwischen den Zeilen einer Winterdämmerung. Einen der Artikel wählte ich für eine Konversationsstunde aus. Er sorgte für Heiterkeit. Nicht minder groß war das Vergnügen, als ich einmal im Freundeskreis davon sprach. Deutsche, die sich mit Serbischer Bohnensuppe, Ravioli und Bargeldreserven auf das Ende der Welt vorbereiten – das löst in Polen herzliches Gelächter aus.

Bei Pauschalisierungen ist bekanntlich Vorsicht geboten, doch eine Spur von Mentalität wird man herauslesen dürfen: in der Freude an der imaginierten Katastrophe. Die umso größer ist, je gemütlicher und sicherer die Gegenwart sich darstellt.

Auch wenn die Bedingungen damals andere gewesen waren – mir fielen zu diesen Artikeln die Stimmungen der 1980er Jahre ein, als der Wohlstand sich etabliert hatte bis zum Gehtnichtmehr und die junge Generation (zu der damals auch ich gehörte) mit dem Gefühl lebte, von bleierner Zukunftsangst niedergedrückt zu werden, die sich mit passender Musik und entsprechenden Lektüren prächtig pflegen ließ im Duft von Räucherstäbchen. *1984* ... allein der Titel war schon Drohung genug, und selbst wer es nicht gelesen hatte, wusste bestens Bescheid. Big Brother is watching you! Mit siebzehn ist man in besonderer Weise anfällig für das Gefühl, in perfide camouflierter Unfreiheit zu leben.

Die Weitsichtigen hatten auch damals vorgesorgt: Bunkerräume im Garten des Eigenheims, mit Notstromaggregat, Belüftung und soliden Doppelstockbetten. *German Angst* in Zeiten des Kalten Krieges. Dass es unverantwortlich sei, Kinder „in diese Welt" zu setzen, war zwischen Gorleben und Mutlangen ein häufig kolportiertes Statement, zu dem man düster nicken musste. In der Volksrepublik Polen, wo im Dezember 1981 die Katastrophe eingetreten war, ging nach dem ersten Jahr des Kriegsrechts die Geburtenrate merklich in die Höhe. Polizeistunde, häufiger Stromausfall – darüber wurde in meinem Posener Freundeskreis immer wieder gewitzelt. Diese Generation war die letzte, die noch eigene Erinnerungen an Ladenregale hatte, in denen nichts mehr stand außer Essig und Senf.

Den Millenniumsmoment erlebten wir in der ul. Wrocławska. Die winzige Balkonnische mutete wie ein Schiffsausguck an. Ringsum die Altstadtdächer, gleich in der Bewegung gebannten Wogen, in den engen Gassen steigerte sich das Feuerwerk zum Ohren betäubenden Lärm, unterlegt von den Klängen der Kirchenglocken. Das Jahr 2000 hatte begonnen.

Am nächsten Morgen bot der Altmarkt zwar ein Bild, das an Schlachtengemälde erinnerte, und ein junger Mann, der in offenen Militärstiefeln schlappte, ansonsten bekleidet nur mit einer Unterhose und einem Laken, das er wie eine Toga um sich geschlungen hatte, mochte an einen Verirrten am Day After denken lassen, doch zerstreuten zum einen seine gute Laune und zum anderen seine beiden Begleiterinnen, die sich rechts und links an den tapfer Fröstelnden schmiegten, alle Bedenken. Von Weltuntergang konnte nicht die Rede sein, die Party hatte eben erst begonnen.

Die Dachwohnung in der Wrocławska schillert mir in der Erinnerung romantisch-biedermeierlich. Als eben eingestellter Mitarbeiter am Institut für Germanische Philologie hatte ich den Lektürekanon „19. Jahrhundert" zugeteilt bekommen, und so frischte ich, mit Blick auf die Fara, deren Barockfassade bei bestimmten Lichtverhältnissen in den schönsten Rosenfarben schimmerte, mein Gedächtnis auf, vertiefte mich in Adalbert Stifters *Nachsommer* und Eduard Mörikes *Maler Nolten*.

Wenn es genug war mit melancholischer Weltentsagung und Innerlichkeit, begab ich mich zum Malta-See, damit der Blick sich an der Wasserfläche und kleinen Phantasien von Weite erholen konnte. Der Weg dorthin führte durch die Straße Chwaliszewo. Hier durfte ich Zwiesprache halten mit Heinrich Heine, der seinerzeit in dieser Gegend – damals die Posener Vorstadt Wallischei – über die Vielzahl der Schusterwerkstätten gestaunt hatte.

Der Hauptstadt des Großherzogtums bescheinigte er „ein trübsinniges, unerfreuliches Aussehen". Das „einzig Anziehende", so sein ironischer Trost, sei die „große Menge katholischer Kirchen" (von denen er jedoch keine einzige als schön bezeichnen wollte). So wurde mir Heine zum doppelten Kommentator. Mit der *Romantischen Schule* rückte er den besagten Kanon ins Licht einer ironischen Skepsis, die mir auch manch eigene Begeisterung aus der Zeit des Studiums mit neuen Bedeutungen versah; mit seinem Reisebericht *Über Polen* brachte er mir die Gegend nahe, in der ich jetzt lebte.

Untrennbar verbunden mit der Erinnerung an die Wohnung in der Wrocławska sind auch die Verse Łucja Danielewskas (1932–2004). Für den Band *Polifonia* übersetzte ich an dem Fenster mit Blick auf die Fara den kleinen Zyklus „Kardiologia". Łucja Danielewska wohnte damals nur wenige Schritte entfernt, über dem Café Gruszecki.

Gleichfalls nur wenige Schritte entfernt verläuft die ul. Paderewskiego, über deren Kopfsteinpflaster die Pferde der Ulanen tänzelten an jenem Märztag 1999, als Polen der NATO beitrat. Familien standen am Straßenrand, die Kinder aßen ein Eis oder eine Waffel, Kirschkompott und Sahne komponierten sich zu den Landesfarben, und oben an der Ecke streifte die Parade die Erinnerung an Ignacy Jan Paderewski, der am 26. Dezember 1918 von einem Fenster des Hotels „Bazar" seine legendäre Rede gehalten hatte.

Ulica Sienkiewicza

Morgensonne auf buckligen Dielen, das Gurren der Tauben, die vor den hofseitigen Fenstern trippeln, das Geräusch des Regens auf den Blechbahnen des Daches … Die Wohnung in der Wrocławska hatte ihren Reiz, und am schönsten war sie im Frühjahr und im Herbst. Im Sommer wurde sie zur Sauna, im Winter schaltete sich der Kühlschrank ab, weil die Temperatur in der Küche (die keine Heizung hatte) Kühltechnik überflüssig machte. Am Ende siegte, Romantik hin und Heine her, der Wunsch nach etwas mehr Bequemlichkeit.

Der Umzug ging in den Stadtteil Jeżyce, in die Sienkiewicz-Straße. Dort räumte ich die Bücher aus den Kartons, als eben der Flieder zu blühen begann. Und mag es auch als wenig origineller Inszenierungstrick erscheinen, in der Sienkiewicz-Straße Gombrowicz zu lesen

(„ein erstrangiger zweitrangiger Schriftsteller...") – tatsächlich ergab es sich so. In dem Antiquariat am Altmarkt hatte ich kurz vor der Jahrtausendwende die elfbändige Ausgabe erworben, die bei Wydawnictwo Literackie erschienen war. So vertiefte ich mich an den ersten lauen Abenden auf dem Balkon der neuen Wohnung zum ersten Mal ausgiebig in das Original. Es wurde ein regelrechter Gombrowicz-Sommer daraus. Neun der elf Bände waren 1986 erschienen – in jenem Jahr hatte ich Abitur gemacht.

Zum Lüften des Kopfes bot sich von der ul. Sienkiewicza aus der Rusałka-See an. Der nicht allzu lange vor meinem Umzug den Dnipro abgegeben hatte in Jerzy Hoffmans Verfilmung von *Mit Feuer und Schwert*. Und die Prosa des Alltäglichen sei auch nicht vergessen: In die Räumlichkeiten des Antiquariates zog später ein Schuhgeschäft ein.

Spaziergänge in der neuen Umgebung führten durch die Mickiewicz-Straße, die Słowacki-Straße, die Kraszewski-Straße. Namen, die gleich Codewörtern ganze Bibliotheken an Vergangenem erschließen, die Geschichte der „Nation ohne Staat", die unser Schulbuch im schwarzen Loch der dritten Teilung hatte verschwinden lassen. Ich sehe noch die Kartendarstellungen vor mir, die schrumpfende *Rzeczpospolita*, 1772, 1793 – und mit dem Jahr 1795 hatte es sein Bewenden gehabt. In den folgenden Kapiteln, in denen Deutschland, England, Frankreich, Italien in die Moderne aufbrachen, gab es nichts Polnisches mehr. Ohne Staat keine Geschichte, so die Botschaft dieses Lehrwerks. Und ohne Staat im 19. Jahrhundert, so der Subtext der Botschaft, der sich einprägte mit der Suggestivkraft der Abwesenheit, kein Aufbruch in die Moderne.

Mickiewicz war in Konstantinopel gestorben, Słowacki in Paris, Kraszewski in Genf. – Wäre nicht in jenem September 1939 der Krieg ausgebrochen, „ich wäre nach Polen zurückgekehrt", notierte Gombrowicz während seines West-Berliner Stipendiums 1963 im Tagebuch. Und so wenig uns in den Schuljahren der Oberstufe bewusst war, dass die Geschichte Europas unvollständig bleibt ohne die Kapitel der Emigration – weil eben diese Kapitel am deutlichsten von den europäischen Katastrophen sprechen –, so wenig verstanden wir, dass unser Weltschmerz mit Räucherstäbchen nur möglich war in der Behaglichkeit profunder Ignoranz.

Doch nicht nur vom Gedächtnis erzählten die Straßen, sie erzählten auch von seiner Hierarchie. Denn ebenso wie in Krakau die Aleje Trzech Wieszczów (Allee der Drei Dichterpropheten) den sperrigen Außenseiter aussparen – den 1883 elend im Pariser Exil verstorbenen Cyprian Kamil Norwid –, blieb auch in Poznań das große Dreigestirn der Romantik unter sich. Die ulica Norwida verlief ein gutes Stück weiter weg. Nahe den Bahngleisen mäanderte sie durch ein Mosaik aus Wohnhäusern, Garagen und Kleingewerbe, um schließlich, als sollte dies schon die Vorstadt sein, im Ungepflasterten zu enden.

Durch die straßenseitigen Fenster der neuen Wohnung blickte ich auf das Haus, in dem Kazimiera Iłłakowiczówna gewohnt hatte. Die 1892 in Wilna geborene Lyrikerin und Übersetzerin war 1939 – als persönliche Sekretärin Piłsudskis – vor der deutschen Aggression nach Rumänien geflohen, wo sie die Kriegsjahre überstand. Zu ihren Übersetzungen aus dem Deutschen gehören Schillers *Don Carlos* und Goethes *Egmont*, aus der Literatur des 20. Jahrhunderts Heinrich Bölls *Das Brot der frühen Jahre*, Heimito von Doderers *Ein Mord, den jeder begeht*. Von 1947 bis zu ihrem Tod im Jahre 1983 lebte sie, zuletzt erblindet, in jenem Haus in der ulica Gajowa. Łucja Danielewska besuchte sie regelmäßig, um ihr vorzulesen; davon erzählt sie in ihrem Buch *Portrety godzin*.

Noch im Jahr der Wende hätten mir von dieser Biographie im Grunde nur Goethe, Schiller, Böll und Doderer etwas gesagt. Und der September 1939. Doch ob ich in der Lage gewesen wäre, neben dem 1. auch den 17. auf Anhieb zu datieren – hier hätte ich schon Zweifel.

1983, im Todesjahr Kazimiera Iłłakowiczównas, zogen die Grünen zum ersten Mal in den Bundestag ein. In Polen ging der Kriegszustand zu Ende. Milan Kundera publizierte seinen Essay *Un occident kidnappé oder die Tragödie Zentraleuropas*, ein Text, den ich erst in Polen zur Kenntnis nehmen sollte und den ich – auf die Gefahr hin, pathetisch zu werden – als Offenbarung bezeichnen möchte. Mit der Wucht eines Blitzschlags brachte er mir zu Bewusstsein, wie beschränkt die Welt gewesen war, in der ich aufgewachsen bin. Beschränkt, weil wir ohne jede Not, ohne jede Zensur nur das in unser Bild integrierten, was den westlich des Eisernen Vorhangs gelegenen Teil Europas in seiner „Normalität" bestätigte. Die „Zwangsjacke Jalta" (György Konrád) tat uns – *horribile dictu* – nicht weh.

Zugleich fanden wir Gelegenheit genug, wohlig warme Vollbäder des Weltschmerzes einlaufen zu lassen.

Vom Waldsterben war viel die Rede, die „Weissagung der Cree" klebte auf der Heckklappe des verbeulten R4, mit dem wir zum Remix des Klosterbrudrisierens aufbrachen. Grobschnitt brachte *Illegal* heraus, wenig später *Kinder und Narren*. René Bardet wärmte altbekannte Sehnsüchte wieder auf: „Vielleicht weil ich ein Wilder bin" …

Anders als in dieser banalen Form lässt es sich leider nicht ausdrücken: Die Tragödie Zentraleuropas – mit den Worten Kunderas: geographisch in der Mitte, kulturell im Westen, politisch seit Jalta im Osten – war für uns Jugendliche damals ohne Bedeutung gewesen. Der „Ostblock" stand, ganz wie Karl Schlögel es etwas später ausdrückte, als „Terra abscondita" im Licht einer negativ beleumdeten Topographie. Die bestenfalls ins Spiel gebracht wurde, wenn halbgare politische Ansichten sich in die Brust werfen wollten. Dann löste ein Schlagwort das andere ab, und vor dem Beginn des Streites schon waren die zentraleuropäischen Länder in der Konfrontation der großen Blöcke verschwunden. Stammheim, die RAF, Amerikas Schuld in Vietnam, Amerikas Schuld gegenüber den Indianern, Reagans Unterstützung der Contras in Nicaragua – das waren Brennpunkte unseres Interesses, dazu gab es Lieder und Filme, dazu gab es Emotionen.

Unsere Schule nahm an der Hilfsaktion „Pakete für Polen" teil. Ich erinnere mich an eine diffuse Vorstellung von Menschen in Not, an ein diffuses Gefühl, als unser Klassenlehrer den in einem altmodisch wirkenden Deutsch verfassten Dankesbrief vorlas. Dass dieser Kriegszustand unmittelbar mit dem Krieg zusammenhing, von dem die Großväter erzählten, sahen wir nicht. Und dass dieser Krieg, der mit dem Überfall auf Polen begonnen hatte, später Polen auf seltsame Weise ausgespart haben musste, weil die Großväter im Osten immer nur gegen den „Iwan" gekämpft hatten, fiel uns erst recht nicht auf.

In welch starkem Maße die Wahrnehmung Ergebnis eines Konstruktes ist, brachte mir in Poznań ein biographischer Mythos nahe: die Künstlerlegende Joseph Beuys. Zu verdanken habe ich die Anregungen Jerzy Łukasz Kaczmarek, den ich als Lyriker und Übersetzer kennenlernte. Bei einer unserer Begegnungen lieh er mir das Buch *Flieger, Filz und Vaterland*. Dieser Beuys-Biographie ist einiges vorgeworfen worden, doch wie immer sie im Einzelnen zu bewerten wäre, es bleibt der Kontext der Fakten: Ab dem Frühsommer 1941 verbrachte Beuys etliche Monate in Posen, wurde von Heinz Sielmann zum Bordfunker ausgebildet und besuchte als Gasthörer Vorlesungen an der „Reichsuniversität Posen". Kaum anzunehmen, dass er nichts von der Existenz des Forts VII wusste, des „Konzentrationslagers Posen". In einem Stollengang der Befestigungsanlage waren bereits im Herbst 1939 Psychiatriepatienten mit Kohlenmonoxid ermordet worden. Im Sommer 1941 betrug die Zahl der im Fort VII hingerichteten polnischen Zivilisten etliche Tausend. Auch im Wald rings um den Rusałka-See gab es Exekutionen, mehrere Gedenksteine erinnern daran.

Hier, an den Ufern des Sees und in den Gewölbegängen der Gedenkstätte Fort VII, schob sich die unumstößliche Wirklichkeit des Geschehenen in den Blick.

Und das Bild des Künstlers als eines öko-bewegten modernen Schamanen bekam so manchen Riss.

Von Merzig nach San Angel, von Dmytrów nach New York

Es hatte etwas von einem Jetlag. Mit jeder neuen Linie, die sich aus dem Vertrauten in den weiten Raum spannte, der so lange echolos gewesen war, verschob sich der Schwerpunkt der Wahrnehmung, verlor das vermeintlich Gewisse den Nimbus des Gültigen, erfuhr Erinnerung ihre rückblickende Korrektur.

1998 erschien Günter Scholdts große Monographie über Gustav Regler: *Odysseus im Labyrinth der Ideologien.* Zwei Jahre später erschien in Polen eine neue Ausgabe von Józef Wittlins *Orfeusz w piekle XX wieku* (Orpheus in der Hölle des 20. Jahrhunderts). Beide Bücher las ich in der ul. Sienkiewicza, im Abstand von einigen Jahren, doch wenn ich heute versuche, mir Momente dieser Lektüren zu vergegenwärtigen, gaukelt mir mein Gedächtnis Gleichzeitigkeit vor. Als wären die beiden Texte zwei Stimmen derselben Komposition. Zugleich trat in den Unterschieden am deutlichsten zu Tage, was Europa in jenen Jahrzehnten prägte: Die Hoffnung des einen hielt an Illusionen fest, die die Erfahrung des anderen schon lange vor 1939 hatte Lügen strafen müssen.

Vom „Labyrinth der Ideologien" in jenem „Europa neunzehnhunderttraurig" (Peter Huchel) hatte uns die Heimat nur wenig vermittelt. In den Literaturgeschichten fehlte Regler im Grunde bis 1989 in beiden deutschen Staaten. Weil er Kommunist gewesen war. Weil er sich vom Kommunismus gelöst hatte. Und erst recht nichts vermittelt hatte uns das Curriculum der Heimat von den Landschaften, aus denen Wittlin die Substanz seines Denkens bezog.

Zwei Biographien, gezeichnet von den Katastrophen des 20. Jahrhunderts. Der eine Geburtsort – das saarländische Merzig – war umgeben von der Aura vertrauter Nähe. Der andere – das galizische Dmytrów – schwebte in den Versuchen einer gedanklichen Annäherung. Polen hatte für mich in Mielec begonnen, und je länger ich nach Wegen suchte in diesen Raum Galizien, desto deutlicher veränderte sich auch der Blick zurück auf die Landkarte des Eigenen.

Die Flucht ohne Ende war eines der ersten Bücher gewesen, die mir mein Vater gegeben hatte, als ich aufhörte, Jugendbücher zu lesen. Vieles an der Geschichte verblieb, da mir einiges an historischem Hintergrund fehlte, in vagen Konturen, umso tiefer prägte sich dafür die Atmosphäre dieses sich verlierenden Lebens ein. Allein der Name war eine rätselhafte Botschaft: Franz Tunda. Und der letzte Satz – ich weiß noch, wie ich ihn mit mir trug gleich einer geheimen Bestätigung dessen, was pubertäre Wirrnis an Projektionsgeflimmer produzierte: „So überflüssig wie er war niemand in der Welt."

Und ein zweites Buch gehört in diesen Bannkreis des Atmosphärischen: Friedrich Torbergs *Die Tante Jolesch oder Der Untergang des Abendlandes in Anekdoten.* Aus diesem Buch las mein Vater manchmal an Samstagabenden vor. Es gehörte zu seinen Lieblingslektüren. Besonders mochte er die Episoden mit Dr. Sperber. Auch hier verstand ich damals oft die Pointen nicht – es blieb das Gefühl, mit einer Welt in Berührung zu kommen, die ihre eigene, noch schwer zu fassende Faszination besaß. Es ist keine nachträgliche Retusche, es war tatsächlich so – *Die Flucht ohne Ende* und die Roth-Biographie von David Bronsen waren die beiden wichtigsten Bücher, die ich im Gepäck hatte, als ich in jenem Spätsommer 1994 eine Stelle als Deutschlehrer am I. Liceum in Mielec antrat.

Von Roth führte der Weg zu Claudio Magris, zu Manès Sperber und Soma Morgenstern und weiter zu Bruno Schulz, zu Józef Wittlin und Julian Stryjkowski. Und je mehr sich im Laufe der Jahre eine Landkarte Galiziens entfaltete, die neben dem Atmosphärischen ihre konkreten Bezugspunkte erhielt, sich mit Biographien, Orten und Texten füllte, desto sprechender wurde mir in jeder weiteren Lektüre die „Tante Jolesch". Um dieses Buch in seinen Dimensionen der tiefen Trauer wie der Komik zu erfassen, musste ich nach Polen fahren.

Wittlin wurde 1896 geboren, Regler 1898. Wittlin beginnt das Opus Magnum seiner geistigen Autobiographie mit der Beschreibung der wahnwitzigen Begeisterung, mit der sich Europa in den Ersten Weltkrieg stürzte – Regler, mit achtzehn Jahren durchaus empfänglich für vaterländische Töne, kehrte traumatisiert aus den Schützengräben der Westfront zurück. Verwundet, gasvergiftet, erlitt er eine schwere Krise, verlor eine Zeitlang die Sprache. Wittlin reflektiert im Dialog mit Rilke die Machtlosigkeit der Kunst angesichts der Gewalt der Geschichte. Regler fand in Worpswede einen der wichtigsten Orte seines Lebens.

Reglers vielleicht bedeutendster Roman *Das große Beispiel* verarbeitet seine Erfahrungen im Spanischen Bürgerkrieg. Auch dieses Ereignis war uns nur im Kleingedruckten des Schulbuchs vermittelt worden. Dass etliche Männer aus den Dörfern unserer Kindheit sich den Internationalen Brigaden angeschlossen hatten, wussten wir als Abiturienten nicht. Regler fand schließlich Zuflucht in Mexiko – Wittlin schrieb in New York von „Glanz und Elend des Exils".

In der Verschränkung der beiden Biographien entstand eine neue Ebene, eine Landschaft der Denkorte, zwischen denen nicht mehr Kilometer lagen, sondern Handspannen und Fingerbreiten eines durch Zeitschichten hindurch sich verknüpfenden Sinns.

Der zerbrechlichste Teil des Westens

Über einen längeren Zeitraum hinweg riefen in der Wohnung in der Sienkiewicz-Straße einmal im Quartal irgendwelche Herren an, die nach Mädchen, *girls, dziewczyny, djewotschki* fragten. Offenbar hatte die Telefonnummer früher einem entsprechenden Etablissement gehört und stand noch in dem einen oder anderen Notizbuch eines Messebesuchers. Nach der Erklärung, dass dies eine Privatwohnung sei, in der solche Dienste nicht angeboten würden, legten die Herren meistens auf. Manche fragten noch, ob sie eventuell eine Empfehlung, eine gute Adresse vielleicht …

An einem Sonntagmorgen war es wieder einmal ein Landsmann. Er schien zum Plaudern aufgelegt. Ich wisse ja sicher, wie das sei, allein auf Dienstreise, Sonntagvormittag im Hotel, man kennt die Sprache nicht, langweilt sich, da schaut man halt mal, was so los ist in der Stadt … Ich wusste zwar nicht, wie das ist, und einen Tipp konnte ich ihm auch nicht geben, doch ich erfuhr, woher er die Nummer hatte: aus dem Internet. Dazu gehörte eine Adresse – in Jeżyce, in der Prus-Straße.

Bei den nächsten Einkäufen auf dem Jeżycki-Markt suchte ich das Haus. Unscheinbare Nachkriegsarchitektur, überzogen von der grauen Patina schmucklos alternder Gebäude. Unter der Wohnungsnummer, die der Landsmann mir genannt hatte, war auf dem Klingelschild in verblasster Schrift zu lesen: *Naprawa obuwia* (Schuhreparatur). Und während ich vor der Haustür stand, einen Blick auf die Fenster warf, auf verschieden gemusterte Gardinen, einen Vogelkäfig, Topfpflanzen, einen Kinderzimmer-Klebeschmuck, sah ich Meister Sajetan Tempe dort sitzen, in einem vergessenen Kämmerchen der Zeit, den Schusterhammer in der Hand, über den Leisten gebeugt. Und verdrossen hämmernd, bringt er sich in Fahrt: „Schluß mit dem unnützen Gerede! Jucheißa, hei! Nagelt die Sohlen! Rollt ein das harte Leder, brecht euch die Finger dabei! …"

Sollte ich ein Werk nennen, aus dem ich die Stimme jenes „zerbrechlichsten Teils des Westens" (Kundera) am deutlichsten höre – Witkacy wäre unter den ersten, die mir einfielen. Wie viele Skizzen zum Absurden Theater gibt es, die sich ausführlich der *Kahlen Sängerin* und *Warten auf Godot* widmen und seinen Namen nicht einmal erwähnen? Wie es auch die Murti-Bing-Pillen (aus seinem 1930 erschienenen Roman *Unersättlichkeit*) verdient hätten, ebenso zum Topos zu werden wie Orwells

„Newspeak". Doch wurde die polnische Vision offenbar als weniger universal angesehen als die angelsächsische, und die deutlichen Spuren sind dann – was kaum verwundern darf – in der polnischen Emigration zu finden: in Czesław Miłoszs *Verführtem Denken* etwa (das auch „Versklavtes Denken" hätte heißen dürfen).

An dieser Stelle muss ich noch einmal in die 1980er Jahre zurückkehren. Wir kannten selbstverständlich Roman Polanski. Und wir liebten seine Filme. Wir amüsierten uns beim *Tanz der Vampire*, sahen mit angehaltenem Atem den *Mieter*, genossen den Schauer, den *Rosemaries Baby* uns über den Rücken rieseln ließ. In Poznań, in der Marcinkowski-Allee, sah ich die Gedenktafel, die an den begnadeten Musiker und Komponisten erinnert, der die Musik zu *Rosemaries Baby* schrieb: Krzysztof Komeda. In Poznań hatte er Medizin studiert, Hals-Nasen-Ohren-Heilkunde, ehe er sich ganz seiner Leidenschaft widmete, dem Jazz.

Eine Erzählung Marek Hłaskos war der erste Prosatext gewesen, den ich in Mielec im polnischen Original las. Dann folgten *Die schönen Zwanzigjährigen*. Nach und nach entstanden die Konturen – der Auslöser seines erzwungenen Exils, die Verbannung aus dem Kanon der Volksrepublik, seine Jahre in den USA ... Roman Polanski, Krzysztof Komeda, Marek Niziński. Die wodkaübermütige Rangelei mit Hłasko, bei der er sich die schwere Kopfverletzung zuzog, der er nach langem Koma erlag. Agnieszka Osiecka nicht zu vergessen, deren exzellente Lyrik mir – jenseits der Partylieder von Maryla Rodowicz – meine Frau nahe brachte. Geschlossen hat sich der Kreis, als ich Henryk Grynbergs traurig-ironisches

Buch *Uchodźcy* las (Flüchtlinge). Hłasko, so erzählt er, habe ihm damals in Tel Aviv einen Zettel mitgegeben für Agnieszka Osiecka, den er – Grynberg – ihr in Warschau übergab. Darauf soll nur ein Satz gestanden haben: „Lassen wir uns nicht verrückt machen."

Was hier Gestalt gewann, war das überwältigende Kompendium einer Kultur, die europäischer nicht hätte sein können. Und nichts von alledem war gemeint gewesen, wenn jemand in den 1980er Jahren „bei uns" das unselige Wort ausgesprochen hatte: *Ostblock*.

Als dieser Ostblock schließlich zerbrach, wollte die Kulturredaktion des legalisierten Piratensenders, für den ich als Student kleinere Betrachtungen zu literarischen Themen geliefert hatte, nach Berlin fahren, um Heiner Müller zu interviewen. Irgendwie wurde aber nichts aus der Fahrt, ich weiß nicht mehr genau, warum. In einem Fernsehgespräch sagte Heiner Müller dann, dass er nun, da der Kommunismus sich von der Macht gelöst habe, eine neue Chance sehe für den Kommunismus …

Der „russische Revolutionär" und der „polnische Patriot" – gegensätzlicher könnten die Bilder von Rebellion und Widerstand kaum ausfallen. Hier, so denke ich, liegen die Gründe der fundamentalen Missverständnisse von Seiten des „Westens", liegen die Gründe für die Marginalisierung der polnischen Erinnerungen. Wenn ich in Poznań Solidarność-Geschichten hörte, Erinnerungen an Studentenaktivitäten bei den Streiks, an die gefürchteten Vorladungen in die Kochanowski-Straße (wo die Staatssicherheit ihren Sitz gehabt hatte), durfte ich mir meine Gedanken dazu machen. Und gut in Erinnerung ist mir auch noch ein Abend, an dem eine ebenso simple wie bedeutsame Erkenntnis ihre Formulierung fand: Wir hatten als Kinder tatsächlich nie Partisanen gespielt. Das allein wäre schon Stoff für einen eigenen Essay.

Hinter dem Stadtbad, hinter der Synagoge ...

„Das erste Hallenschwimmbad der Gauhauptstadt Posen wird ein ungemein dekorativer Bau, der in nichts mehr an seine frühere Zweckbestimmung erinnert." Dieser Satz stand am 9. April 1940 im *Ostdeutschen Beobachter* zu lesen. Den Plänen hatten rein praktische – zynische – Überlegungen zu Grunde gelegen. Ein Abriss wäre teurer gewesen als der Umbau.

Ende der 1990er Jahre konnte einem in Wegbeschreibungen noch beides begegnen: „hinter dem Stadtbad links / rechts" ... „hinter der Synagoge links / rechts" ... Wer letztere Formulierung wählte, kannte den Hof in der ulica Głogowska, kannte Ryszard Krynickis Gedicht, das daran erinnert, dass weite Teile des Messegeländes sich auf dem Areal des ehemaligen jüdischen Friedhofs befinden. Janusz Marciniaks Büchlein *Pozostał tylko krzak bzu ...* (Es blieb nur ein Fliederbusch ...) sowie seine Publikation *Ślad to pytanie* (Eine Spur ist eine Frage) wurden mir zu Wegweisern durch diese Erinnerungsräume der Stadt.

Immer wieder hat Marciniak den unscheinbaren Hof in der Głogowska gemalt, die Garagen mit dem bröckelnden Putz, den Fliederbusch, aus wechselnden Perspektiven, in wechselndem Licht. Was Jerzy Ficowski mit seinen „aus der Asche gelesenen" Versen festhielt, verwandelte Marciniak in Bilder. Er malte die Abwesenheit. Heute zeigt der Hof bereits ein anderes Gesicht. Mit der

Rekonstruktion der Grabstätten ist das „Nur" des Fliederbuschs seinerseits Geschichte geworden.

In Mielec damals, im Herbst 1994, hatte ich die zerbrochenen Grabsteine auf dem Stück Brachland in der Jaderny-Straße erst bemerkt, als die Büsche ihr Laub verloren, das wuchernde Gras verwelkte und zusammensank. Hebräische Schrift, vom Regen ausgewaschen, zwischen rostenden Bierdosen und Flaschenscherben. Ein Holunder (im Polnischen „Schwarzer Flieder": *czarny bez*) wuchs aus einem Haufen Ziegelschutt. Auch dieses Gelände ist heute eingehegt, hat seine Tafel, ist markiert.

Die Gefahr, hier missverstanden zu werden, ist groß. Und nichts läge mir ferner als ein Loblied anzustimmen auf ein Vergessen, das mit Müll und Nesseldickicht einer zweifelhaften Romantik die Sujets liefert. Doch waren es letztlich Orte wie jenes Stück Brachland in Mielec, wie jener Hof in der Głogowska (und ähnliche Orte habe ich in all den Jahren in Polen noch etliche gesehen), die sich am tiefsten einprägten. Was ich nicht als Kritik an die Adresse eingehegter Gedenkstätten verstanden wissen möchte!

Vielleicht könnte das Wort Jetlag noch einmal als Erklärung helfen. Solche Orte prägten sich ein, weil ich hier erst verstand, wie wenig wir im Grunde „aufgearbeitet" hatten. Als Abiturienten aus dem Tiefschlaf geweckt, hätten wir „sechs Millionen" gesagt. Was aber wussten wir, als wir die allgemeine Hochschulreife in den Händen hielten, *außer* dem Faktum der Vernichtung? Was wussten wir von den Inhalten der zerstörten Welt? Auschwitz, Majdanek, Treblinka sind die Namen des Verbrechens. Über das Judentum erfährt man anhand dieser Orte nichts. Wo aber war die Landkarte der jüdisch-mitteleuropäischen Kultur? Wo war *Polin*, wo *Jiddischland*?

Der Rabbiner mit der Wünschelrute

Im Antiquariat „Żupański" in der Paderewskistraße fand meine Frau ein fast schon zerfallenes Exemplar von Monika Krajewskas *Czas kamieni* (Zeit der Steine). Mit diesem Buch kehrten die oben erwähnten Verse Ficowskis wieder, die Fotos wiederum zeigten mir, was ich damals in Mielec in der Jaderny-Straße gesehen hatte, in der schläfrigen Hitze eines Sommertags, im Schneelicht einer Winterdämmerung. Das war die „Postume Landschaft" – „Randal solcher Stille", „Getümmel der Öde" (Jerzy Ficowski).

Heine hatte in wenigen Strichen die Geschichte von *Polin* gezeichnet, zugleich eine – ironisch unterlegte – Charakteristik des West- und des Ostjudentums formuliert. 1916 gaben Samuel Joseph Agnon und Ahron Eliasberg in Berlin *Das Buch von den polnischen Juden* heraus, Ergebnis eines gigantischen Kulturtransfers: aus den Landschaften des mitteleuropäischen Judentums in den Jüdischen Verlag in Berlin. Als ich nach langem Suchen endlich zum ersten Mal ein Bibliotheksexemplar in der Hand hielt, sah ich die Zeichnung von Hermann Struck, die ihm vorangestellt ist: ein Porträt Rabbi Akiba Egers. Der Rabbiner mit der Wünschelrute, festgehalten auf einem der Bilder Janusz Marciniaks, suchte Akiba Egers Grab auf dem Hof in der Głogowska.

Etwa hundert Jahre nach Heine unternahm Alfred Döblin seine Polenreise – und entdeckte voller Staunen, was Agnon und Eliasberg selbstverständlich gewesen war. Eben dieses Staunen macht Döblins Buch so wertvoll. Wie fremd war ihm damals diese Welt erschienen – Polen, das „Ostjudentum" –, die sich von Berlin aus in wenigen Stunden mit der Bahn erreichen ließ. Und wie groß wurde seine Empathie, bis hin zur Verzauberung.

Jedes Mal, wenn ich Döblins Buch in die Hand nehme, öffnet sich der Abgrund des Unwiderruflichen. Straßenszenen, die er im jüdischen Warschau beschreibt, mit der Liebe des literarisch versierten Beobachters, Geschäfte und Hinterhöfe … und die Straßennamen, die er nennt, werden keine zwanzig Jahre später auf dem Gebiet der Hölle liegen, die die deutschen Besatzer mitten in Warschau angerichtet haben.

Echolot

Was in der raffenden Darstellung als Linie erscheint, war in der Wirklichkeit der Jahre ein Suchen und Tasten, von Buch zu Buch, von Gespräch zu Gespräch, oft alles andere als zielgerichtet, auf verschlungenen Wegen sich verlierend, und manches, was ich fand – mag es nun Zufall heißen oder anders – verknüpfte sich unerwartet.

Erst der Rückblick lässt uns erkennen, wie aus der Vielfalt des Einzelnen Bilder werden, wie sich die Bilder schließlich in Bewegung setzen, wie ein Weg entsteht. Diese Dynamik setzt sich fort bis heute, bis in die Formulierung dieser Sätze. Bis heute beschäftigt mich die Frage nach dem Sinn der Orte, die Frage, wo ich gewesen war. Damals, als Polen für mich „begann". Damals, in den Jahren davor.

Die Lektüren brauchten ihren Resonanzraum, brauchten eine Landschaft, mit der sie zu verbinden waren. Vor allem brauchten sie ihr Echo im Gespräch. Wollte ich versuchen, diese Echos wenigstens in Umrissen zu beschreiben, würde ich den Rahmen dieses Beitrags mehr als sprengen. So bleibt mir nur, in Gedanken noch einmal den Antiquitätenladen „Galeria Horn" zu betreten, wo ich auf nicht anders als wunderbar zu nennende Weise heimisch werden durfte. In Gedanken noch einmal mit Daniel Tomczak zu einem Spaziergang um den Rusałka-See mich zu verabreden, wo wir uns wechselseitig zu Heine, Nietzsche und Celan, zu Maria Komornicka und Karol Irzykowski befragten. Wo Daniel mir vom Berlin kurz nach der Wende erzählte und von den Radiosendungen Tomasz Beksińskis, die ihm so viel bedeuteten wie Komornicka und Celan. Noch einmal in Gedanken mit Jacek Gruszkiewicz in der ul. Grodziska zu sitzen, Karol Szymanowski zu hören und die Lieder des Kabaret Starszych Panów. Mit Andrzej Marniok in der Dachstube in der ul. Libelta, wo wir über Augustinus sprachen und Gershom Scholems Bücher zur Kabbala. Noch einmal in Gedanken mit meiner Frau ins Kino Amarant zu gehen, wo wir, manchmal nur mit zwei, drei anderen Zuschauern, *Edi* und *Dogville* sahen, *Comme une image, Sideways* und *Orlando*. Noch einmal in Gedanken die Wege zurückzulegen, die uns hier durch polnische Landschaften führten, dort durch die Regionen der Zeilen. Damit am Ende die Orte sich zu einem größeren Sinn verbinden wie Kutno und Kazimierz Dolny bei Schalom Asch.

Das Neue findet nicht nur in der jeweiligen Gegenwart statt, in der wir es erleben, es greift auch Raum in der Vergangenheit. Alles, was wir hinzugewinnen, rührt an die eigene Erinnerung. Dann sehen wir, dass wir vermeintlich Bekanntes noch längst nicht ausgeschöpft haben. Und manche Nostalgie, die uns als vertraut hatte gelten wollen, entpuppt sich als fauler Zauber, der zu revidieren ist.

DRESDNER NACHMITTAG UND ABEND

Dem Andenken Arnold Słuckis

Ob sie schon mal richtig eingepennt sei in der Schule, fragte der Lockenkopf, der aussah wie ein für kerngesunde Vollwertkost werbender Jimi Hendrix, die Schönheit an seiner Seite, deren präraffaelitische Gesichtszüge vor der hieroglyphisch übersprühten Scheibe der S-Bahn wirkungsvoll zur Geltung kamen.

Nicht so dösen, mein' ich, erklärte er, um ihr das Überlegen zu erleichtern, das macht man ja öfter, aber so richtig eingepennt …

Sie zwirbelte eine Strähne ihrer Haare, suchte mit der Zungenspitze ein Krümchen Donutglasur im Mundwinkel, dann fiel es ihr ein:

Ja, doch, einmal, beim Winterstein in Geschichte …

An der nächsten Station stiegen Musikanten zu und spielten mit Posaune, Akkordeon und Kontrabass so kraftvoll, dass vom weiteren Verlauf des Gespräches nichts mehr zu verstehen war.

Auf dem Bahnsteig 2 tief zog es entsetzlich. Eine größere Familie stand um einen babylonischen Turm aus Gepäckstücken geschart. Zwei der Männer trugen blau schillernde Trainingsanzugsjacken mit dem Schriftzug „FSV Waiblingen".

Dass mich ausgerechnet jetzt, in dieser Zugluft, eine Trainingsanzugsjacke an den ungestümen Romantiker erinnern musste, den in Italien ein Fieber dahingerafft hatte. Mich abzulenken von den Gedanken an Delirium und Sterbelager, memorierte ich ein paar boshafte Stellen aus den *Reisebildern aus Italien*. Zwischen den neuesten Nachrichten erschien unterdessen ein Zitat von Edmund Hillary auf dem Bildschirm an der Wand: „Es ist nicht der Berg, den wir bezwingen, wir bezwingen uns selbst."

Die Dame, die mir gegenübersaß, kam aus Hamburg und fand den Zug „furchtbar".

Was ihr denn im Einzelnen missfalle, wollte ich wissen, worauf sie nur abwinkte mit dem Gesichtsausdruck eines Menschen, der in ausreichendem Maße Bescheid weiß, um nicht ins Detail gehen zu müssen.

Immer dasselbe, sagte sie, seit Jahren dasselbe, und sie umschrieb, auf dass ich mir selbst ein Bild machen möge, mit anklagender Handbewegung den Großraumwagen, der tadellos dahinrollte auf der Strecke Berlin – Prag – Budapest-Keleti.

Ganz Ostdeutschland, fuhr sie fort, hätten sie schon bereist, fünf Freundinnen, seit Schulzeiten einander verbunden, und nun, da sie alles Sehenswerte gesehen, träfen sie sich Jahr für Jahr in Dresden, weil das die mit Abstand schönste ostdeutsche Stadt, heute leider das Wetter nicht ganz so freundlich, was aber nichts mache, wer in Hamburg wohne, sei schließlich Regen gewöhnt. Nur an diesen furchtbaren Zug könne sie sich auch jetzt, nach all den Jahren, nicht gewöhnen. Aber ich will Sie nicht stören, Sie möchten sicher weiterlesen. Sie deutete auf das Buch, das ich auf den Knien hielt, den Finger zwischen den Seiten. Beugte sich, als ich mit einer Antwort zögerte, verschwörerisch vor:

Sie haben sich eben so schön amüsiert bei der Lektüre, darf ich fragen, was das ist?

Ich zeigte ihr den Umschlag: Michael Chabon, *Die Geheimnisse von Pittsburgh*, ein Wühlkistenexemplar, 50 Cent, sonnengebräunter Schnitt.

Unterhaltsam?, fragte sie.

Sehr unterhaltsam, sagte ich und kehrte zurück in den turbulenten Sommer des Erwachsenwerdens.

Als der Zug in den Dresdner Hauptbahnhof einlief, bat sie mich, ihr mit dem Koffer behilflich zu sein. Sie bedankte sich, ich wünschte einen angenehmen Aufenthalt, da kam auch schon eine Dame ähnlichen Alters auf sie zugesegelt, offenbar eine der Freundinnen, mit denen sie ganz Ostdeutschland bereist hatte, und rief mit glockenheller Stimme:

Sieglinde, wie schön …!

Die Bahn nach Dresden Neustadt war fast leer. Ein Mann, um die Fünfzig, in ausgelatschten Sportschuhen, von deren Spitzen die Sohlen hingen, streichelte die Hand einer Frau, vergrub immer wieder sein Gesicht in ihren feuerroten Haaren, worauf sie jedes Mal mit einem Gurren die Augen schloss.

Kaum hatte der Zug die Halle verlassen, glitten hüfthoch mit Gräsern und Kraut überwucherte Bahnsteige vorbei. Solcher Wildwuchs in Rufweite eines Hauptbahnhofs wirkte versöhnlich. Ich musste an ein Gedicht von Charles Reznikoff denken – „It is not to be bought for a penny …", doch ehe ich die „distant lots" hätte erreichen können, „rusting cans and Jimpson weeds", ertönte die Stimme eines Fahrgastes, der außerhalb meines Blickfelds ein Mobiltelefongespräch führte.

Dass er alles mit Arnfried noch einmal durchgecheckt habe und dass jetzt alles schicki sei, schallte es in aufgeräumtem Tonfall, und während ich so dasaß, mit dem losen Fadenende des Gedichts in den Händen, schob sich hinter den herbstlichen Baumkronen der orientalische Bombast der ehemaligen Zigarettenfabrik Yenidze ins Bild, um mir das nächste Echo ins Ohr zu flüstern: Wo ist der Gesandte aus Lechistan? … Adampol im flimmernden Licht … Inspiration des unterzuckerten Geistes, der auf das Frühstück hatte verzichten müssen, weil der Körper zu spät aus den Federn gekrochen war, und dort, am fernsten Horizont, wo der Himmel des unendlichen Gedankens die Erde des endlichen Lebens berührt, galoppierten die Husaren Israels, zur Weichsel am Sinai, doch ehe der Galopp sich hätte aufschwingen können aus den Gefilden der Unterzuckerung, hielt der Zug in Dresden Neustadt, und ich musste aussteigen.

Vor dem Bahnhofsgebäude durchsuchte ich alle Taschen, die Fächer des Geldbeutels, blätterte in den *Geheimnissen von Pittsburgh* … ich hatte doch wahrhaftig den Zettel mit der Adresse vergessen. Ärgerlich; aber gut, das sollte wohl zu finden sein.

Ich steuerte den ersten Passanten an, fragte, ob er sich auskenne in der Stadt.

Klar! gab er zurück und sah mich erwartungsvoll an.

Was für ein Museum? fragte er und musterte mich schon skeptischer. Soll das hier in Dresden sein …?

Als nächstes fragte ich ein junges Paar, das sich gegenseitig und mit wachsendem Eifer den Weg zum Erich-Kästner-Museum erklärte. Aber dieses … wie hieß das noch mal? … nein, nie gehört.

Die junge Frau mit den raffiniert umrandeten Augen winkte ab, ehe ich die Frage zu Ende gebracht hatte – da sah ich den Schriftzug auf ihrer Jacke: *Kinder bueno*. Sie sei alles andere als von hier, meinte sie gut gelaunt, aber ob ich vielleicht mal probieren wolle?

Ich hatte keine Lust auf etwas Süßes, okay, kein Problem, sagte sie, wünschte mir „'nen schönen Tach noch", um dann einem gegelten Blondschopf, der in der nämlichen Jacke eine Gruppe an der roten Ampel ansprach, zuzurufen:

Die sind hier alle so was von schräg drauf, das glaubst du nich!

Ich kehrte zurück in die Bahnhofshalle, betrat den Buchladen.

Ob ich denn die Straße wisse, fragte die junge Frau an der Kasse, und da gerade niemand bezahlen wollte, ging sie mit mir zu den Stadtplänen und Reiseführern.

Da ist es ja … in der Nordstraße, sie zeigte mir ein Foto des idyllisch in einem Garten gelegenen Hauses mit dem filigranen Schnitzwerk am Giebel. Ich schlug den Stadtplan auf, fand eine Nordstraße in einem Dresdner Vorort. In einem Vorort? Das konnte es nicht sein.

Sie warf einen Blick zur Kasse, zwei Frauen standen dort mit kleinen Kindern an der Hand.

Moment, sie gab mir den Reiseführer, bin gleich wieder da.

Ich hantierte mit zwei Stadtplänen, suchte noch einmal im Straßenverzeichnis. Endlich hatte ich es gefunden, ein kleines rotes Rechteck, kein Zweifel mehr möglich: „J. I. Kraszewski-Museum".

Sie lebe ja jetzt schon recht lange in Dresden, sagte sie, als sie den Lesekopf über das Preisschild hielt, aber von diesem Museum habe sie noch nicht gehört, und als wollte sie sich entschuldigen dafür, erklärte sie mir den in ihren Augen, die mich an Emilia Plater erinnern wollten, günstigsten Fußweg dorthin.

Wuchtig grau ragte das Gebäude der Verkehrsbetriebe am Albertplatz. Die zerschlagenen Fenster waren von innen mit Pressspanplatten vernagelt.

Wann war das gewesen – der Klassenausflug in die DDR? 1983? 1984? ... „Wir wissen nichts mehr von Mitteleuropa, dafür umso mehr vom Ostblock." Hätte uns damals jemand diesen Satz vorgelesen (und wäre er damals schon formuliert gewesen ...), wir hätten nicht einmal geahnt, wovon er sprach, so unerschütterlich gemütlich hockten wir in der komfortablen Stagnation eines Jahrzehnts, in dem der einzige Grund, den Eisernen Vorhang als Ärgernis zu empfinden, in den nervigen Tiraden derjenigen bestand, die alle Nase lang mit der Empfehlung aufwarteten, es könne, wem es „hier" nicht passe, „ja nach drüben" gehen.

Ein Religionslehrer verlor sich, kaum dass im Alten Testament von einem Scharmützel der Israeliten die Rede war, in längeren Ausführungen zum Zweiten Weltkrieg, schilderte in drastischen Einzelheiten die unmenschliche Behandlung deutscher Soldaten in sibirischer Gefangenschaft, um vom Schicksal der Spät-

heimkehrer zur deutsch-deutschen Grenze überzu-
gehen, deren Bestandteile er an die Tafel zeichnete,
wobei er den Selbstschussanlagen ganz besondere Sorgfalt widmete. Damit auch jeder wusste, wes Geistes Kind
diese „rote Sippschaft" war.

Ein Geschichtslehrer wiederum erheiterte uns mit
Scherzfragen: „Warum hat Herbert Wehner einen schiefen Mund? – Weil er bei seinen Besuchen im Osten immer mit Hammer und Sichel essen muss."

Ich erreichte den Bischofsweg.

Das war nun auch schon fast zehn Jahre her. Dass wir
uns hier, in einer Wohnung im ersten Stock, mit Blick
auf den Alaunpark, an ein nostalgisch umflortes Früher
erinnert hatten. An Münster und Bächle, belegte Seelen
und Stehcafé, kauzige Profs und Propheten der Welt-
revolution im Proseminar.

Als wir abends dann nach Görlitz fuhren, begann es
zu schneien. Am nächsten Morgen schien eine kalte
Wintersonne. Wir standen am Grab Jacob Böhmes, hielten den Kragen unterm Kinn zusammen, traten von einem Fuß auf den andern im knirschenden Harsch. Und
als hätte es nur auf das Stichwort „Schnee" gewartet, gab
sich linker Hand das Unternehmen „Castorp & Ollux"
zu erkennen, ein Grafikbüro für „Werbung mit Witz". An
der nächsten Haustür wurde, zum wiederholten Mal
schon seit dem Albertplatz, mit einem kopierten
DIN A4-Blatt auf eine „Lesung gegen das Vergessen"
aufmerksam gemacht: „88 Seelen oder Die Kinder von
Lidice". Ein Fenster weiter brasilianische Spezialitäten,
ich überquerte die Straße, bog in die Kamenzer ein, wo

ein Mann damit beschäftigt war, eine Kofferraumladung Flaschen in lärmgedämpfte Container zu werfen.

Die Gehwegplatten schoben mir mit ihrer Form, mit ihrer Farbe *trotuar* unter meine Schritte – Herbstabende in Poznań, wenn nasse Blätter durch die Straßen flogen, dass man dankbar sich ins Trockene flüchtete zu einem Glas Amber in der schummrigen Kneipe, die nun auch seit einer kleinen Ewigkeit verschwunden war, an der Ecke Piekary / Ogrodowa. Die Schwermut der Häuser – wenn ein milchiger Novembermond über den Dächern der Altstadt stand, deren Gassen in manchen Nächten so verwunschen labyrinthisch werden wollten, dass man sich verlief, weil jede Ecke, jeder Winkel tausend Dinge zu erzählen hatten … da sah ich das Banner des Museums, reglos im Regen, ein Bächlein rauschte, eine Birke stand versonnen, ich öffnete das Gartentor, der Rasen war getupft von welken Blättern, Bänke im Halbkreis, rings um die Veranda verblühten die letzten Rosen, an einem Apfelbaum wuchsen zwei Sorten Äpfel, die einen üppig gelb und groß, die anderen kirschrot und winzig klein.

Die Leiterin des Museums begrüßte mich erfreut, führte mich sogleich in die Ausstellung. Fotos von Zbigniew Libera. Die Gruppe Radfahrer, die gut gelaunt und in bunter Freizeitkleidung den Schlagbaum zerlegen – die ausgepumpten Sportler im Sand, über die sich andere Menschen beugen. Erinnerung aus dem Geschichtsbuch: „Einwohner von Kertsch (Krim) suchen nach Angehörigen unter den Toten im Kampfgebiet nach dem ersten Rückzug der deutschen Truppen im Winter 1941/42." Der wolkenschwere Himmel, die Leichen im

Schlamm, Gesichter und Hände schwarz vom Frost. Die in Verzweiflung erstarrten Bewegungen der Lebenden.

Wo war eigentlich das Album abgeblieben, in das ich damals die Bilder geklebt hatte? Ein Dutzend Mal der Zwinger, ein Dutzend Mal die Elbe. Die Wartburg, Bach in Leipzig, Goethe und Schiller in Weimar, die sonnige Leere in der Gedenkstätte Buchenwald. Die Aufschrift auf der Berliner Mauer – die ganze Klasse hatte sie geknipst: „Auch die Mauer verdanken wir unserem Adolf".

Die Gästewohnung befand sich im Gartenhaus.

Ich steckte den Schlüssel ins Schloss, und ehe ich den abgenutzten Kunstgriff hätte verhindern können, vollzog sich die Überblendung, tat ich einen Schritt über Jahre hinweg: In einem ganz ähnlich geschnittenen Häuschen, ebenso ähnlich in eine Nische der Phantasie geschmiegt, hatten wir, und mit Vorliebe an verregneten Herbstabenden, Schumanns Romanzen für Klavier und Oboe gehört, im festen Glauben, wir seien verzweifelt. Heute aber lief keine Musik, nur die abgestandene Luft sporadisch genutzter Räume empfing mich, und in einem Körbchen auf der Kommode lag ein tönernes Herz mit den zierlich handgepinselten Worten „Reich ist, wer viel hat. Reicher noch, wer nichts braucht."

Im Bücherschrank ein kleiner Stapel. Zuoberst Brigitte Jäger-Dabeks *Nachbarschaftskunde für Deutsche.* Auf dem Cover ein roter Maluch auf einer Landstraße, die derart polnisch war mit den Alleebäumen im Weizengoldabendschimmer, dass einem wind und weh werden wollte. Ich überlegte, wann ich in Polen das letzte Mal in einem

Maluch gesessen hatte. Das müsste 1996 gewesen sein. Außerdem ein Buch über den Mond: Sagen und Legenden der Völker aus so und so viel Jahrhunderten. Ein Band mit Fotos von Krzysztof Gierałtowski. Zuunterst ein bibeldickes Taschenbuch, zwei Thriller in einem Band.

An der Wand drei Stiche mit Dresdner Stadtansichten. Ein Kalender mit einer Spruchweisheit: „Wer sein inneres Gleichgewicht gefunden hat, verliert auch auf schwierigen Pfaden nicht die Balance."

Ich legte mich aufs Bett, sah hinaus in den nassen Garten.

Klementyna z Tańskich Hoffmanowa fährt nach Yowta, irrlichterte mir der Titel einer ungeschriebenen Novelle durch den Sinn, die in einer regnerischen Stunde wie dieser hätte beginnen können, um das Unbegreifliche der Heimat, das Unbegreifliche der Fremde mit dem Faden der Worte zu vermessen.

Vor dem Fenster die letzten Blätter an den Zweigen, sie verloren schon die Farbe, dunkelten in der Dämmerung.

Als ich zurückging ins Museum, hatten sich die beiden Räume im Erdgeschoss gut gefüllt, und immer weitere Besucher strömten herein. Einer gab dem anderen die Tür in die Hand, doch dieser Andrang galt, wie ich begriff, Libera. Als meine Lesung hätte beginnen sollen, waren wir zu dritt.

Die Leiterin des Museums versuchte uns aufzumuntern. Zu viele Konkurrenzveranstaltungen in der Stadt. Dazu der Regen. Aber kein Grund, Trübsal zu blasen. Wer möchte Kaffee, wer möchte Tee …?

Sie brachte Tassen, brachte eine Schale mit Süßigkeiten; wir aßen *Delicje* mit Himbeergelee, *Delicje* mit Orangenfüllung, knabberten *Jeżyki*, knabberten *Michałki kokosowe*, was uns ein wenig versöhnen durfte.

„Viel teurer als vom Kapitol der Lorbeer sind ihnen Kränze, die die Bäurin flicht aus Rautengrün und aus Vergißmeinnicht …", begann mein Verleger zu zitieren, als wir die Eingangstür hörten, Schritte kamen näher, und zwischen den leeren Stuhlreihen stand eine Erscheinung, die aussah, als wäre sie einer Galerie sarmatischer Helden entstiegen.

Ob er hier richtig sei zur Lesung, fragte er.

Wir nickten.

Er setzte sich zu uns an den Tisch.

Ja … dann sei er mal so frei, er zog einiges an Papier aus der Jackentasche, entrollte und entfaltete es und begann, ein Poem zu lesen, das, wie er erklärte, inspiriert worden sei durch Kraszewskis Gemälde „Wolhynische Landschaft".

Er las mit verhaltener Stimme, beschwörend fast, und die Verse, einer dem andern entspringend, wuchsen, als wäre es ein Baum, und die Krone, breiter und breiter, fasste ein Wind, und ein Rauschen, wie von Gezeiten, schwoll an und verebbte, Jahrhunderte kamen und gingen, und als er sich erhob, um das in Distichen schillernde Finale im Stehen zu deklamieren, schließlich auch die Hand noch an die Stirn legte, als blende ihn die Wahrheit des Prophetischen, schien er wahrhaftig Matejkos Wernyhora zu werden.

Lange saßen wir sprachlos.

War das nicht wunderbar?, fragte die Leiterin, die als erste die Worte wiederfand.

Das muss veröffentlicht werden, sagte mein Verleger.

Unbedingt zweisprachig, sagte die Leiterin, die sich gleich darauf entschuldigte, weil ihr Mobiltelefon klingelte.

Der Dichter schien verlegen.

Aber nein, begann er, das sei zu viel des Lobes. Er habe doch lediglich versuchen wollen, ein paar Gedanken zu formulieren, die ihm bei der Betrachtung des Gemäldes in den Sinn gekommen seien.

Ein paar Gedanken ... Der Verleger breitete die Arme aus. Ein Kosmos ist das, ein Kosmos! Lassen Sie mir das Manuskript zukommen. So schnell wie möglich. Das muss noch ins Frühjahrsprogramm, das wird eine Perle, und natürlich machen wir das zweisprachig, auf jeden Fall zweisprachig! Er wandte sich an mich: Für Sie dürfte es doch kein Problem sein, das zu übersetzen, und ehe ich antworten konnte, drückte mir der Dichter innig die Hand:

Was soll ich sagen? Was kann ich sagen? ... Danke, vielen Dank! *Bardzo, bardzo Panu dziękuję!* Sie schickt der Himmel ...!

Die Leiterin des Museums kam zurück in den Raum, überreichte mir den Katalog zur Libera-Ausstellung, mein Verleger gab mir eine Einladung zur nächsten Lesung eines seiner Hausautoren anlässlich der Habsburg-Tage in Jarosław. Reihum versprachen wir einander, in Kontakt zu bleiben, tauschten Telefonnummern und Adressen.

Dann standen wir unter der Laterne im Hof. Der Verleger spannte einen Schirm auf, unter dem auch der Dichter Schutz fand.

Ein paar Sätze lang verweilten sie zu dritt am Gartentor, dann verloren sich Verleger und Dichter in der herbstlich zerzausten Dunkelheit. Die Leiterin des Museums stieg in ihr Auto, die Lichter flammten auf, warfen schimmernde Reflexe übers Pflaster. Das Motorengeräusch entfernte sich, die Laterne erlosch. Eilige Tropfen, die aus dem Regenrohr in eine Pfütze fielen, tippten ihren Rhythmus in das Rauschen.

Ich überquerte die Brücke, den glucksenden Bach, bog in die Frühlingstraße ein, überließ mich dem Zufall des Gehens.

Lokale gab es im Überfluss. Ich entschied mich für eine Eckkneipe, in der wir vor fünfundzwanzig Jahren mit Adorno die bürgerliche Kunst verabschiedet hätten, um in der zweiten Hälfte der Nacht lyrische Eskapismen zu pflegen.

Während ich mir die würzige Gorgonzolasoße schmecken ließ, huschten abermals Worte, als hätte das unermüdliche Rauschen sie aus den Kulissen gelockt, auf dass sie den Weg in dieses Heute fänden, denn hier waren sie entstanden, in vermeintlich vergangener Zeit … Von fremder Mutter, alter Helden Blut und Bein, und vierundvierzig wird sein Name sein … aber der Cocktail, rief die Frau am Nebentisch in die muntere Runde, ist mit Cointreau, das schmeckt doch voll weihnachtsmäßig, Mitte Oktober, neee, das passt nicht! Und sie bestellte einen Mojito.

Kaum waren die Getränke serviert, wurde die Gesellschaft derart ausgelassen, dass ich auf ein zweites Bier verzichtete und zurückging in den Regen.

Ein Spätkauf, der sich mit dem Motto „Besser spät als nie" empfahl, ließ mich an einen Schlummertrunk im Gartenhaus denken.

Ein Grüppchen Durchnässter stand gut gelaunt vor der Ladentheke, wählte gewissenhaft Getränke und Proviant, offenbar für eine Party. Der Mann hinter der Theke, der vielleicht aus Vietnam stammte, scherzte mit ihnen, sprach alle mit dem Vornamen an.

Ich bat um ein Fläschchen „Wilthener Gebirgskräuter", er reichte es mir, auf dem Etikett war vermerkt, dass Amalie Dietrich, das Kräuterweibl aus Sachsen, die Rezeptur ersonnen hatte, und wenn das Ergebnis auch nur annähernd an *Gorzka Żołądkowa* erinnern durfte, war es das Richtige für diesen Abend.

Wilthen, sagte der Mann, als bürge auch das für die Qualität des Produktes, ist nicht weit von hier.

Ich zahlte, und wieder zurück im Regen, fragte ich mich, wohin man wohl gelangen würde, wenn man die Mitte nähme zwischen Wilthen und seinem fernöstlichen Heimatort.

Drei Parterrefenster waren mit indienbunten Tüchern verhängt; ein Haus weiter saß, als hätte eine Reinkarnation Hoogstratens den Pinsel geführt, ein junges Paar beim Abendessen in einer Küche mit einem altväterlichen Kohlenherd. Wieder zwei Häuser weiter blickte ich durch ein Souterrainfenster auf einen Wuschelkopf in einem Kinderbett, inmitten eines Zoos von Stofftieren.

Im Freiraum Orange wurden Dias gezeigt. Etwa ein Dutzend Menschen, in der Hand ein Glas mit Rotwein oder eine Flasche Bionade, sahen gebannt auf eine Leinwand. Eben verschwand der Felsendom und zwei Frauen, die jede eine Süddeutsche lasen, schwebten im Toten Meer.

Vor einer Baulücke blieb ich stehen, probierte den Likör. Von *Gorzka Żołądkowa* war er leider weit entfernt, doch holte es mich trotzdem ein. Dank der Büsche, die in der Baulücke wuchsen. Das Aroma des Laubs, schwer und herb in der nassen Luft – so hatte der erste Herbst gerochen, in Mielec damals, wenn ich nach dem allwöchentlichen Volleyballspiel am Freitagabend durch die schlafende Stadt gegangen war, über den Marktplatz und in die ulica Kościuszki, wo die gelben Blätter der Linden auf dem Kopfsteinpflaster klebten und eine Stille mich erwartete in der kargen Einraumwohnung im Internat, in der alles widerhallte, was ich damals noch nicht wusste.

Szagalewo schläft, hat seinen Fluss zur Seite ... So verloren ging ich im Geruch des Laubs, dass ich erst einige Querstraßen weiter bemerkte, dass ich im Begriff war, mich zu verlaufen.

An einem kleinen Anbau, der sich an ein wuchtiges Gebäude anschloss, fraß der Verfall. Das verwitterte Holz der Eingangstür war über und über besprüht. Im Licht der Straßenlampe las ich die für eine Botschaft an dieser Stelle erstaunlich sorgfältig geschnörkelte Schrift an der Wand: „Dresden-Neustadt ist ein lebendiges und buntes Viertel – keine Frage. Glanz & Ruhm brachten Idealisten und Visionäre. Heute aber sehe ich fast nur Yuppies. Schade."

An der Mauer, die sich wiederum an den Anbau anschloss, entdeckte ich einen Magen David, schräg übersprüht: „Palästina!" Daneben stand, in wiederum anderer Farbe: „ANTIFA!" Am Ende der Mauer eine Nische, eine Gittertür. Ich spähte durch die Stäbe. Die Grabsteine verloren sich im Dunkeln, ein Schimmer, der von der Parkplatzbeleuchtung herüberschien, fiel auf die erste Reihe. *Peh* und *Nun* – „hier liegt begraben", die einzigen Buchstaben, die ich zuordnen konnte. *Who by fire, who by water …?* Durch die Ferne der Jahre klang es so verwirrend vertraut, wie nur vermeintlich Eigenes klingen kann, wenn es im Wissen um alles nicht Gewusste endlich fremd genug geworden ist, um seinen Sinn zu enthüllen, und unter den Fingern krümelte der Rost der Gitterstäbe.

Dresdner Ahnenfeier, Danziger Bahnhof – und die Husaren Israels tränken ihre Pferde am Ufer der Weichsel.

Kafkas Schwestern, Kafkas Nichten, die letzten Verse, geschrieben am neunten November. Die Stunde, die mich hier einholen wird – Szagalewo, unerreichbar hinter der Berliner Mauer.

Ich ging zwischen den schweigenden Häusern. Fand den Bischofsweg wieder, die Kamenzer, bog in die Nordstraße ab. Überquerte die Brücke, den glucksenden Bach.

Meine Schritte versanken in der aufgeweichten Erde. Reglos im Regen die Birke, der Apfelbaum.

Notieren, dachte ich, als ich die triefende Jacke auszog, die nassen Schuhe. Du musst notieren jetzt. Sonst findest du keinen Schlaf.

(Dresden / Berlin, Oktober – Dezember 2013)

erzähle dir deshalb
flüsternd die geschichte aber

wiederhole sie nicht
(Jerzy Ficowski, *Ich erzähle dir die Geschichte*)

Schon ein flüchtiger Blick in verschiedene Internetforen, die Erinnerungen an „gute, alte Fernsehzeiten" beschwören, darf es bestätigen: Die Anfang der 1960er Jahre in den USA produzierte Serie *Flipper* besitzt Kultstatus. Die nostalgischen Akzente in den Kommentaren verweisen häufig in Sphären der alten Bundesrepublik, doch scheint die Faszination durchaus generationenübergreifend zu wirken, und der Titelsong selbst entfaltet seine eigene Magie, die mitunter ins Absurde führt: So ist auf www.fernsehserien.de zu lesen, Komponist und Texter seien unbekannt. Es wäre vermutlich die erste Urheberschaft der Musik für eine Fernsehserie, die im Abspann unterdrückt würde.

Man ruft nur Flipper, Flipper, / gleich wird er kommen, / jeder kennt ihn, / den klugen Delphin … Auch ich habe die Melodie im Ohr, und die Bilder, die sich dazu einstellen, führen in eine Zeit, in der unsere Idole auf dem Dorf unweit der deutsch-französischen Grenze Bruce Lee und Sepp Maier hießen.

Wer sich allein von den Empfindungen leiten lassen wollte, könnte mit Weichzeichnungen hantieren, von unbeschwerten Kindheitsstunden phantasieren, war doch die Serie mit dem klugen Meeressäuger denkbar passend abgestimmt auf kindliche Gefühlslagen. Eine exotisch reizvolle Welt, spannende Höhepunkte mit Momenten der Bedrohung, des Nervenkitzels, die aber nie zu Katastrophen führten, denn dank Flippers Hilfe konnte jede Gefahr gebannt werden. Ob Haie oder Stachelrochen, Unbilden der Natur oder ein Verbrecher auf der Flucht vor der Polizei – am Ende jeder Episode war der Frieden im Coral Key Park wieder hergestellt, ohne dass jemand ernsthaft Schaden erlitten hätte. Ein begütigender Scherz, Flippers keckerndes „Lachen" (das angeblich ein Synchronsprecher produzierte), dann folgte der Abspann, der selbstverständlich auch den Komponisten der Titelmusik nannte: Henry Vars [Wars].

Henryk Warszawski – wie er eigentlich hieß – wurde 1902 in Warschau geboren (damals russisches Teilungsgebiet). Von frühester Kindheit an erfuhr er vielfältige Anregungen seiner musikbegeisterten Familie. Nach dem Abschluss des Warschauer Konservatoriums avancierte er als Pianist in Kabarett-Theatern in Kürze zum Star der polnischen Unterhaltungsmusik. Henryk Grynberg (geb. 1936) schreibt in seinem autobiographischen Prosabuch *Flüchtlinge*: „Polen, eben erst wiedergeboren, war verrückt nach neuen Melodien. Wars hatte sie im Überfluss, und auf den Tonfilm schienen diese Melodien nur gewartet zu haben. Filme kommen und gehen, die Lieder aber bleiben."

Zwischen 1930 und 1939 schrieb Warszawski die Musik zu über 50 Filmen. Lieder, die er für die Leinwand komponierte, wurden im Handumdrehen zu Schlagern, die jede Straßenkapelle weitertrug. Seine Tangos wurden zur musikalischen Einstiegsdroge für eine ganze Generation.

Die Namen der Persönlichkeiten, mit denen er zusammenarbeitete, fügen sich zum „Who is Who" einer Epoche, in der das künstlerische Leben in Polen nur so pulsierte: Hanka Ordonówna, Zula Pogorzelska, Eugeniusz Bodo. Nicht zu vergessen die Lemberger Szene: Emanuel Szlechter, das legendäre Duo Kazimierz Wajda und Henryk Vogelfänger, die als „Szczepko und Tońko" – in den Rollen zweier Lemberger Schlitzohren und Hallodris – ihr Radiopublikum begeisterten.

Hanka Ordonówna und Zula Pogorzelska sangen Warszawskis Lieder in Filmen, deren glanzvolle Leichtigkeit zum Inbegriff einer goldenen Epoche wurde: *Der Spion mit der Maske* (1933), *Romeo und Julcia* (1933) – zwei Titel unter vielen. Eugeniusz Bodo, Dandy und Herzensbrecher, der sich gerne mit seiner Dogge Sambo fotografieren ließ, trat als Sänger, Schauspieler und Tänzer auf, schrieb außerdem an vielen Drehbüchern mit. In dem Fotoband *Eine verlorene Welt: Polnische Juden. Fotografien aus den Jahren 1918 – 1939* ist eine Szene aus dem Film *Ein Stockwerk höher* (1937) zu sehen: Warszawski sitzt am Klavier, Bodo befeuert die Band – es ist die Szene, in der die Jazzcombo das klassische Quartett der gesetzten Herren in der Wohnung darunter zur Verzweiflung bringt.

Auch Emanuel Szlechter war ein Genie des Films und der Revuetheater. Er schrieb Liedtexte und Drehbücher, komponierte und führte Regie. In dem Film *Vagabunden* (1939) fanden sie noch einmal zusammen: Szlechter als

Co-Autor des Drehbuchs, Vogelfänger und Wajda in ihren Lebensrollen, als „Szczepko und Tońko", Wars schrieb die Musik. Das Lied, das zum Synonym dieses Films wurde, sollte nur wenige Monate später düster symbolischen Charakter erhalten: „Lwów jest jeden na świecie" [Lwów gibt es nur einmal auf der Welt], bekannt zumeist unter dem Titel „Tylko we Lwowie" [Nur in Lwów].

Vagabunden kam im Frühjahr 1939 in die Kinos. Am 1. September überfiel die Wehrmacht Polen; am 17. September griff die Rote Armee von Osten an. Warszawski geriet in deutsche Gefangenschaft, konnte aus einem Transport fliehen und schlug sich ins sowjetisch besetzte Lwów durch, wo er das Orchester *Tea Jazz* gründete, eine der Nischen polnischer Kultur unter sowjetischem Diktat. Auch Eugeniusz Bodo gehörte der Band an. Szlechter konnte in einem Theater unterkommen.

Hanka Ordonówna, dem deutschen Besatzungsterror in Warschau mit knapper Not entronnen, erlitt – nach ihrer Flucht nach Wilna – das Schicksal Hunderttausender Polinnen und Polen in den sowjetisch besetzten Ostgebieten: Sie wurde nach Usbekistan deportiert.

Als die Deutschen 1941 die Sowjetunion überfielen, gab es kaum noch Fluchtwege. Schon in den ersten Tagen der Besetzung Lembergs ging die Zahl der ermordeten Juden in die Tausende. Warszawski konnte rechtzeitig entkommen. Emanuel Szlechters Spur verliert sich im Lemberger Ghetto. Wahrscheinlich wurde er dort ermordet.

Stalin suchte jetzt nach neuen Verbündeten – und spekulierte auf die Hilfe der Polen, die er seit dem

17. September 1939 mit aller Brutalität schikanierte. Ende Juli 1941 erging im Rahmen des Sikorski-Maiski-Abkommens eine Amnestie für die polnischen „politischen" Häftlinge. Auf sowjetischem Boden sollte eine polnische Armee entstehen. Es waren nicht nur Männer, die sich auf den Weg zu General Władysław Anders machten – nach ein, eineinhalb, manchmal fast zwei Jahren GuLag –, auch polnische Frauen und Kinder stießen zu dem Tross. Sie kamen aus den zahllosen Hungerkolchosen, den zahllosen Waisenhäusern, in die die Sowjets sie verschleppt hatten. Warszawski schloss sich ebenfalls der Armee von Anders an, leitete dort „das wohl größte Militärorchester der Geschichte" (Henryk Grynberg).

Auch Eugeniusz Bodo hatten die Sowjets 1941 verhaftet. Ihm wurde sein Schweizer Pass zum Verhängnis – die Amnestie für die Polen galt für ihn nicht. Er starb 1943 im Durchgangslager Kotlas an Entkräftung. Das letzte Foto zeigt ihn als Gefangenen, stoppelbärtig, verschorfte Wunden im Gesicht, die Augen starren resigniert ins Leere.

Tausende von Kilometern legte die Anders-Armee zurück – aus der Sowjetunion über den Iran, Irak in den Nahen Osten, von wo aus sie mit alliierten Kräften nach Süditalien übersetzte. Wer einen Eindruck gewinnen möchte von diesem Kapitel des Zweiten Weltkriegs, das in Deutschland außerhalb von historischen Fachkreisen so gut wie unbekannt ist und in Polen zum festen Bestandteil der Memoria gehört, sei auf Józef Czapski verwiesen. In seinem Buch *Unmenschliche Erde* legt der Schriftsteller und Maler, der als polnischer Offizier der

Erschießung in Katyn um Haaresbreite entkommen war, ein erschütterndes Zeugnis ab. Norman Davies widmete der Armee von Anders vor wenigen Jahren ein Buch mit einem gleichfalls sprechenden Titel: *Trail of Hope: The Anders Army. An Odyssey Across Three Continents.*

Man mag versuchen, sich auszumalen, was die Konferenz von Jalta für diese Menschen bedeutet hat. Auch Warszawski sah keine Hoffnung mehr in einem Polen, das die Deutschen in ein Massengrab verwandelt und das die Sowjets in ihren Einflussbereich gezwungen hatten. Nach einer Zwischenstation in England emigrierte er in die USA.

Jahre der Armut, in denen seine Frau mit Näharbeiten einen kärglichen Lebensunterhalt verdiente – dann kam durch eine Zufallsbekanntschaft ein Kontakt mit Hollywood zustande. Auf einige kleinere Arbeiten folgte endlich ein größerer Auftrag: die Titelmelodie für die Fernsehserie *Flipper*. Von da an schrieb Henryk Warszawski regelmäßig Filmmusik für Hollywood.

Hanka Ordonówna, die sich nach der Amnestie von 1941 für polnische Waisenkinder eingesetzt hatte, deren Eltern bei den Deportationen ums Leben gekommen waren, gelangte aus der Sowjetunion über Bombay nach Beirut, wo ihr Mann eine Stellung an der polnischen Botschaft fand. 1948 publizierte sie – ebendort – unter dem Pseudonym Weronika Hort ein Buch über die grausamen Jahre: *Tułacze dzieci* [Heimatlose Kinder]. Sie starb 1950 in Beirut.

Ein knappes Jahrzehnt nur war seit den *Vagabunden* von 1939 vergangen. Zwei Diktaturen hatten Mitteleuropa in ein Leichenhaus verwandelt.

Noch einmal mit den Worten Henryk Grynbergs: „Wars war ein lebendes Denkmal, durch ein schieres Wunder gerettet, die postume Stimme jenes Vorkriegswarschaus, das es nicht mehr gab."

Als er am 1. September 1977 in Los Angeles starb, war ich knapp zehn Jahre alt. Und weder ich noch die Großväter, die damals in den Gärten des Dorfes werkelten, Kaninchenställe ausbesserten, die Stangenbohnen hochbanden und ab und an von einem Krieg erzählten, in dem weder Polen noch Juden vorkamen, nur „Iwans" oder „Amis", hatten auch nur den Schimmer einer Ahnung von dem „unbekannten" Komponisten, dessen Melodie die Enkel so selbstverständlich trällerten.

LIEBER HIRSCH GLIK,

Berlin, Juli 2013

wenn ich mich erinnere, wie nahe mir Ihre Verse gewesen sind, ohne dass ich Ihren Namen gekannt, geschweige denn etwas über Ihr Leben, Ihren Tod gewusst hätte …

Die Welt, in der ich Ihre Worte zum ersten Mal hörte, ließe sich leicht als inniges Bild gestalten, Motive gäbe es zuhauf, und Kindheit wäre die kräftigste Farbe darin.

Die Schallplatte hieß *Soldatenlieder*, und sie gehörte, wie andere Schallplatten von Hein & Oss, wie selbstverständlich zu dem Dorf, in dem ich aufgewachsen bin. Schulweg und Hausaufgaben, Nachmittage auf endlosen Wiesen, am Waldrand, am Bach, und an Wochenenden, wenn die Abende länger werden durften, klangen die Gitarren.

„Vom Exerzieren weg geht's wieder auf die Wacht, kein Teufel tut nicht fragen, ob man gefressen hat … und ich gebe meinem Ross die Sporen, zu dem Tor reit ich hinaus … ich bin nicht alleine bei einem Glas Weine, mein Mädchen dabei … beim Leibregiment, beim Leibregiment, das sich nach König Gustav nennt … und so jagten wir das Pack zum Teufel, General und Ataman … Spaniens Himmel breitet seine Sterne über unsere Schützengräben aus …“

Diese Lieder hörte ich, bevor ich lesen konnte. Wovon sie sprachen, woher sie stammten, aus welchen Jahren, welchen Gegenden der Welt – das war nicht zu entziffern, ihr Inhalt blieb Empfindung, die sich mit jedem Hören wiederholte.

Wie kurios, ja fragwürdig diese Zusammenstellung ist, die querbeet unter einem Titel vereint, was beim besten Willen auf keinen gemeinsamen Nenner zu bringen ist (wer kommt auf die Idee, das Lied „Die Moorsoldaten" als *Soldatenlied* zu präsentieren?!) –, diese Frage muss ich hier beiseitelassen. Mir geht es allein um das Moment der frühen Erinnerung.

Ich wartete auf ein bestimmtes Wort, auf eine Zeile, deren Ende stets von neuem überraschte mit der Stimmigkeit von Musik und Reim, wartete auf die Gitarren, die sich in den Rhythmus fügten, und wenn alle Verse sich gefunden hatten, war alles an seinem Platz, und die Musik ging auf in der Freude darüber, ihr zuhören zu dürfen, bis mir die Augen zufielen auf dem Sofa.

Zwei Lieder gab es, deren Texte sich gänzlich verschlossen, *Adelante* und *Katjuscha*. Und die Sprache des nächsten klang eigentümlich fremd-bekannt, einzelne Worte – „Nacht", „Frost" „Schnee" –, sie blitzten auf, um wieder zu versinken zwischen Silben, deren Sinn verschlossen blieb, und wirklich verstehen konnte ich nur eine Zeile: „Gezielt, geschossen und getroffen."

Ich mochte *Oh König von Preußen*, dessen Bitternis, wie vage auch immer begriffen, mich berührte, mochte die *Amur-Partisanen*, die schwungvolle Begleitung strich mir als Gänsehaut über den Rücken. Und ich mochte diese getragene Melodie in der tiefen Stimmlage, die filigrane Begleitung, die etwas Rätselhaftes umspann, einen Moment der Gefahr – „gezielt, geschossen und getroffen" –, zu dem ich alles Mögliche mir denken konnte.

Ich mochte das Lied, weil es traurig stimmte (in Hein & Oss Kröhers Buch *Das sind unsere Lieder* ist es in d-Moll notiert). So wie *Wandern mag ich für mein Leben* traurig stimmte, wenn der „arme Lump" sein glückliches Unglück besang. So wie *Es liegt etwas auf den Straßen* traurig stimmte, wenn die Drossel „der Sehnsucht süßesten Reim" verriet. Und so wie mir die *Soldatenlieder* von Dingen zu erzählen schienen aus Zeiten, die so längst vergangen waren wie die altmodischen Kanonen auf der Plattenhülle, glaubte ich auch mit zehn oder elf Jahren, jener Freiherr von Münchhausen, der von der Newa und von Thule geschrieben hatte, von der Drossel und der Sehnsucht, müsse irgendwie verwandt sein mit dem Lügenbaron. Was es mit diesem Freiherrn und seinen Dichtungen auf sich hatte, erfuhr ich erst später. Dass er mit dem in Drohobytsch geborenen Ephraim Moses Lilien zusammengearbeitet und ein Buch herausgegeben hatte – *Juda* –, für das Lilien die Illustrationen schuf … ich weiß noch, wie ich fassungslos vor dieser Notiz saß, als ich auf sie gestoßen war. Der Schriftsteller, der sich den Nationalsozialisten derart schamlos angebiedert hatte, war wahrhaftig einmal als Fürsprecher der Juden aufgetreten, wenn auch in dem ihm eigenen verkorksten Sinn des Aristokratendünkels. Was ihn dann auch dazu brachte, zwei Jahre nach *Juda* einen restlos bornierten Verriss zu schreiben über die *Lieder des Ghetto*, ein Werk von Lilien und Morris Rosenstein.

Drohobytsch, Lilien, Rosenstein … wir liefen damals, mit zehn, elf, zwölf Jahren, über die endlose Prärie der Wiesen, spielten Sommer um Sommer am Silbersee, und die Großväter werkelten im Schuppen hinter den Hasenställen, zimmerten und schweißten dies und jenes, und wenn ein Wetterwechsel bevorstand, machte sich ein Splitter bemerkbar. Im Bein, im Rücken.

In den Krieg gegangen. Aus dem Krieg gekommen. So lange schien das her. Wenn ich mich heute erinnere – vor dreißig, fünfunddreißig Jahren … So nah also war damals dieser *Krieg* gewesen. So nah alle Verbrechen, die mit diesem Wort verschleiert wurden.

In den Wohnzimmern standen Tische, deren Höhe sich mit einer kleinen Kurbel verstellen ließ. An Regentagen spielten wir daran herum, bis der Mechanismus ausleierte, die Kurbel sich im Leeren drehte. Auf diesen Tischen lag Woche für Woche die aktuelle Fernsehzeitschrift. Eine der beliebtesten Sendungen war *Dalli Dalli*. Ihr Autor, Hans Rosenthal, hatte in Berliner Schrebergärten überlebt. Sein jüngerer Bruder wurde verschleppt und ermordet.

Lieber Hirsch Glik, all diese Gedanken sind für mich heute nur als Abschweifung zu formulieren. Denn erst wenn ich abschweife von allem, was mir die Erinnerung so innig einflüstern will, finde ich Ihre Verse wieder, und erst mit der Abschweifung kann ich sie aus den falschen Empfindungen lösen, in die mein Nichtwissen sie verstrickt hat.

Sie waren zweiundzwanzig, als Sie im Juli 1944 aus dem deutschen KZ in die estnischen Wälder flohen. Über Ihren Tod existieren nur Vermutungen. Es heißt, Sie seien im August gefangen genommen und erschossen worden. An anderer Stelle ist von einem Feuergefecht mit deutschen Soldaten die Rede. „1944 fiel er mit der Waffe in der Hand" – so steht es bei Arno Lustiger.

Im Jahr meiner Geburt wären Sie so alt gewesen wie ich heute.

Als ich zweiundzwanzig war, fuhr ich ins Tessin, um das Ziegenmelken zu erlernen, mit einem zerlesenen Exemplar von Henry David Thoreaus *Walden* im Rucksack. Von einem „Jerusalem des Nordens" hatte ich damals noch nichts gehört, umso mehr dafür von Sein und Bewusstsein und der Unmöglichkeit richtigen Lebens im falschen.

Manche Nacht verbrachten wir mit fieberhaften Gesprächen, Studierende der Germanistik, und nicht wenig stolz, von der Wahrheit zitieren zu können, die dem Menschen zumutbar sei, und einmal saßen wir, bei reichlich Wein und reichlich Schubert, über Else Lasker-Schülers Gedicht *Abschied* und zerbrachen uns den Kopf, warum ihr Herz „nun an jedem Türpfosten" hängt. Was uns zu diesem Bild an Phantastischem einfiel in unserem romantisch beduselten Höhenflug, weiß ich nicht mehr. Orpheus, Kaspar Hauser – sie waren uns geläufig („ihm aber folgte Busch und Tier ..."), woher der Schriftbezug des Abendlandes stammte, hatten wir vor lauter progressiver Poesie-Besoffenheit vergessen zu fragen.

Lieber Hirsch Glik, was ich erkläre, sollte keiner Erklärung bedürfen. Und zu erklären habe ich es allein mir selbst. Weil ich heute, nach siebzehn Jahren, die ich in Polen verbracht habe, erschrecke vor meiner Unbedarftheit von damals, erschrecke vor der Dorfidylle meiner Kindheit. Weil ich heute, wenn ich Ihre Verse höre, an die Notizen von Kazimierz Sakowicz denke. An den Wald von Ponary, in dem dem Wanderer Eichendorffs das Singen vergeht. An die Erinnerungen von Rachel

Margolis, an ihre Beschreibung der Begegnung mit Ihnen – jenen Moment, als Ihr Gedicht *Sog nit kejnmol* seine Melodie fand und zur Partisanenhymne wurde. An das Foto der jüdischen Partisaninnen und Partisanen im bereits befreiten Wilna, im Juli 1944 – auf dem Umschlag von Arno Lustigers Buch vom Widerstand der Juden. In der Mitte ist Abba Kowner zu sehen, am rechten Bildrand steht Witka Kempner, seine spätere Frau. Sie starb 2012, im Alter von 92 Jahren, im Kibbuz Ein HaHoresch. – „A moyd, a peltsl un a beret ... a moyd mit a sametenem ponim ... Getsilt, geshosn un getrofn / hot ir kleyninker pistoyl, / an oto, a fulinkn mit vofn, / farhaltn hot zi mit eyn koyl ..."

Und dass ich, geboren im westlichen Frieden, mitten in jenen Jahren, die als Kalter Krieg in die Geschichtsbücher eingingen, heute über meine früheren Gedanken nachdenke, weil meine Landsleute Sie verfolgt haben mit ihrem Hass, ihrem Mord, den sie zur Vaterlandspflicht erhoben, Angehörige der Generation jener Großväter, die mit ihrem Gewerkel im Garten, im Schuppen, bei den Hasenställen, mit ihrem Klappmetermaß und dem kalten Zigarrenstummel im Mund so selbstverständlich passen wollten zu einer Kindheit auf dem Land – das lässt sich nicht fassen in diesen Sätzen, die ich Ihnen schreibe, weil ich sie Ihnen nicht mehr schreiben kann.

Später, in der nächsten Schule, lernten wir die Daten und Zahlen dieser Geschichte. Was wir nicht lernten, waren die Namen der ermordeten Familien, die in den Häusern gewohnt hatten, in denen wir Lesebücher kauften und Wasserfarben, Turnschuhe und Hefeschnecken.

Alles hätten wir erfahren können, nichts war verboten

oder zensiert. Freiheit von etwas – Freiheit zu etwas. Wir folgten der ersten Variante, ohne uns über die zweite den Kopf zu zerbrechen.

Als wir dann doch einmal glaubten, aufbegehren zu müssen, weil Wälder und Robben in Gefahr und die Welt als solche uns ungemütlich schien, und unsere westliche Freiheit insbesondere, schillerte das Wort Widerstand in allerlei Farben. Der Kopf war rund, damit das Denken seine Richtung ändern konnte, doch ein Foto von Ihnen, von Rachel Margolis, Różka Korczak, Witka Kempner oder Abba Kowner hing in keinem der Zimmer, in denen wir so viel zu sagen hatten über richtiges und falsches Leben. Niemand von uns, die wir behaupteten, unsere Lektion gelernt zu haben, hatte von der FPO gehört. Unser an der jüngsten deutschen Geschichte geschärftes Gerechtigkeitsgefühl galt exotischen Fernen. *Begrabt mein Herz an der Biegung des Flusses* – in dieser Sehnsucht waren wir sicher vor den eigenen Großvätern. Über jeden Zweifel erhaben. Auf der richtigen Seite für alle Zeit.

Den fatalen Irrtum, dass es eine Tugend sei, sich universalpoetisch aus der Wirklichkeit in die vermeintlich freie Natur zu stehlen, haben die deutschen Dichter und Denker ihren Romantikern zu verdanken. Und dieser Geist ist keineswegs verflogen. So manchen Enkelinnen und Enkeln gilt Mutter Erde nach wie vor als verlässliche Trösterin, und vor wenigen Jahren erst schrieb ein namhafter deutscher Kritiker und Kulturredakteur, die Literatur setze „ein grundsätzlich etwas melancholisches Wesen voraus, eines, das sich an nichts beteiligt, doch alles weiß …"

Nach dieser Definition hätten Ihre Verse eine Grundvoraussetzung der Literatur nicht erfüllt. Denn Sie haben sich beteiligt – an einer Wirklichkeit, die Ihnen aufgezwungen wurde mit aller Brutalität.

Für den Kulturredakteur vermutlich ein schnödes Detail und sicher nicht wesentlich. Denn wesentlich sei nur das Wesen selbst. Der Literatur. Der Melancholie. Zumal der deutschen. So kam denn auch, zwei Jahre nach dem Ende dieses von Deutschland begonnenen Krieges, Thomas Mann zu dem Schluss, dass Deutschland der Gnade bedürfe: „In seiner Weltscheu war immer soviel Weltverlangen, auf dem Grunde der Einsamkeit, die es böse machte, ist, wer wüsste es nicht! der Wunsch, zu lieben, der Wunsch, geliebt zu sein."

Das ist die Rabulistik der Innerlichkeit, die sich nicht mehr belasten muss mit Wirklichem in ihrem Größenwahn von Geist und Seele und Gemüt.

Ich lege Thomas Mann beiseite, blättere in Lutz van Dijks *Der Partisan*, betrachte das Bild von Ihnen, das einzige, das erhalten blieb. Dort sind Sie zu sehen im Kreis von Schriftstellern und Künstlern der Wilnaer Gruppe „Yung Vilne". Das Nachwort zu diesem Buch schrieb Esther Bejarano. Sie wurde in Saarlouis geboren. Von dort aus ist das Dorf, in dem ich aufgewachsen bin, in eineinhalb Stunden mit dem Fahrrad zu erreichen.

Lieber Hirsch Glik, ich schreibe Ihnen, weil es nicht möglich ist, mit Geschriebenem Geschehenes ungeschehen zu machen. Schreibe Ihnen, weil ich mich erinnern will. An Ihre Verse. Die ich befreien muss aus den Empfindungen meiner Kindheit. Die ich dort begreifen will, wo sie entstanden sind. Ohne den „Tiefsinn des Herzens", ohne „unweltliche Versponnenheit". In der Verteidigung Ihres Lebens, der Verteidigung Ihrer Würde. In der Revolte gegen die deutsche Barbarei.

Shtil, di nacht iz oysgeshternt,
un der frost – er hot gebrent;
tsi gedenkstu vi ich hob dich gelernt
haltn a shpayer in die hent? ...

AM TAG ZUVOR, AM TAG DANACH

Ich bin also in Holland, dem Königreich der Dinge,
dem Großherzogtum der Gegenstände.
(Zbigniew Herbert, *Stilleben mit Kandare*)

Und vom Wort lässt sich mit guten Gründen erhärten,
es finde seinen Sinn in den Assoziationen,
die es im Angeredeten auslöst.
(Jean Améry, *Lefeu oder der Abbruch*)

Kein Feldherr, bis der Messias erscheint.
(Fritz Heymann, *Der Chevalier von Geldern*)

Am Tag zuvor war das Urteil gesprochen worden: lebenslange Haft für Ratko Mladić. In der Begründung hieß es, die Verbrechen, für die er verantwortlich sei, gehörten „zu den abscheulichsten, die die Menschheit je gesehen" habe.

Wir saßen im Zug nach Amsterdam, glitten durch die Schlieren einer Regendämmerung, die weit davon entfernt war, Tageslicht zu werden. Unsere Tochter packte ihre Bücher und Hefte aus. Zuerst die Mathematikaufgaben, dann wollten wir Vokalableitungen üben. „*E* oder *ä*, *eu* oder *äu*? Mache die Verlängerungsprobe!"

Meine Frau sah ihre Notizen für die Veranstaltung an diesem Abend durch. In der Polnischen Botschaft in Den Haag sollte ein Podiumsgespräch stattfinden anlässlich eines eben in Polen erschienenen Buches über Karol Estreicher.

Als der Verlag das Exemplar geschickt hatte, kam eine eigentümliche Dynamik in Gang. Eine Serie von Bildern formte sich, und wenn ich auch wusste, dass sie auf die falsche Fährte führten, ließ sich der Mechanismus nicht mehr anhalten. Oktober 1999, meine ersten Tage am Institut für Germanische Philologie der Adam-Mickiewicz-Universität in Poznań. Die Flure im vierten und fünften Stock des Collegium Novum. Ein Geruch wie vermutlich in Hunderten solcher Flure, auf Ämtern, in Schulen, in Instituten. Später erfindet sich das Gedächtnis die Illusion des Unverwechselbaren, Gaukelei, die das Beliebige mit dem Initial des Eigenen versehen möchte. Und jetzt lag das Buch in unserer Wohnung in Berlin, und ich stand wieder im alten Katalograum, der längst verschwunden ist im Zuge umfassender Umbauarbeiten, stand auf dem blauen Linoleum, unter dem die alten Dielen knarrten, blätterte in den von tausend Fingern abgegriffenen, teils mit Schreibmaschine, teils von Hand verfassten Karteikarten mit den fasrig zerknickten Ecken, und über den Katalogkästen hing eine Reihe Porträts. Verdienstvolle Philologen waren hier versammelt, den Anfang machte Karol Estreicher. Dass es einen Älteren und einen Jüngeren gab, wusste ich damals noch nicht.

Heute Abend in Den Haag sollte es um den Jüngeren gehen, den Kunsthistoriker, der sich mit seiner Bestandsaufnahme polnischer Kulturgutverluste unter deutscher Besatzung unschätzbare Verdienste erworben hatte. Ein *Monuments Man* der ersten Stunde – wollte man dem Titel des Filmes folgen, in dem die Hauptrollen allerdings anders besetzt sind. Um mitfiebern zu können, wie

George Clooney die Kunst des Abendlandes rettet, muss der Zuschauer den Namen Estreicher nicht kennen.

Draußen war unterdessen Potsdam vorbeigezogen, wir tauchten in eine Wasserlandschaft ein.

Was mich heute, im Versuch, das Gesehene in Worte zu fassen, an schmückenden Dekor denken lässt, bot sich im Gegenwärtigen denkbar nüchtern dar: ein wenig anheimelnder Morgen, triefend vor Nässe, trübe und grau. Die Versuchung, von verschwimmenden Übergängen zu sprechen, von welker Schilfschraffur, verhuschter Linienführung kahler Kronen, das Bedürfnis, Kleckse und Tupfer ins Spiel zu bringen, um die letzten Blätter an den Büschen metaphorisch ins vermeintlich rechte Licht zu setzen – nachgetragener Zierat, dem nichts weiter gelänge, als auf einen zur Genüge ausgetretenen Pfad zu leiten. Natur, die stumme menschliche Künstlerin …

Wichtiger für den Moment waren ohnehin die Mathematikaufgaben. Und während ich mir zuhörte, wie ich die unvermeidlichen Elternfragen stellte, weil nicht klar war, wie viele der Übungen bis wann gemacht werden sollten, rief ich am Ende mir selbst ein Gefühl wieder auf: die dumpfe Leere, die sich immer ausgebreitet hatte, wenn ich im Grundschulalter, ratlos vor Heft und Buch, das Unheil auf mich zukommen sah. Es setzte mit der Frage ein, ob denn *nicht erklärt* worden sei, was man zu machen habe, bis es, nach halbherzigen Ausflüchten und dem rhetorischen Nachdruck, der wissen wollte, warum man denn *nicht zuhöre*, wenn eben dies erklärt werde, sein lastendes Ende im Schweigen fand. Ein Zirkelgang von ebenso zwingender wie vergeblicher Logik …

Es bedarf keiner Gedächtnisanstrengung, alles liegt

offen da, und die Leichtigkeit, mit der es abgerufen werden kann, steht in ironischem Verhältnis zu der Erkenntnis, dass diese Momente nichts weiter enthalten als sich selbst. Kein Geheimnis, keine Chiffre – außer dem schlichten „so war es" gibt es nichts zu entziffern. Das zerschrammte Holz der Schulbänke, der Schäferhund des Hausmeisters in seinem Zwinger, der mit überschnappendem Bellen gegen den Maschendraht sprang, wenn der Pausenlärm ihn kirre machte. Unsere verschwörerischen Zusammenkünfte in der Ecke bei der kleinen Turnhalle, wo die struppigen Mahonien wuchsen, deren bläuliche Früchte wir ausdrückten, um uns „Blutspuren" zu schminken, über die die Mädchen, die wir damit erschrecken wollten, nur lachen konnten.

Bonanzarad mit Fuchsschwanz am Lenker, Gebossel an Seifenkisten. Vertrödelte Nachmittage am Bach, weit hinter den Gärten, zeitlose Stunden aus grünen Schatten. Himmlische Nachmittage, wenn wir im Lädchen die Groschen fürs Jäten umgesetzt hatten und im Heuhäuschen saßen, versorgt mit Ahoj-Brause-Pulver, PEZ-Bonbons und Bärendreck. Verregnete Nachmittage mit Winnetou-Hörspielen auf Schallplatte *(Der Boden, auf dem ihr steht, gehört den Apachen …)*. Die Vorfreude auf Fernsehserien – *Flipper* und *Lassie*, *Catweazle* und *Daktari*, *Bonanza* und *Väter der Klamotte*. Und an Sommerabenden noch einmal auf die große Wiese, mit einem Korb und alten Küchenmessern, die Holzgriffe abgestoßen, die Klingen schmal gewetzt – Löwenzahn stechen für die Kaninchen, deren Ställe in langer Reihe hinter den Stangenbohnen standen, liebevoll gezimmert und wetterfest gemacht für die Ewigkeit, dank der erstklassigen Werkzeuge und Materialien, die über Generationen hinweg den Weg aus den Bergwerken in die Heimwerkergaragen gefunden hatten.

Frau Antje bringt Käse aus Holland ... Auch diese Melodie entschlüpft dem Kaleidoskop der Jahre. Frau Antje hatte den Akzent von Rudi Carrell, und wenn das „laufende Band" in Gang gesetzt wurde, wetteiferten wir darum, mehr Preise behalten zu können als die Kandidaten. Damals verkörperte Emilie Bouwman die Werbefigur in Sachen Käse, über die die Niederländer bekanntlich nur den Kopf geschüttelt haben, was angesichts des Bildes, das damit vermittelt wurde, nicht verwundern darf. Eines der fortschrittlichsten Länder Europas auf sprechende Kühe und rotbackiges Landleben zu reduzieren – zumal für die Bildschirme der alten Bundesrepublik – war ein wenig origineller Einfall. Als Frau Antje die Kuh interviewte, damit die Zuschauer in Deutschland erführen, warum echter Käse aus Holland so unvergleichlich gut ist, war ich elf. Als Emilie Bouwmans Nachfolgerin Ellen Soeters sich für den *Playboy* fotografieren ließ, war ich sechzehn. In ihrer Heimat hat sie dafür – als erste Niederländerin auf dem Cover dieser Zeitschrift – einigen Ruhm erlangt, in der alten Bundesrepublik fand man es anstößig. Bis heute wird gelegentlich kolportiert, ihr „Antje"-Vertrag sei wegen der *Playboy*-Fotos gekündigt worden, der Grund war schlichter – Ellen Soeters fand die Karriere als Käse-Meisje reichlich langweilig und sah im Angebot des *Playboy* eine willkommene Abwechslung.

Mit den Überschlagsrechnungen plagen wir uns eine Weile. Unklar ist, ob bei den größeren Zahlen nur auf die Zehner oder auch auf die Hunderter gerundet werden soll. Die Frage, ob es in der Stunde erklärt wurde oder nicht, bleibt offen, also basteln wir es auf gut Glück zusammen. Dafür gehen die Vokalableitungen wie geschmiert. Warum „Wälder", aber „Felder"? Warum „Häute", aber „heute"? Wir machen die Verlängerungsprobe.

Die Gedanken, einmal wachgerufen, verzweigen sich in alle möglichen Richtungen. Wie unter dem Vergrößerungsglas sehe ich Bruchstücke dieser einen Religionsstunde. In der neunten Klasse dürfte es gewesen sein. Wir lasen ein Gedicht, aus dem zu erschließen war, dass ein Mädchen eine Abtreibung hatte vornehmen lassen. In Holland. Unter den Versen Medizinisches, Statistisches, der Wortlaut des §218. Unsere Aufgabe war es dann zu „diskutieren". Den Religionslehrer schien das Ganze – wie im Grunde jede Religionsstunde – solide zu langweilen. Er saß am Pult, hustete den gurgelnden Husten des Kettenrauchers, moderierte lustlos die „Diskussion". Was wir im Einzelnen vortrugen, welche Meinungen wir hatten – ich weiß es nicht mehr. In Erinnerung ist mir lediglich, vage genug, der Zusammenhang mit dem Gedicht, das seinerseits nur mehr in Spuren präsent ist.

Wiederum später, wir waren schon in der Oberstufe, pflegte eine Gruppe von Freundinnen und Freunden einen Kult der Eingeweihten, der sich um ein Ferienhaus in Holland rankte. Da war dann viel von Coffeeshops die Rede, von allen möglichen Blackouts bei allen möglichen Exzessen. Mit der Clique der Eingeweihten verband mich damals lediglich der Zufall gemeinsam absolvierter

Leistungs- oder Grundkurse, dem Kreis, in dem ich ver-
kehrte, lag eine regional orientierte Wald- und Wiesen-
romantik näher, auch im Hinblick auf die Betäubungs-
mittel. Wir hielten uns an das heimische Bier und halfen
dem von Arthur Koestler so treffend bezeichneten
„Schnellkochtopfmystizismus" mit Spirituosenproduk-
ten des örtlichen Obst- und Gartenbauvereins auf die
Sprünge. Wenn dann zu später Stunde *Bots* erklang (da
war er wieder – der Akzent ...): *Alle Menschen, die ein
bessres Leben wünschen, sollen aufstehn!*, wussten wir
wieder, dass wir auf der richtigen Seite aufstanden beim
Großprojekt der Verbesserung der Welt.

Über das Infantile der Übungen – hier im Ferienhaus
in Holland, dort in der heimischen Vollmondnacht –
habe ich später oft genug den Kopf geschüttelt. Aus der
heutigen Perspektive der Niederschrift bleibt mir nur
festzuhalten, dass diese 1980er Jahre der alten Bundesrepublik, die gelegentlich zum letzten Goldenen Jahrzehnt verklärt werden, eine erschreckende Ära der
Nachkriegszeit gewesen sind. Der Wohlstand war fürs
erste nicht mehr zu steigern, die besagte alte Bundesrepublik dämmerte in einem Zustand selig dumpfbacki-
ger Selbstherrlichkeit. Pappsatt von Besitz, wusste man
von einem Raum, der immerhin die Hälfte Europas um-
fasste, nichts weiter, als dass es der „Ostblock" und damit
das Grundfalsche war. Was sollte es dort auch schon
geben? Leere Geschäfte. Damit schien alles gesagt. Es
war die Zeit, als die Karriere des unseligen Wortes
„Lebensqualität" begann. Was Karl Schlögel in seinem
Essay *Die Mitte liegt ostwärts* schreibt – dass das Wort
„Ostblock" solch eine fatale Wirkung gehabt habe, weil

es diejenigen stigmatisierte, die ohne Schuld dazugehörten, und diejenigen ins helle Licht der Selbstgerechtigkeit erhob, die ohne Verdienst nicht dazugehörten – aus unzähligen Gesprächen jener 1980er Jahre ist mir genau diese Logik in Erinnerung.

Während unser Zug weiter durch den Regen Richtung Westen fährt, steht Holland – das sehe ich nur allzu deutlich – bislang für einen Zufall des Assoziativen, aus dem kaum mehr zu gewinnen wäre als ein Trostpreis in einer Lotterie der Kontingenz. Um zu einer näheren Auseinandersetzung mit Holland zu finden, muss ich das Register, vor allem die Blickrichtung wechseln. „Mein Holland" – wenn ich diese Wendung mit aller Vorsicht benutzen wollte – öffnete sich von Osten aus. Holland … Poland … ausgerechnet der geflügelte Witz, der für eine wenig präzise Kenntnis der mitteleuropäischen Landkarte steht, wird mir zum Sinnbild dieser Erfahrung, denn meine intensivste Lektüre über die Niederlande verdanke ich Zbigniew Herberts *Stilleben mit Kandare*.

Es war eine Annäherung in mehreren Anläufen, ein Sondieren der Schichten, ebenso faszinierend wie mühsam. Bis ich „die Marschroute eines Menschen, der Bilder, Bücher, Bauten verschlingt", im Original nachvollziehen konnte, verging eine ganze Weile. Besonders beeindruckt hatte mich – neben dem Titelessay in diesem Band – die Schilderung der Tulpenmanie. Welch astronomische Summen, welche Vermögenswerte in Waren, welche Mengen an Vieh – für eine einzige Blumenzwiebel. Der Titelessay wiederum, der dem von biographischen Rätseln umwobenen Maler Johannes van der Beeck (Johannes Torrentius) gewidmet ist, bot mannigfaltigen Stoff für Gespräche mit meiner Frau. Damals öffneten sich die symbolischen Räume des Stilllebens, begannen die Streifzüge durch Cesare Ripas *Iconologia.*

Die Reise nach Den Haag war ein Anlass, Herberts Essays erneut aus dem Regal zu nehmen, und abermals war ich von der ersten Seite an elektrisiert. In jedem Detail die Signatur einer Haltung, die sich vielleicht als illusionslose Leidenschaft bezeichnen ließe. Aus jedem Satz spricht die präzise Beobachtung der Wirklichkeit, und die Schlüsse, die gezogen werden, wissen nur zu gut, wie wohlfeil apodiktische Triumphe, wie trügerisch eskapistische Windbeuteleien sind. Was für ein Text – „Das Haus" –, der in wenigen Strichen die Tragödie von Willem Barents und Jacob van Heemskerk auf Nowaja Semlja zeichnet. Was für ein Text – „Der Brief" –, der in denkbar knapper Form eines der tiefgründigsten Plädoyers im Namen der Kunst formuliert, ohne einen halben Satz lang nebulös zu werden.

Gedanken, die sich im Blick in die Landschaft verlieren, aus den huschenden Schemen der Landschaft sich fügen. Momentaufnahmen, unterlegt vom einförmigen Rauschen der Fahrt, das die Zusammenhänge lockert, um neue Verknüpfungen zu ermöglichen. Einzelnes löst sich, tritt hervor, wird angezogen, als wirkte ein Magnet. Amsterdam – ein Wasserzeichen der Lektüren, doch nicht die Stadt trat hier ins Bild, es war ein Attribut von Biographien, verband sich mit Namen wie Gustav Regler oder Alfred Döblin, Klaus Mann oder Joseph Roth: der Querido Verlag. Im lichter werdenden Himmel der heutigen Reise kreuzt mir das Wort durch die Zeiten.

Querido – so ließ sich Jakob Philosoph nennen, Anhänger (und Schwager) des selbst ernannten Messias-Propheten Sabbatai Zwi. Nach dessen Tod setzte sich Querido an die Spitze der *Dönme*-Sekte in Saloniki, von der eine breite Spur zu Jakob Frank führt. Und wäre ich nicht diesen Lebensläufen gefolgt, nicht eingetaucht in die podolisch-türkisch-mährischen Verwicklungen des Jakob Frank, ich wäre nicht auf Fritz Heymanns *Chevalier von Geldern* gestoßen, ein Buch, das die Reise nach Den Haag bereits begleitete, als eben begonnene Lektüre. Heymann hat die wohl kühnste Theorie zu dieser ohnehin illustren Persönlichkeit formuliert. Zwei „Franks", so Heymann, habe es gegeben: einen „wahren", der „mit seiner wilden Schar aus den karpathischen Wäldern brach", und einen „pensionierten Glücksritter", der im Schloss von Offenbach Hof hielt. Das mag man nun glauben oder nicht – Heymann war der Auffassung, es beweisen zu können, doch überzeugender ist er dabei weniger in den Belegen als in der fast schon verzweifelten Absicht, Heinrich Graetz zu widersprechen, den er maßgeblich dafür verantwortlich machen möchte, dass die jüdischen „Abenteurer" nicht den gebührenden Platz finden in der Geschichte des jüdischen Volkes. Schon beim ersten Blättern, noch in der Bibliothek, sprang mir ein Satz ins Auge, den ich auf der Rückseite des Leihzettels notierte: „Vielleicht wäre die Geschichte der Juden anders verlaufen, wäre sie anders geschrieben worden." Und von allen Fragen einmal abgesehen, die mir das Buch bis heute aufgibt, – hier las ich tatsächlich zum ersten Mal von dem Boxer Daniel Mendoza (1764 – 1836), einem *Bare-Knuckle*-Champion, der nach heutigen

Maßstäben als Weltmeister bezeichnet werden könnte (und ein Vorfahr von Peter Sellers war).

Heymann, der in seinen jüngeren Jahren eine Frei-korps-Episode hatte, floh 1933 ins Saargebiet, von dort, nach der Abstimmung im Januar 1935, nach Paris, von dort nach Amsterdam. 1942 wurde er in Auschwitz ermordet (in manchen Notizen zu seinem Leben taucht als Todesjahr auch 1944 auf). *Der Chevalier von Geldern* erschien 1937 im Querido Verlag. Für die erste Neuauf-lage (1963) schrieb Hermann Kesten ein ebenso hellsich-tiges wie bedrückendes Vorwort; eine zweite Neuauflage erfolgte 1988.

Nachdem wir die Grenze überquert haben – ein gutes Stück nördlich von Geldern –, breitet ein seltsames Ge-fühl sich aus, schwer zu fassen zwischen den Eindrücken der Landschaft, von der ich mir einbilden möchte, sie wäre eine andere geworden.

Huizingas *Herbst des Mittelalters* – auch das ein Buch, das ich ohne Herberts *Stilleben mit Kandare* vermutlich bis heute noch nicht gelesen hätte. Das Bild des Spazier-gangs, auf dem ihm, nach eigener Erinnerung, der ent-scheidende Gedanke zu dieser epochalen Arbeit kam, hat sich mir eingeprägt als Inbegriff des geistigen Impul-ses. Als müsste, wer heute diesen Weg am Damsterdiep bei Groningen nimmt, noch eine Spur davon finden – in welcher Form auch immer. Und während wir uns Amersfoort nähern und der Himmel abermals heller werden will, gehen mir die Abende wieder durch den Sinn, an denen ich im *Herbst des Mittelalters* verloren ging. Wenn es so etwas geben soll wie den Eindruck einer „Süße" beim Lesen, dann habe ich es bei dieser

Lektüre erlebt – in den langen Atemzügen dieser Kapitel, in der Fülle einer Sprache, die ihrerseits zum Gemälde wird, im Rhythmus der Sätze, die sich Zeit lassen für jedes Detail.

In einem Mittag, der mild ist wie im März, stehen wir auf dem Bahnsteig. Für Momente ist die Sonne zu erahnen, ein glimmender Fleck. Ein verliebtes Paar muss offenbar gleich Abschied nehmen, andere pusten in Kaffeebecher, versuchen, von einem Wrap abzubeißen, ohne sich mit Soße zu bekleckern. Wieder andere vertiefen sich in ihr Handy.

Der vervielfältigte Name der Stadt auf den Schildern: Amersfoort. Der niederländische Maler, Bildhauer und Schriftsteller Armando [Herman Dirk van Dodeweerd] hat Kindheit und Jugend hier verbracht. Aufmerksam wurde ich auf diesen Künstler durch die Lektüre von Anatol Gotfryds Erinnerungen *Der Himmel in den Pfützen*. Diese eine Formulierung sprang mir ins Auge, der Gedanke, der sich darin ausdrückte: das Wort von der „schuldigen Landschaft". Ich ging auf die Suche, lieh mir in der Bibliothek einen Ausstellungskatalog aus, betrachtete Armandos Zeichnungen. Sein Buch *Die Wärme der Abneigung* konnte ich antiquarisch auftreiben. In dieser Sammlung von Beobachtungen und Reflexionen, die immer wieder um die Last der Vergangenheit und die erschütternde Selbstverständlichkeit der Gegenwart kreisen, ist der Text enthalten: „Schuldige Landschaft". Dass die Natur „schamlos" weiterwächst und -blüht, gleich, welche Grausamkeiten sie „gesehen" hat – das ganze Konstrukt romantischer Naturverklärung wird auf diesen viereinhalb Seiten in denkbar schlichter Form zerlegt.

Grundwasser der Erinnerung, aufsteigend durch Schichten der Jahre, gefärbt von den Residuen des Gelesenen. Zwischen den unverfänglichen Szenen auf den Bahnsteigen vibriert eine Unruhe, deren Quelle ich nicht erfassen kann. Jetzt muss das Paar sich trennen, der Zug ist eingelaufen, ein letzter Kuss, eine letzte Umarmung, und einmal noch, als die junge Frau schon auf den Stufen steht, an der Stange sich haltend, beugt sie sich hinaus, und seine Hand hält noch die ihre, bis sie sich die Küsse zuwerfen, schon durch die Scheibe der geschlossenen Tür. Ich suche nach einem Anhaltspunkt, nach einer Spur. Doch so drängend das Gefühl auf sich aufmerksam macht, so unbeschrieben bleibt der Raum. Als läge einem ein Name auf der Zunge, der jeden Moment Gestalt und Klang annimmt, als stocherte ein Schlüssel – vergeblich – in einem störrischen Schloss. Milchiges Sonnenlicht, der Zug fährt an, mein Blick verliert sich, Weggeworfenes im Schotter des Gleisbetts, Kaffeebecher und Haribo-Tüten, Papiertaschentücher, vom Regen zu grießigen Klümpchen geschmolzen, Zigarettenfilter, fahles Laub, Trinkhalme aus farbigem Kunststoff – da überfällt es mich, mit einer Wucht, die mir den Boden schwanken lässt, jetzt ist es da, ist aufgestiegen aus einer Tiefe des kaum noch Gewussten, fast Verlorenen – die beiden Bücher von Johanna Reiss: *Und im Fenster der Himmel – Wie wird es morgen sein?*

Das ist es, was mich seit dem Morgen beschäftigt hat, ohne dass ich es fassen konnte!

Wann habe ich die beiden Bücher gelesen? Etwas mehr als fünfunddreißig Jahre muss es her sein. Und als würde – hier, auf dem Bahnsteig in Amersfoort – ein

Vorhang aufgezogen … Das ist es, woran dich Holland erinnert. Nicht Frau Antje, nicht Rudi Carrell, nicht *Bots* und nicht die Coffeeshops pubertärer Großspurigkeit. Winterswijk und Usselo – das sind die Namen der ersten holländischen Orte, die sich dir eingeprägt haben. Der Bauer Johann mit dem roten Gesicht und dem klaren Verstand. Seine ebenso tapfere Frau. Die Großmutter, die immer „Oh-Gott-oh-Gott-oh-Gott" sagte. Die endlosen Tage, Wochen, Monate, die die beiden Schwestern in der Kammer verbrachten. Das Entsetzen, als deutsche Soldaten in dem Bauernhaus einquartiert wurden und sie sich mit dem leisesten Geräusch hätten verraten können.

Jetzt, da der Zug nach Den Haag sich in Bewegung setzt, ist es wieder zum Greifen nahe. Du weißt noch, wie die Angst aus den Zeilen auf dich überging. Die Angst, entdeckt zu werden. Mit angehaltenem Atem dazusitzen und auf jeden Laut zu achten, der von unten heraufdrang. Mit angehaltenem Atem dazusitzen, wenn unten die Männerstimmen Lieder grölten, Gelächter dröhnte. Wenn jetzt die Stufen zu knarren begännen. Dann kämen *sie* herauf, und es wäre der Tod. Und wie du zugleich gewusst hast, dass es gut ausgehen wird; das stand auf dem Rücken des Buchs.

Und du weißt auch – das wird dir erst heute klar, aus dem Rückblick der Jahre –, dass du damals keine Verbindung hergestellt hast zwischen den namenlosen „Deutschen", die tödliche Gefahr bedeuteten, und deinem eigenen Großvater, der gleichfalls „Deutscher", gleichfalls in diesem „Krieg" gewesen war, wenn auch in Finnland und Frankreich. Und du weißt noch, wie du mit dem Kloß der Überwältigung im Hals die Szene gelesen hast vom Tag der Befreiung – als Johann atemlos ins Haus stürzte und rief, die Amerikaner seien da. Und die beiden Mädchen verließen zum ersten Mal wieder das Haus, gingen *hinaus auf die Straße*, gingen *zu den anderen Menschen.*

Und ebenso weißt du auch, dass beide Bücher dich in der Annahme bestärkten, du wüsstest Bescheid über etwas, wovon du in Wirklichkeit kaum den Schimmer einer Ahnung hattest. Aber nicht, weil die beiden Bücher etwas falsch dargestellt hätten, sondern weil du die eigenen verschwommenen Perspektiven nicht gründlich genug befragt hast. Quälend war es, die Filme in der Geschichtsstunde zu sehen, die zitternden Schwarz-Weiß-Bilder, die der Projektor auf die Leinwand warf. Das Format der Filme passte in eine Unterrichtsstunde. Wenn das Ende des Films an die Spule klatschte, erhob sich der Lehrer, schaltete den Projektor aus, und dann gingt ihr in die große Pause, eine ganze Weile noch benommen von den Bildern der zu Skeletten ausgemergelten Leichen, die ein Bulldozer in Massengräber schiebt, als wären es Stapel von etwas, aber keine Menschen. Aber es sind Menschen. Arme und Beine schlenkern aus den schrecklichen Haufen hervor, wenn die Schaufel sie in die Gruben schiebt. Bis das Gekreisch der jüngeren Schüler euch zurückholt in die Gegenwart.

Ich sehe die Umschläge der beiden Bücher vor mir – die Silhouetten der Mädchen im Dämmerlicht eines Zimmers, beide kehren dem Betrachter den Rücken zu, im Fenster, auf das sie schauen, schwimmt das Blau des

Himmels. Auf dem zweiten ist der Ausschnitt einer Fassade aus unverputztem Backstein zu sehen, ein Mädchen in einem Sommerkleid läuft aus der Tür auf den Gehweg, an der Hauswand lehnt ein Fahrrad. Ich sehe das rote Nachtschränkchen, auf dem sie lagen. Sehe das Regal, in dem sie standen.

Ich sehe die riesige Betonschale des Mausoleums in Majdanek, gefüllt mit grauer Asche, in der weiße Krümchen erkennbar sind, winzige Knochenstücke. In Majdanek fand mit der „Aktion Erntefest" im November 1943 die „Aktion Reinhardt" ihr Ende. In zwanzig Monaten waren zwei Millionen Menschen ermordet worden, fast ausschließlich polnische Juden. Zwanzig Monate lang war täglich der Ort verschwunden, in dem ich zur Grundschule ging. Tag um Tag um Tag.

*

Durch einen verwirrend milden Abend gehen wir vom Bahnhof Richtung Stadtzentrum, überqueren einen Platz, biegen in eine mit Bäumen bestandene Straße ein. Ein Geruch liegt in der Luft, als sollte es Frühling werden. Die kahlen Kronen, wie mit Tusche gezeichnet, dunkeln reglos, vor einem Streifen aus wässrigem Glanz. Darüber wölbt sich ein Himmel aus tiefem Blau. Die Farben der Häuser, noch leuchtend für einen Augenblick, als strahlten sie das Licht aus, das sie unter Tags gespeichert haben.

In der Gästewohnung der Botschaft vertreiben wir uns eine Weile die Zeit mit dem aufblasbaren Wasserball, den unsere Tochter mitgenommen hat. Kunstschüsse, über Bande – von einem Zimmer an die halb geöffnete Tür und über den kleinen Flur in den zweiten Raum.

Dann müssen wir uns aufmachen in den Veranstaltungssaal.

Marta Grzywacz, Autorin des Buches, stellt Karol Estreichers Leben und Wirken vor. Elżbieta Rogowska, Leiterin der Abteilung Kriegsverluste im Ministerium für Kultur und Nationales Erbe, spricht über die unermüdliche Detektivarbeit ihres Teams, das versucht, geraubte polnische Kunstwerke aufzuspüren. Meine Frau moderiert das Gespräch.

Die Bilder auf der Leinwand werden zu Fenstern in Gedächtnisräume. Karol Estreicher auf einem Bahnsteig, kurz nach dem Krieg, im Gespräch mit britischen Offizieren. Von den Nationalsozialisten geraubtes Kulturgut wird zurückgebracht nach Polen. Eine ganze Zugladung – ein winziger Bruchteil dessen, was geraubt wurde; ein winziger Bruchteil dessen, was unter deutschen Bomben in Flammen aufging.

Der Kunstraub im besetzten Polen hatte Methode. Kunsthistoriker wie etwa der in Wien gebürtige Dagobert Frey erstellten schon in den 1930er Jahren akribisch geführte Listen von Werken, die im Fall eines deutschen Angriffs auf Polen von besonderem Interesse wären. Frey spielte eine führende Rolle bei der Ausplünderung des Nationalmuseums in Warschau, auch wirkte er als „Sachverständiger" bei der Sprengung des Warschauer Königsschlosses mit. Nach dem Krieg war er eine Zeitlang am Denkmalamt in Wien tätig, Anfang der 1950er Jahre zog er nach Stuttgart, wo er den Lehrstuhl für Kunstgeschichte an der Technischen Hochschule innehatte. In der Kunst sah er vor allem „Sinngebung", das Kunstwerk war ihm „gestalthafter Ausdruck des menschlichen Geistes", „Offenbarung und Selbstdarstellung des Menschen".

Die *Monuments, Fine Arts, and Archives Section* wurde gegen Ende des Kriegs geschaffen. Estreicher – im klaren Bewusstsein dessen, was kommen würde: ein Krieg mit einem bisher nicht da gewesenen Ausmaß der Verheerung – stellte seine Arbeitsgruppe für die Bestandsaufnahme polnischer Kunstschätze im Herbst 1939 zusammen. Sein erster Bericht erschien Anfang 1940. Allein mit dem Raub und der Zerstörung polnischen Kulturguts in diesen vier Monaten füllte er ein Buch. Seinen zweiten, mehr als 500 Seiten umfassenden Bericht, legte er 1944 vor (parallel in englischer und polnischer Fassung): *Verluste der polnischen Kultur unter deutscher Besatzung 1939–1944.* Bei Erscheinen dieses zweiten Berichts, Ergebnis der fünfjährigen Arbeit, die Estreichers Gruppe mit unermüdlichem Einsatz geleistet hatte, waren die *Monuments Men* noch nicht allzu prominent in Erscheinung getreten. Geschweige denn, dass sie fünfhundertseitige Berichte verfasst hätten.

Bereits durch die Bombenangriffe im September 1939 war das Warschauer Nationalmuseum schwer beschädigt worden. Das Foto, das auf der Leinwand erscheint, zeigt einen der Büroräume – vom Luftdruck der Explosionen durcheinander geworfenes, zersplittertes Mobiliar. Das nächste Foto zeigt einen langen Flur. Keine einzige Scheibe ist mehr heil, kniehoch liegt eine Schicht zerfetzter Bücher und Akten, Tausende von Seiten – es ist das Bild, das Czesław Miłosz in den ersten Abschnitten seines *Verführten Denkens* zeichnet. Eine Stadt, Sinnbild der Zivilisation, Sinnbild gesellschaftlich geordneten Lebens, nach einem Luftangriff – die erschreckende Erkenntnis, dass alles, was eben noch von größter Bedeutung war, Aktenstücke, mit Stempeln und Unterschriften versehen, zerfetztes Papier geworden ist, das der Wind durch den Rauch der Brände treibt.

Elżbieta Rogowska erzählt von der Zusammenarbeit mit den USA, die in Angelegenheiten der Restitution so reibungslos verläuft wie mit keinem anderen Land. Sie berichtet von erfolgreichen Restitutionen, so etwa bei Aleksander Gierymskis „Jüdin mit Orangen" (1880/81), einem Gemälde, von dem Jahrzehnte lang jede Spur fehlte. Im Herbst 2010 tauchte es in einem Auktionshaus in Buxtehude auf, das Ministerium für Kultur und Nationales Erbe konnte rechtzeitig intervenieren. Für etwas mehr als 4.000 Euro war das Bild in Buxtehude angeboten worden, sein Wert liegt um ein Hundertfaches höher. Heute hängt es im Nationalmuseum in Warschau.

Die alte Frau steht vor den filigran wirkenden Stäben eines Geländers, schaut mit dunklen Augen den Betrachter an. Den Kopf hält sie leicht zur Seite geneigt, ihr Gesicht wirkt verhärmt und sanft zugleich. Um die Schultern trägt sie ein rotbraunes Tuch, im Farbton der Haare, die unter der Haube zu sehen sind. Die Arme sind angewinkelt, in beiden Armbeugen hängen geflochtene Körbe mit Orangen. Deren leuchtende Farbe dominieren, einer Lichtquelle gleich, das Gemälde. Die Hände der Frau sind noch mit einer Strickarbeit beschäftigt. Ein Bild aus einem beschwerlichen Alltag. Hinter der Frau, in bläulichen Dunst getaucht, wie er an Wintertagen herrscht, ist die Silhouette einer Stadt zu sehen: Warschau.

Es ist, als enthielten diese Augen vom Ende des 19. Jahrhunderts das Wissen der Gegenwart, als blickten sie – über den Spiegel im Auge des Betrachters – zurück auf jene Welt, die unwiederbringlich zerstört wurde. Unter dem Blick der Orangenhändlerin muss ich wieder an die Sätze aus Hermann Kestens Vorwort zum *Chevalier von Geldern* denken, die mit ihrem Wechsel zwischen dem distanzierten „die Juden" und dem intimen „wir" in wenigen Zeilen ausdrücken, wofür manch andere Abhandlung lange Seiten braucht: „Juden halfen Amerika und die Psychoanalyse entdecken. Wir begründeten den Marxismus und den Chassidismus, den Kosmopolitismus und die Judenschule." ... „Die Juden waren das Lamm Gottes, *agnus dei*, und das Schwert Gottes, *gladius dei*, und das Wort Gottes, wir waren die Gottesgelehrten, wir waren seine Schreiber, seine Drucker, seine Verleger, die Buchhändler Gottes." ... „An uns wurden die meisten Völker zu Mördern. Wir lieferten das klassische Beispiel für die Wollust, mit der man die Unschuld foltert."

Auch am Zaun, der das Botschaftsgelände umgibt, ist die „Orangenhändlerin" zu sehen. Die Transparente, die dort angebracht sind, zeigen Kunstwerke, die dank einer Restitution wieder in polnische Museen gelangten. Am Nachmittag schon, als wir vom Bahnhof kamen, hat die „Orangenhändlerin" uns angesehen. Jetzt blickt sie uns nach, bis wir in der so friedlich wirkenden Javastraat verschwunden sind. Am Ufer des schmalen

Bachlaufs, den wir überqueren, steht – ein regloser Schemen – ein Reiher.

⁂

Am Tag danach fuhren wir nach Amsterdam. Elżbieta begleitete uns. Regenschauer wehten an die Scheiben des Waggons, die Farbe des Himmels changierte zwischen hellerem und dunklerem Grau.

Das Rijksmuseum, ein Ort der Erinnerungen – meine Frau war während ihres Studiums hier gewesen, mit einer Exkursion des Posener Instituts für Kunstgeschichte. Die Bilder von Frans Hals, Rembrandts so genannte „Nachtwache", die Stillleben, vor denen man steht und sich wundert, dass das Obst nicht duftet, das so greifbar vor einem liegt.

Dann dieses eine Bild von Jan de Baen, ein Format des Unscheinbaren: „Die Leichen der Brüder de Witt". Ausgeweidet wie Tierkadaver hängen die Körper kopfüber an einem Holzgestell.

Am Tag zuvor, auf dem Weg zur Polnischen Botschaft, in der Dämmerung, die so frühlingshaft über den Dächern glomm, liefen wir an dem Standbild Johan de Witts vorbei. Die rechte Hand der Bronzefigur deutet auf den Boden – hier, an dieser Stelle, hat es sich ereignet.

Nach dem Besuch im Museum lassen wir uns durch die Straßen treiben. Verführung, nur zu schauen. Trotz des Regenwetters scheint alles in ein Leuchten getaucht. An einer offenen Haustür bleibe ich stehen, versinke in den Anblick der ausgetretenen, hölzernen Treppe, die in steiler Biegung in die Höhe steigt. Man scheut sich, es zu äußern – doch der Eindruck ist übermächtig: das Gefühl, durch die Gemälde sich zu bewegen, die man von eben jenen *holländischen Meistern* kennt. Und zu wissen, dass die Ansichten auf Tausenden von Postkarten verbreitet werden, die Straßenzeilen mit den schmalen, hohen Häusern mit den Giebeln, an denen die Phantasie alle nur erdenklichen Formen ausprobiert hat, die Grachten, die Fahrräder (die natürlich – wie sollte es anders sein – „Holländerräder" sind), kann wenig daran ändern. Selbst hat man auch schon Dutzende dieser Karten bekommen. Und nun steht man da und schaut.

Als uns die Füße kalt werden, setzen wir uns in ein Café. Unsere Tochter teilt sich den Platz auf der Bank am Fenster mit einer korpulenten Katze, die offenbar hier zu Hause ist und sich die Krauleinheiten von Gästen gerne gefallen lässt. Nach einer wärmenden Suppe bringen wir Elżbieta zum Bahnhof.

Sie steigt in einen Zug zum Flughafen Schiphol, am Abend wird sie wieder in Warschau sein. In den leuchtenden Orangen an einem Obstsaftkiosk in der Bahnhofshalle steht mir noch einmal Gierymskis Bild vor Augen. „Fight Evil – Read Books!" steht auf der Leinentasche eines jungen Mannes, der den Kopf zum Rhythmus der Musik aus seinem Kopfhörer bewegt.

Durch böigen Regen fahren wir zurück nach Den Haag. Neben uns im Zug sitzen zwei junge Frauen, Studentinnen vermutlich, die sich mit angenehmen Stimmen unterhalten. Einzelne Wörter lassen sich erschließen, aber vermutlich ist es oft auch falsch geraten. Es scheint um Fotografie zu gehen, so viel ist zu verstehen. An einer Stelle sucht eine der beiden offenbar nach einem Vergleich, tastend bewegt sie die Finger – was womit verglichen werden soll, bleibt für mich im Dunkeln – dann hellt ihr Gesicht sich auf: *slagroom*, Schlagsahne. Ihre Freundin schmunzelt und nickt. An diesem Abend, im Zug von Amsterdam nach Den Haag, an dessen Scheiben der Regen pladderte, klang es wie ein Versprechen, wie eine Verheißung. *Slagroom*. Was für ein schönes Wort.

In der Gästewohnung funktionierte der Backofen nicht. Wir klappten die Mini-Pizzen, die wir im Lebensmittelladen um die Ecke gekauft hatten, paarweise zusammen und bereiteten sie im Toasteisen zu. Das Ergebnis war ganz passabel.

Nach dem Essen vertiefte sich unsere Tochter, bettfertig eingemummelt, in ihren Band *Lotta Leben*. Meine Frau und ich suchten nach Einzelheiten zu den Hintergründen der Ermordung der Brüder Johan und Cornelis de Witt.

Die politische Karriere Johan de Witts stand in ihrer Zeit vermutlich einzigartig da. Ehe er – als nicht-monarchischer Herrscher, wohlgemerkt – die „politische Leitung" von Holland übernahm, womit er auch einigen Einfluss auf die übrigen Provinzen gewann, hatte er sich als herausragender Mathematiker einen Namen gemacht. Sein oberstes Ziel war es, Kriege zu vermeiden, da jeder Krieg früher oder später die Ökonomie ruinieren musste. Vor allem wollte er auch die Provinz Holland möglichst unabhängig machen und die Oranier-Prinzen in die Schranken weisen. Zwei Seekriege mit England führte er zu Friedensschlüssen, die letztlich als glimpflicher Ausgang gelten dürfen. Dem Angriff Ludwigs XIV. aber – im

Rampjaar 1672, dem „Katastrophenjahr" – konnte er keine effektiven Landstreitkräfte entgegensetzen. Auch hatte sich zu diesem Zeitpunkt bereits ein heftiger Widerstand der Oranier-Fraktion gebildet. Im Juni 1672 überlebte er knapp einen Mordanschlag. Wenig später setzte ein Barbier das Gerücht in die Welt, Johans Bruder Cornelis plane einen Anschlag auf Wilhelm III. von Oranien. Selbst unter der Folter ließ sich Cornelis zu keinem fabrizierten Geständnis zwingen. Er wurde zu lebenslanger Verbannung verurteilt. Als Johan seinen Bruder am 20. August vom Gefängnis abholen wollte, hatte sich eine aufgebrachte Menge versammelt. Soldaten verhinderten, dass es zu Übergriffen kam. Als aber die Wachen abrückten, weil angeblich bewaffnete Bauern Richtung Den Haag marschierten (vermutlich eine Schutzbehauptung, mit der man sich der Brüder entledigen wollte, ohne sich von Amts wegen schuldig zu machen), kam es zu dem grausamen Lynchmord. Ich erlaube mir, an dieser Stelle Christoph Driessens *Geschichte der Niederlande* einzublenden, auch wenn ich das Buch erst nach dieser Reise las: „Vor den Augen von etwa tausend Schaulustigen feuerten die Schützen immer wieder auf die beiden leblosen Körper. […] Der Mob zog sie nackt aus und hängte sie mit dem Kopf nach unten an den Galgen, und dann begann eine Raserei, die in der niederländischen Geschichte ohne Beispiel ist […]. Metzger weideten die Körper aus und verteilten Organe. Finger, Zehen, Ohren, Nasen, Augen, Brustwarzen und Geschlechtsteile wurden abgeschnitten und verkauft."

An dem Abend in der Gästewohnung der Botschaft rief mir De Baens Gemälde ein Foto in Orlando Figes'

Die Tragödie eines Volkes in Erinnerung: ein nackter Mann, kopfüber am Ast eines Baumes hängend, der Strick ist um den einen Knöchel gebunden, das andere Bein ragt abgespreizt in die Luft. Soldaten stehen im Halbkreis um den Massakrierten. Sähe man nur die völlig teilnahmslosen Gesichter, man würde kaum auf eine solche Szene schließen. Sie könnten alles Mögliche vor Augen haben, einschließlich einer langweiligen Theateraufführung. Die Bildunterschrift lautet: „Die Roten töten 1920 einen polnischen Offizier im Polenfeldzug. Der nackte Mann wurde kopfüber aufgehängt, geschlagen und gefoltert, bis er starb."

Später lese ich bei Driessen, dass Baruch Spinoza an den Ort der entsetzlichen Tat gehen wollte, um dort ein selbst verfertigtes Schild anzubringen: *Ultimi barbarorum* („Schlimmste Barbaren"). Nur mit Mühe konnte ihn sein Hauswirt davon abhalten, er fürchtete um das Leben des Philosophen.

Kein Auto ist zu hören, keine Stimmen. Nur das Summen des Windes, der stärker wird. Der Schein einer Lampe im Hof der Botschaft fällt durch die Ritzen der Jalousien, wirft ein Streifenmuster an Wand und Zimmerdecke. Ich sehe Spinoza an Tausenden von Orten in Mittel- und Osteuropa, an denen er sein Schild hätte aufstellen können: *Ultimi barbarorum*. Sehe Millionen von Standbildern, Menschen, die auf den Boden deuten: Hier, an dieser Stelle, ist es geschehen. Und die „schuldige Landschaft" sollte zur Komplizin der Vertuschung werden, in jener „freien Natur", die den Romantikern als verheißungsvoller Raum gegolten hatte, als Sphäre des Ewigen und Heiligen, in der der Mensch sich lösen könne aus den vermeintlich bösen Fesseln der Gesellschaft. Eben das taten, ganz wie Heinrich Heine es prophezeit hatte, die Handlanger des Terrors – sie lösten sich aus allen „Fesseln" der Gesellschaft, indem sie jegliche Vereinbarung der Zivilisation für null und nichtig erklärten.

Hätte man uns damals, als der ratternde Projektor die Schwarz-Weiß-Filme an die Leinwand warf, nachts um drei aus dem Tiefschlaf geweckt, wir hätten wie aus der Pistole geschossen die Zahl genannt: sechs Millionen. Wirklich „auseinandergesetzt" hatten wir uns aber nicht. Unsere Suche nach den Ursachen griff immer zu kurz. Sonst hätten wir nicht auf reichlich ausgetretenen Wegen, auf denen es uns wie Schuppen hätte von den Augen fallen müssen, an dem narrischen Gedanken festgehalten, wir wandelten auf verschwiegenen Pfaden der Heilung.

„Genossen, wer von uns wäre nicht gegen den Krieg?" – Es leuchtete ein, mit jeder Zeile. Die Müntzerschen Morgensterne, der Wohlklang der Stalin-Orgel, die Eleganz der automatischen Raketen in Ho-Chi-Minhs Himmeln, die Schönheit der Maschinenpistole über der Schulter des Guerilla-Kämpfers. Als ich es zum ersten Mal las, dürfte ich sechzehn oder siebzehn gewesen sein, und es versetzte mich in eine – anders kann ich es nicht sagen – bedenkliche Euphorie. Eines aber – damit steht und fällt der selbstgerechte Triumph dieser Zeilen – fehlt in der klangvollen Phantasie: Die „Schönheit" der verrosteten Maschinenpistole mit Ladehemmung in der Hand des halb verhungerten jüdischen Kämpfers, eines Enkels der „Orangenverkäuferin", ergattert zu dem horrenden Preis, den die Vertreter des kommunistischen

Untergrunds verlangten, bei ihren konspirativen Treffen Anfang 1943, im „arischen" Teil von Warschau.

Am Tag danach hängt der Himmel tief über der Stadt. Ein stürmischer Wind weht, aber vorerst ist es trocken.

Unser Zug geht erst am späten Vormittag, wir wollen die Zeit nutzen, um noch ans Meer zu fahren, nehmen den Bus zur Endhaltestelle Kijkduin. Zu Beginn der Fahrt sind wir allein, später erst steigen vereinzelt Fahrgäste zu.

Wir gleiten durch Wohnstraßen, die völlig leer sind an diesem Sonntagmorgen. Vorbei an Vorgärten mit üppigem Bewuchs. Vorbei an Fenstern, von denen tatsächlich kein einziges mit Gardinen versehen ist. Lang gestreckte Mietshäuser, unverputzter Backstein, weiße Tür- und Fensterrahmen. Selbst diese Gebäude wirken nicht uniform. Die Fassaden sind nicht geglättet, die Farbschattierungen des Backsteins geben den Häusern einen warmen Ton. Und jeder Blick in die Fenster sieht ein Stück des Lebens in den vier Wänden. Als wäre es – unweigerlich drängt es sich abermals auf – als wäre es ein Bild.

Der Bus hält auf einem großen Platz, dessen Ränder verweht sind von Sand. Die zahllosen winterdicht verrammelten Buden und Pavillons lassen erahnen, was für ein Betrieb hier im Sommer herrschen muss.

Ein dumpfes Brausen liegt in der Luft. Wir gehen zur Dünenkuppe. Dort trifft uns der Wind mit aller Macht. So heftig ist er, dass wir uns dagegenlehnen können. Auf der Holztreppe hinunter zum Strand müssen wir uns am Geländer halten, um nicht das Gleichgewicht zu verlieren.

Bleigraue Wellen türmen und brechen sich. Ein Tosen, dass wir unser eigenes Wort nicht mehr verstehen.

Die Wolken scheinen im aufgewühlten Wasser zu schleifen. Wo ein Horizont hätte sein können, quillt brodelnde Masse. Der Singular des Himmels zerfällt in tausend Wandelformen. Wo immer eine der Schichten aufreißt, kommt darunter die nächste zum Vorschein, und jede hat ihre eigene Tönung, ihre eigene Struktur. Hier ist es ein matt poliertes Anthrazit, in scharf gezeichneten Formen, dass man den Maler gelobt hätte für jede Wölbung, jede Buchtung, jede verspielte Schneckenfigur. Dort ist es ein fahles Grau, flusig, wie zerzauste Watte. Darunter wiederum ein gefurchtes Feld in mattem Weiß, gleich einem schneebedeckten Acker. Zbigniew Herberts „Wolke von der Form eines zerrissenen Gottes" – sie hat sich in diesen Aufruhr des Himmels gemischt, sich aufgelöst, sich neu verwoben und versponnen.

Wo die Wellen auslaufen, staut sich ein Saum aus kniehohen Schaumkronen. Der Wind reißt Brocken in der Größe von Kissen heraus, treibt sie in rasender Geschwindigkeit vor sich her. Der ganze Strand ist gestriemt von den flüchtigen Formen, die das Auge verwirren, denn ebenso schnell, wie sie dahinschießen, lösen sie sich auf. Während der Wind sie hetzt, schmelzen sie in der rasenden Bewegung, die mehr ein Flug ist als ein Gleiten, so lose nur haften sie am Untergrund. Nach Sekunden schon sind von den größten Formen nur mehr ein paar Bläschen übrig, die in einer Mulde hängen bleiben, ehe die letzten Häutchen platzen. Ein Fleckchen, kaum mehr als ein Fingerabdruck, an dem der Sand für Sekunden feuchter wirkt als ringsum.

Nach Südwesten hin, verschwimmend in der aufziehenden Regenfront, sind die Türme einer Raffinerie zu sehen, es müssen Industrieanlagen des Rotterdamer Hafens sein. Auf einem Strandabschnitt dazwischen steigen die Farbtupfen von Lenkdrachen auf. Für Momente ein Glimmen, ein milchiges Licht, es sickert aus den Wolkenschichten, bis hier und dort wahrhaftig ein Fetzen Blau aufscheint, über dem sich im nächsten Augenblick das zerschlissene Grau wieder schließt.

Die flockigen Kissen fegen über den Strand. Reißen sich los aus der getürmten Schaumbarrikade am Spülsaum, flimmern über den Sand, schmelzen ins Nichts. Und kaum, dass die einen sich aufgelöst haben in fliegender Lautlosigkeit, stieben die nächsten hinterher.

Anders als mit Tränen in den Augen ist es nicht zu sehen. Nicht bei diesem Wind.

(Berlin / Gießen / Puszczykówko, Januar – Mai 2018)

JULIAN STRYJKOWSKI –
HÜTER DER GALIZISCHEN ERINNERUNG

Die Menschen meiner Heimat haben ein gutes Gedächtnis,
denn sie erinnern sich mit dem Herzen.
(Joseph Roth, *Heute früh kam ein Brief …*)

Für Tomasz Różycki

„Das Land hat in Westeuropa einen üblen Ruf. Der wohlfeile und faule Witz des zivilisierten Hochmuts bringt es in eine abgeschmackte Verbindung mit Ungeziefer, Unrat, Unredlichkeit. Aber so treffend einmal die Beobachtung war, daß es im Osten Europas weniger Sauberkeit gebe als im Westen, so banal ist sie heute; und wer sie jetzt noch gebraucht, kennzeichnet weniger die Gegend, die er beschreiben will, als die Originalität, die er nicht besitzt." Mit diesen Worten beginnt Joseph Roth seine *Reise durch Galizien*, eine Folge von drei Beiträgen, die 1924 in der *Frankfurter Zeitung* erschienen, ein Jahrzehnt nach dem Beginn des Ersten Weltkriegs, eineinhalb Jahrzehnte vor dem Beginn des Zweiten. Als Roth mit diesen Texten – die in *Juden auf Wanderschaft* wie in den *Briefen aus Polen* ihre pointierte Fortsetzung finden – gegen Vorurteile und präpotentes Nichtwissen anschrieb, gab es sie noch, die jüdische Welt Mitteleuropas, diesen so Atem beraubend vielsprachigen, so Atem beraubend reichhaltigen Kosmos, dessen Echos heute dem Sog einer entsetzlichen Leere abgerungen werden müssen.

Dem Versuch, sich Galizien anzunähern, kommt es entgegen, die Kategorie des Nationalstaates fürs erste beiseite zu lassen, nicht um der romantisierenden Verklärung willen, sondern weil der „mitteleuropäische Humanismus", wie Claudio Magris diese Denk- und Lebensform nannte, mit den kargen Rastern des Nationalen nicht zu fassen ist. Der gehobenen Deutschtümelei, die sich auf Weimar als den allein selig machenden Maßstab kaprizieren möchte, wird nicht einmal auffallen, dass sie Mitteleuropa übergeht, mit anderen Worten: dass sie das von deutscher Gewalt verheerte Herzstück des alten Europa leichter Hand zur *quantité négligeable* erklärt. Dass aus solcher Fokussierung nur ein grotesk verzerrtes Bild der Kulturgeschichte hervorgehen kann – dzień dobry, gut geschlafen, Frau Dorn? –, versteht sich von selbst.

Werfen wir einen Blick auf den Kartenausschnitt, den Martin Pollack in seinem Buch *Nach Galizien* dem Kapitel „Stryj, die große Provinz" mitgegeben hat. Links ist Drohobycz zu sehen, Geburtsstadt von Bruno Schulz, Geburtsstadt von Ephraim Moses Lilien, ein Stück weiter südlich liegt der Kurort Truskawiec, bekannt für sein Heilwasser *Naftussja*. Am linken Rand ist aus den letzten Buchstaben Borysław zu erschließen, hier befanden sich die Erdölfelder, die der Region ab dem Ende des 19. Jahrhunderts einen wirtschaftlichen Aufschwung bescherten, der auch seine Schattenseiten hatte, zog die Aussicht auf das schnelle Geld doch so manchen skrupellosen Glücksritter an. Rechts unten ein weiterer klingender Name: Morszyn, das Bad Ischl des Karpatenvorlandes, 15 Kilometer nördlich liegt Stryj.

Knapp 30.000 Einwohner hatte das Städtchen beim Ausbruch des Ersten Weltkriegs, und vergleichsweise wohlhabend war es, nicht zuletzt dank der Nähe zu den besagten Erdölfeldern, außerdem von Bedeutung als Verkehrsknotenpunkt. Fünf Mal täglich ging ein Zug ins 70 Kilometer entfernte Lemberg, jeden Donnerstag war Markt. Hier wurde am 27. April 1905 Pesach Stark geboren, der als Julian Stryjkowski seinen von früher Kindheit an gehegten Traum verwirklichte: Schriftsteller zu werden.

Das Elternhaus war orthodox geprägt. Der Vater, Zwi Rosenmann, führte als *Melamed* – Lehrer im *Cheder* – eine Arbeit aus, die weit unter seinen Befähigungen lag. Dass dieser hoch gebildete Mann, der in jeder freien Minute über dem Talmud saß, einen Beruf ausüben musste, der Gegenstand herablassender Witze war, zudem sehr kärglich nur entlohnt wurde, empfand der junge Pesach als beschämend. Für den Lebensunterhalt sorgte vor allem die Mutter, Chana Stark, und das Auskommen der Familie war alles andere als üppig. Dass Pesach den Nachnamen seiner Mutter trug, hatte einen einfachen Grund: Orthodoxe Juden heirateten nicht standesamtlich, ihre Kinder galten offiziell als „unehelich".

Die beiden älteren Geschwister Mordechai und Maria sollten zu wichtigen Bezugspersonen werden. In Stryjkowskis Prosa spielen sie – jeweils in verschiedenen Gestalten – wesentliche Rollen. In den 1880er und 1890er Jahren kamen sieben weitere Geschwister zur Welt (möglicherweise auch acht, die Angaben schwanken), die das frühe Kindesalter nicht überlebten.

Mordechai wanderte 1920 nach Palästina aus, wo er bis zu seinem Tode 1975 lebte. Maria absolvierte eine

Ausbildung als Lehrerin und fand eine Anstellung an einer polnischen Schule in Wien, was Pesach mit großem Stolz erfüllte. Ihr früher Tod 1920 war ein schwerer Schlag für ihn.

Auch Pesach besuchte den väterlichen *Cheder*, doch entschieden die Eltern dann, den Jungen in eine polnische Schule zu schicken, was ihn anfangs sehr belastete. Der künftige Schriftsteller, der als polnischer Kandidat für den Nobelpreis ins Gespräch kommen sollte, sprach zu Hause Jiddisch und war – durch den Unterricht im *Cheder* – mit dem Hebräischen vertraut, das Polnische aber musste er erst erlernen. Da er in der Klasse auch der einzige Junge mit Schläfenlocken war, hörte er einiges an Spott von Seiten seiner katholischen Mitschüler. Die Schwester, die ihm die ersten polnischen Vokabeln beibrachte, nahm ihn mit zum Friseur, und die Schläfenlocken wurden so gestutzt, dass der Tradition genüge getan, der Anlass zu den Hänseleien aber beseitigt war. Die Mutter, so Stryjkowskis Erinnerung, habe die Hände über dem Kopf zusammengeschlagen, der Vater kommentierte den Friseurbesuch mit keinem Wort. Die erwartete Tracht Prügel blieb aus.

Nicht nur das Kreuz im Klassenzimmer irritierte den eben aus dem väterlichen *Cheder* entlassenen Schüler. Für Verwirrung sorgte auch die Lehrerin, Amalia Apfelgrün, die ihre Assimilation markant in Szene setzte. Sie hatte ein Faible für exaltierte Garderobe, schminkte sich so auffällig, dass es nach Stryjer Maßstäben als skandalös gelten musste, und aß in der Pause – für jeden sichtbar – ein Brötchen mit Schinken.

Doch auch die Orthodoxie des Vaters war alles andere als hermetisch. Er las Goethe und Schiller im Original, obwohl die weltliche Literatur der orthodoxen Observanz als Einstiegsdroge für lasterhaften Müßiggang galt. Dass Pesach die polnische Schule besuchen sollte, um in der Welt außerhalb des Schtetls zurechtzukommen, stand für beide Eltern außer Frage. Auch dem Wunsch der Schwester, eine Ausbildung zur Lehrerin zu machen, stimmte der Vater ohne Weiteres zu.

All diese Details werden später in literarisch überformter Gestalt in Stryjkowskis Prosa einfließen, um sich mit der Tetralogie zum großen Gemälde einer Welt zu fügen – zum Panorama des galizischen Judentums an der Schwelle eines Umbruchs. Stryjkowskis Figuren verkörpern alle Nuancen jüdischen Lebens, jüdischen Denkens, das ganze Spektrum der Wünsche und Hoffnungen, der Sehnsüchte und Enttäuschungen zwischen Tradition und Aufbruch, zwischen zionistischen Visionen und assimilatorischen Kompromissen – sie spiegeln die Komplexität der religiösen wie der politisch-sozialen Auseinandersetzungen, die in den letzten Jahren der Donaumonarchie und der kurzen, so brutal beendeten Epoche der Zweiten Polnischen Republik in diesen Regionen verhandelt wurden. Wer jüdische Lebensgeschichten aus Mitteleuropa zur Hand nimmt, wie sie etwa in dem von Jeffrey Shandler herausgegebenen Band *Awakening Lives: Autobiographies of Jewish Youth in Poland before the Holocaust* versammelt sind, wird den Stoff wiedererkennen – aus so vielerlei Fäden gewoben, so mannigfach gefältelt –, den Stryjkowski in seinem Werk verarbeitet hat.

Noch in die Gymnasialzeit fiel seine Begeisterung für den Zionismus und das Neuhebräische. Hebräischer

Dichter zu werden, war für eine ganze Weile sein sehnsüchtiger Wunsch. Darauf folgte die Begeisterung für den Kommunismus, den er vor allem als wirksames Remedium gegen den Antisemitismus ansah. Mit seinen eigenen Worten: „Ich tauschte Palästina gegen Birobidschan." Dass diese Überzeugungen nicht mit der Pflege des Hebräischen zu vereinbaren waren, schmerzte ihn, doch opferte er die sprachliche Leidenschaft „auf dem Altar des kosmopolitischen Glücks".

Der Vater starb, als Pesach vierundzwanzig war; vier Jahre später wanderte die Mutter nach Palästina aus. In der Zwischenzeit hatte er ein Studium der Polonistik begonnen, in der „naiven Vorstellung", wie er später erzählt, dies sei „der Weg zum Parnass". Ein Foto zeigt ihn am Tag seiner Promotion in einem jüdischen Studentenwohnheim im nun seit 1918 wieder polnischen Lwów. Er sitzt im Kreise von Kommilitoninnen und Kommilitonen, die – links und rechts auf den beiden Betten und halb einander auf dem Schoß – in freundschaftlich vertrauter Nähe den frisch gebackenen Doktor umringen. Einer der jungen Männer lehnt am offenen Fenster, gießt eben Wodka in ein Gläschen, auf einem Tisch am linken Bildrand ist Geschirr zu erkennen. Ein milder Abend, eine fröhliche Runde, die sich einen kleinen Luxus gegönnt hat, der eben Promovierte trägt ein weißes Hemd, Krawatte, eine sportliche Windjacke, hält einen Strauß weißer Rosen in den Händen. Er schaut nicht in die Kamera, sein Blick verliert sich jenseits des Zimmers, sein Gesicht strahlt etwas aus, was als seliges Glück bezeichnet werden darf. Es ist das Jahr 1933.

Unter seinem Geburtsnamen publiziert er seine Übersetzung von Louis-Ferdinand Célines *Mort à credit* ins Polnische. *Bagatelles pour un massacre* aber, das ihm der Autor als nächstes zukommen lässt, weist er zurück – der antisemitischen Ausfälle wegen, die ihn, wie er sagte, tiefer getroffen hätten als die Attacken gegen den Kommunismus.

Seine ersten auf Polnisch verfassten Erzählungen erscheinen, Ende der 1930er Jahre, unter Pseudonymen. Neben dem Namen Łukasz Monastyrski (Monasterzec (poln.) / Monastirez (ukr.) ist ein Dorf bei Stryj) taucht erstmals Julian Stryjkowski auf.

Ein einschneidendes Erlebnis ist die Untersuchungshaft, die er 1935 / 36 in dem berüchtigten Gefängnis „Brygidki" in Lwów verbüßen muss – seiner politischen Überzeugungen wegen, zu diesem Zeitpunkt ist er bereits Mitglied der Kommunistischen Partei der Westukraine.

Nach seiner Entlassung zieht er nach Warschau. Als die Wehrmacht Polen überfällt, begibt er sich wieder nach Lwów. Die erste Besatzung, die er erlebt, ist die sowjetische. Als die Wehrmacht im Juni 1941 die Sowjetunion überfällt, flieht er in die Tiefe des Landes. Nach einem vergeblichen Versuch, sich der Armee von General Anders anzuschließen, arbeitet er unter anderem auf usbekischen Baumwollfeldern, später in einer Munitionsfabrik bei Moskau. Mit der Unterstützung Wanda Wasilewskas findet er zur Redaktion der Zeitschrift *Wolna Polska*.

„Gerettet im Osten", erfährt er zum einen die Bestätigung der Bindung an den Kommunismus und wird zum anderen – wie er später erzählt – in Moskau zum polnischen Schriftsteller. Es sind die Nachrichten vom Aufstand im Warschauer Ghetto (19. April – 16. Mai 1943), die ihn zutiefst verstören. Der verzweifelte Widerstand gegen die barbarische Gewalt der deutschen Besatzer – nach den Monaten des grausamsten Mordens, das vom Frühjahr 1942 an im „Generalgouvernement" eine jüdische Gemeinde nach der anderen auslöschte – wird ihm zum Imperativ: „Setz dich hin und schreib!" So nimmt in Moskau der erste Teil der Galizischen Tetralogie seinen Anfang: *Stimmen in der Finsternis.*

Als Stryjkowski 1946 mit diesem Roman in der Polnischen Volksrepublik ankommt, ist an eine Veröffentlichung nicht zu denken, zehn Jahre später erst wird das Buch erscheinen. Mit dem Vorwurf, dass die Form des Romans einen „Anschlag" auf den Sozrealismus darstelle, konnte die Bewertung des Themas umgangen werden. Die ebenso schlichte wie tiefgründige Schilderung des Alltags in der jüdisch-galizischen Lebenswelt entsprach natürlich erst recht nicht den damaligen kulturpolitischen Vorgaben. 1946 wurde *Stimmen in der Finsternis* nicht einmal der Zensur zur Prüfung vorgelegt.

Mit der plastisch gestalteten Eingangsszene, die den kleinen Aronek schon mit dem ersten Satz in den Mittelpunkt eines Tableaus rückt – „Sie stellten ihn auf den Tisch" –, formuliert Stryjkowski ein unmissverständliches Bekenntnis. Aronek wird gefragt, wie er heiße, aus welcher Familie er komme, wie alt er sei, und gibt zur Antwort, fünf Jahre sei er alt und fange den *Chumesch* an – das sind „so viele Bücher unseres heiligen Moses, so viele Bücher, wie viel Jahre ich bin."

Die „Abweichung" in literarischer Hinsicht darf als symptomatisch betrachtet werden. Hier zeichnet sich bereits die Kluft ab zwischen Stryjkowskis Anspruch als Schriftsteller und seinen politischen Überzeugungen. Bis zur endgültigen Loslösung vom Kommunismus wird er noch eine Weile mit sich ringen. 1966 – im Jahr des Erscheinens des zweiten Teils der Tetralogie – wird er den Bruch vollziehen und aus der Partei austreten, unter anderem aus Protest gegen den Ausschluss Leszek Kołakowskis.

Nach den in der Sowjetunion gesammelten Erfahrungen führt ihn der berufliche Weg zunächst in den Journalismus. Ab 1946 arbeitet er in der Polnischen Presseagentur in Katowice. Jetzt zeichnet er offiziell mit dem Namen Julian Stryjkowski – es wurde ihm nahegelegt, in dieser Position nicht mehr als Pesach Stark aufzutreten.

1949 entsendet ihn die Polnische Presseagentur nach Rom. Hier schreibt er, unter dem Eindruck aktuellen Geschehens, den Roman *Der Lauf nach Fragalla* (*Bieg do Fragalà*, 1951). Hintergrund der Handlung sind die Ereignisse, die als *strage di Melissa* oder *eccidio di Fragalà* bekannt wurden: die blutige Niederschlagung eines Aufstands unterdrückter Landarbeiter in Kalabrien, Ende Oktober 1949. Was der Roman *Stimmen in der Finsternis* an politischer Deklaration vermissen ließ, war in diesem Buch so reichhaltig vorhanden, dass Stryjkowski in Italien zur *persona non grata* wurde und das Land verlassen musste. Ab 1954 leitete er dann bis zu seiner Pensionierung die Sparte Prosa in der Redaktion der renommierten Literaturzeitschrift *Twórczość*.

Dass ihm der dezidiert sozrealistische Roman zum Debüt wurde – dessen Übersetzungen wenig später in der DDR und der Sowjetunion erschienen –, während das Werk, das seinem innersten Antrieb entsprang, nach wie vor in der Schublade lag, ist bezeichnend. Ein Essay, der im Kontext jüdisch-polnischer Literatur nicht unerwähnt bleiben darf, bietet an dieser Stelle erhellenden Aufschluss: Artur Sandauers *Über die Situation des polnischen Schriftstellers jüdischer Herkunft im 20. Jahrhundert (eine Abhandlung, die nicht ich hätte schreiben sollen).* Seit dem Erscheinen dieses Buches sind in Polen ganze Bibliotheken zu dem Thema veröffentlicht worden, doch 1982 besaß der knapp 100 Seiten zählende Band seine besondere Bedeutung als eine der Wegmarken einer beginnenden Rückerinnerung an das jüdische Polen, die nicht zufällig im Jahrzehnt der Solidarność ihren Anfang nahm.

Sandauer, 1913 in Sambor (ukr. Sambir) geboren, 60 km nordwestlich von Stryj, gibt mit dieser Abhandlung wertvolle Einblicke in eine Identitätsdebatte, die die Sittenwächter des „Polentums" immer wieder befeuert haben – mit dem stets von neuem formulierten Verdacht, den „polnischen Schriftstellern jüdischer Herkunft" stehe der Platz im Kanon der polnischen Literatur *eigentlich* nicht zu. Dass der Nationaldichter Adam Mickiewicz aller Wahrscheinlichkeit nach Sohn einer getauften Jüdin war (möglicherweise auch Frankistin), macht diese Fragen besonders heikel, sollte doch gerade das Schaffen Mickiewiczs das katholisch-patriotische Polentum in seiner reinsten Form repräsentieren.

„Sänger des Vorkriegsschtetls" – so nennt Sandauer Stryjkowski und unterstreicht damit das wesentliche Charakteristikum in diesem Werk: die vordergründige

Abwesenheit der Schoa. Stryjkowski überlebte in der Sowjetunion, von seinen nächsten Angehörigen wurde niemand Opfer des deutschen Massenmords, doch es waren die Nachrichten von der Vernichtung des polnischen Judentums, die Stryjkowski zum polnischen Schriftsteller mit jüdischem Thema werden ließen. Er fühlte sich nicht ermächtigt, unmittelbar von der Schoa zu schreiben, doch gerade die Tetralogie ist nicht anders zu lesen denn auf der Grundierung des Wissens um diese Verheerung.

Mit einer zweiten Zuschreibung – „Sänger der hässlich Sprechenden" – verweist Sandauer auf das Jiddische, das den besagten Sittenwächtern, und zumal in der Zwischenkriegszeit, erst recht ein Dorn im Auge war. Der *żargon* (Jargon) galt als Beweis der Kulturlosigkeit der nicht assimilierten Schtetl-Juden. Diese Zuschreibung ist für Sandauer zugleich der Ausgangspunkt einer in manchen Sätzen harschen Kritik. Zum einen wirft er Stryjkowski vor, in den galizischen Romanen (von denen 1982 drei erschienen waren) ein allzu exotisches Bild des Judentums zu entwerfen, das auf den Effekt der Faszination für das vermeintlich Fremde beim nichtjüdischen Leser angelegt sei. Ferner zählt er einige – tatsächlich vorhandene – Ungereimtheiten auf. Stryjkowski, der sich bereits in jungen Jahren von der religiösen Praxis abgewandt hatte, sind in den Schilderungen des jüdischen Rituals hin und wieder Schnitzer unterlaufen. Vor allem aber stößt sich Sandauer an einem grundlegenden sprachlichen Problem: Um jiddisches Kolorit zu schaffen, verwende Stryjkowski in den Dialogen mitunter ein ungelenk wirkendes Polnisch – diese Menschen aber hätten im Alltag kein holpriges Polnisch gesprochen, sondern flüssiges Jiddisch. Im Bemühen um eine authentische Wirkung, die in polnisch verfassten Dialogen nun einmal nicht zu vermitteln sei, bestätige Stryjkowski somit nur das Vorurteil vom wenig subtilen „Jargon".

Klingt diese Kritik auch hart, kommt Sandauer zugleich zu einem überzeugenden Schluss. In den galizischen Romanen sieht er eine literarische Form der „Selbstkritik", mit der Stryjkowski die Wende vollzogen habe „vom erzwungenen zum authentischen Schaffen". Andere jüdisch-polnische Schriftsteller, so Sandauer, hätten im Zuge solcher Entwicklungsphasen – in der Abkehr vom Kommunismus und der erneuten Suche nach dem Judentum – die Emigration als einzigen Ausweg gesehen, Stryjkowski aber sei in Polen geblieben und habe sich auf den Wegen der Erinnerung tief in die Welt seiner Kindheit begeben, um dort die Substanz seiner Literatur zu finden.

Der zweite Roman der Tetralogie erscheint 1966: *Austeria*. Die Handlung, einen Tag, eine Nacht und den nächsten Morgen umfassend, spielt zu Beginn des Ersten Weltkrieges. Ort des Geschehens ist eine Schenke, unweit einer nicht näher bezeichneten galizischen Stadt. Hier suchen einige jüdische Bürger aus eben dieser Stadt Zuflucht vor der näher rückenden Front, bald stößt noch eine Gruppe von Chassiden hinzu – mit Frauen und Kindern und ihrem Zaddik. Der Ort, aus dem der Zaddik kommt, erlaubt eine geographische Zuordnung: Żydaczów (ukr. Schydatschiw) – ein sprechender Name: „Judendorf" – 30 Kilometer nordöstlich von Stryj. Auch die Zeit ist von Bedeutung: Es geht auf die „Furchtbaren

Tage" zu. Die Schlachten in Galizien, die die österreichisch-ungarische Front zusammenbrechen ließen, fielen auf den im jüdischen Kalender bedeutenden Abschnitt der Hohen Feiertage. In dieser Zeit des Jahres 1914 übrigens beginnt Kafka mit der Niederschrift seines *Proceß*.

Von den ersten Sätzen an liegt der gewaltsame Tod als Schatten über dem Geschehen. Die schöne Asia, von einer verirrten Kugel getroffen, wird in einem der Räume in der Schenke notdürftig aufgebahrt. Die Anwesenheit der Toten verleiht jedem Wort ein vielfaches Gewicht, lässt die Stunden angespannten Wartens zur Zerreißprobe werden. Alles Handeln muss sich auf das Sprechen beschränken, alle Hoffnungen und Ängste drängen in die Äußerung. Pritsch und Apfelgrün geraten in Hitze über dem Versuch, einander zu erklären, was eigentlich ein Krieg sei. Als die Chassiden eintreffen, sorgt das für einige Verstimmung. Die unbeirrbare Frömmigkeit, die in Psalmen und Lobpreisungen des Allmächtigen ihren Ausdruck sucht, mutet fehl am Platz an, hat man doch eben einander aufgebracht bestätigt – in Erinnerung an Kischinau (April 1903) –, dass die Kosaken sich nicht scheren werden um internationale Rechtsprechung, und dass es für die Opfer eines Pogroms einerlei sei, „ob es ein großes Pogrom war oder nur ein Pogrömchen". „Jetzt fehlt uns nur noch der Messias!" – so der verzweifelte Ausruf, als die Nachricht eintrifft, dass in der Stadt schon alles aus den Fugen sei, die Plünderungen bereits begonnen hätten und aus den Fenstern des Magistrats Urkunden und Dokumente auf die Straße wehten. Und immer drängender wird die Frage, wie die schöne Asia unter diesen bedrohlichen Umständen zu bestatten sei. Vermittelnd und tröstend agiert der Schankwirt, der alte Tag, der auf ein bewegtes Leben zurückblickt. Unter seiner besonnenen Ruhe in der Arche, zu der ihm seine Schenke unversehens wird, bewahrt er die Erinnerung an frühere innere Kämpfe, die den skeptisch hadernden Rebellen erkennen lassen.

Hinter dem Ausmaß des Grauens der Schoa verblasst häufig das Leid der galizischen Juden während des Ersten Weltkriegs. Festgehalten für die Nachwelt hat dieses Leiden vor allem Szymon An-Ski (Schlomo Sajnwel Rapoport), Verfasser des Stückes *Der Dibbuk* und des Gedichts „Der Schwur", dessen Vertonung zur Hymne des „Bund" wurde. Seine Erinnerungsberichte von den galizischen Kriegsschauplätzen verfasste er auf Jiddisch: *Der jidischer churbn von Pojln, Galicje un Bukowina.* Eine deutsche Übersetzung dieses so bedeutsamen Buches liegt bislang nicht vor. Die polnische Übersetzung, entstanden nach der hebräischen Ausgabe, trägt den Titel *Tragedia Żydów galicyjskich w czasie I Wojny Światowej (Die Tragödie der galizischen Juden während des Ersten Weltkriegs).* Zu Stryj ist hier zu lesen, dass etwa die Hälfte der Einwohner gleich zu Beginn des Krieges mit dem österreichischen Heer geflohen war. Mehrfach ging dann die Front über Stryj hinweg, und „bei jedem erneuten Einmarsch und jedem Rückzug", so An-Ski, „richteten die Russen ein Pogrom an, plünderten und mordeten."

Wenn es einen Roman gibt, dem es gelingt, aus dem Beginn der europäischen Urkatastrophe heraus ein Hintergrundbild entstehen zu lassen, das über den Spätsommer / Herbst 1914 hinausweist auf das Grauen, das folgen wird, dann ist es *Austeria*. Dass eine historische Kausalität bestehe zwischen dem Attentat von Sarajewo und Auschwitz, wie Shlomo Avineri in seinem Buch über Theodor Herzl schreibt – in Stryjkowskis Roman ist der Zusammenhang geradezu physisch spürbar, ein sirrender Ton der Bedrohung, der aus den Seiten steigt.

Eigene Erwähnung verdient die Verfilmung des Romans, die unter der Regie von Jerzy Kawalerowicz entstand. Geboren 1922 in dem Schtetl Gwoździec (ukr. Hwisdez), um die 170 Kilometer südöstlich von Stryj gelegen, war er mit der jüdischen Lebenswelt von klein auf vertraut und betrachtete *Austeria* als ein Stück seiner eigenen Lebensgeschichte, auch wenn er aus einer nicht-jüdischen polnischen Familie stammte und die habsburgische Zeit nicht mehr unmittelbar erlebt hatte. Da der Roman bei seinem Erscheinen in der Volksrepublik große Anerkennung fand, sprach zunächst alles für eine zügige Umsetzung des Vorhabens. Das Drehbuch schrieb Kawalerowicz zusammen mit Stryjkowski und dem Schriftsteller Tadeusz Konwicki. Für viele der Rollen konnte er Schauspieler des Jiddischen Theaters in Warschau gewinnen. Auch ließ er sich umfassend beraten in Fragen jüdischer Bräuche und legte die größte Sorgfalt in die Erarbeitung der musikalischen Seite des Films, die gänzlich ohne Instrumentalbegleitung gestaltet werden sollte – allein über den Gesang der Chassiden. Der harsche Umschwung der politischen Stimmung aber, der sich nach dem Sechstagekrieg in den Ländern des Warschauer Paktes abzeichnete, machte die Pläne zunichte. Es sei keine gute Idee, so gab man Kawalerowicz zu verstehen, unter den derzeitigen Umständen einen Film über ein dezidiert jüdisches Thema zu drehen. Die Pläne wurden auf Eis gelegt, erst ein gutes Jahrzehnt später konnten sie aufgegriffen werden. 1983 kam der Film in Polen in die Kinos, 1984 lief er im ZDF (*Austeria – Das Haus an der Grenze*), in der DDR war er unter dem Titel *Die Herberge* auf der Leinwand zu sehen. Franciszek Pieczka, der in der Rolle des jüdischen Schankwirts Tag sein ganzes schauspielerisches Können unter Beweis stellte (dem westdeutschen Zuschauer als Vater Warga aus der *Großen Flatter* in Erinnerung), betonte in späteren Gesprächen die Sensibilität von Kawalerowicz, der bei dieser Arbeit getrieben war von dem Gedanken, einen glaubwürdigen Film zu drehen, frei von folkloristischem Talmi. Bis heute gilt *Austeria* als singuläres Werk – es ist einer der wenigen polnischen Filme, die ein detailliertes Bild jüdischen Lebens *vor* der Schoa vermitteln.

Besondere Beachtung verdient das Ende. Hier setzte Kawalerowicz einen Akzent, der die Unterströmung des Romans schärfer hervortreten lässt. Am Morgen nach der düster verbrachten Nacht preisen die Chassiden den neuen Tag, tanzend, singend entledigen sie sich ihrer Kleider, baden im nahen Fluss. Sie „hüpften herum, nackt und in langen weißen Unterhosen, und planschten unter der Brücke. Sie schwammen dort, wo das Wasser tiefer war. Sie schrien. Bis zur Austeria drang ihr Geschrei. ‚Welche Lust, welche Lust! Welche Lust, ein Jude zu sein!'" – so heißt es im Roman. Anschließend geht der Schankwirt in Begleitung des Priesters in die besetzte Stadt, um Lebensmittel für den Sabbat einzukaufen. Die verzweifelten Verwünschungen der Ruthenin Jewdocha, die um das Leben des alten Tag fürchtet, beschließen den

Roman. Im Film hingegen ist zuerst der Abschied des Schankwirts zu sehen, dann beginnen die Chassiden ihren Tanz, werfen übermütig ihre Kleider von sich, laufen singend in den Fluss, bespritzen sich ausgelassen – bis jäh das pfeifende Geräusch von Granaten zu hören ist, berstende Explosionen – und über dem strudelnden Wasser, das sich mit blutigen Strähnen durchzieht, erklingt das *Elohai Neschama* („Du, mein Gott, die Seele, die du in mich gelegt hast, ist rein."), das Teil des Morgengebetes ist.

Der dritte galizische Roman, *Asrils Traum*, 1975 in Polen erschienen, 1981 in deutscher Übersetzung, erzählt die Geschichte einer Rückkehr ins Schtetl, die zu einer schweren Identitätskrise führt. Die Erwähnung eines Kaiserbilds an einer Zimmerwand lässt auf das ausgehende 19. oder das beginnende 20. Jahrhundert schließen, eine genauere zeitliche Fixierung wird nicht vorgenommen. Die Hauptfigur Asril befindet sich zwischen den Welten – getrieben von einem Traum, kommt er nach langen Jahren der Abwesenheit in sein Schtetl zurück, in dem er so vieles nicht mehr wiedererkennt, doch vernimmt er fortwährend die Melodie jener Welt, die einmal die seine gewesen ist. Was bereits im Titel des ersten galizischen Romans programmatisch angelegt war und in *Austeria* seine weitere Verfeinerung erfuhr – *Stimmen* ins Leben zu rufen –, steigert sich hier zu einer Polyphonie, die mitunter über Seiten hinweg ohne Erzählerkommentar erklingt. Jeder Mensch, dem Asril begegnet auf seiner Suche nach der Vergangenheit, auf seiner Suche nach sich selbst, webt seinen Faden in das komplexe Gewebe. So entsteht eine vibrierende Komposition jüdischen Wissens und Denkens, vor der sich Asril – der Name bedeutet „es helfe mir Gott!" – nur umso zerrissener fühlt. Mit den Anklängen an An-Skis *Dibbuk*, unter anderem über ein Schlüsselzitat, gewinnt der Roman seinen Resonanzraum: „Warum, warum / stürzt die Seele / vom höchsten Gipfel / in den tiefsten Abgrund? / Weil nur die gestürzte Seele / aufsteigen kann." Am Ende irrt Asril über den Friedhof, die Kette der Tradition scheint unwiderruflich zerrissen. In den Tallis gehüllt, taumelt er an der Bahnlinie entlang, und wie in der Einsamkeit „inmitten der Gräber", so scheint auch im Bild des vorbeifahrenden Zuges, über dessen Waggons schwere Rauchwolken quellen, eine Zeit auf, die jenseits der Romanhandlung liegt.

Ursprünglich, so erzählte Stryjkowski, habe er eine galizische Trilogie schreiben wollen, die mit *Asrils Traum* ihren Abschluss finden sollte. Im Laufe der Jahre aber verspürte er das Bedürfnis, den nicht zu Ende geführten Handlungsstrang aus *Stimmen in der Finsternis* aufzugreifen und fortzuspinnen. So entstand *Echo*, der vierte galizische Roman, 1988 in Polen erschienen, 1995 in deutscher Übersetzung, in dessen erstem Satz der letzte der *Stimmen* seinen unmittelbaren Nachhall findet. In der Fortführung der Geschichte von Aroneks Familie sind abermals Details aus Stryjkowskis Biographie zu erkennen: die Erfahrungen in der polnischen Schule, der Tod der geliebten Schwester, die Auswanderung des Bruders nach Palästina. Die Welt des Schtetls wird zusehends brüchig, selbst der strenge Vater scheint von wachsenden Zweifeln geplagt zu werden. Immer schärfer treten politische Positionierungen zu Tage, Debatten um den

Zionismus und den Sozialismus bestimmen die Gespräche. In der letzten Szene des Romans schlägt Stryjkowski einen großen Bogen zurück und vollzieht zugleich – in der Frage der Identität – eine bedeutsame Modulation. Hatte der kleine Aronek zu Beginn der *Stimmen* sein Bekenntnis zur jüdischen Tradition formuliert, sagt er nun, am Ende des ersten Schuljahrs, das Bekenntnis zum Polentum auf: „Wer bist du? / Ein kleiner Pole. / Was ist dein Wappen? / Der weiße Adler … Woran glaubst du? / An Polen glaub ich. / Was bist du für Polen? / Ein treuer Sohn. / Was bist du schuldig? / Für Polen mein Leben." Die Lehrerin lobt ihn gegenüber dem Direktor – als der Junge in die Schule kam, konnte er „so gut wie kein Wort Polnisch". Sein Freund Schlomka nimmt ihm neugierig das Zeugnis aus der Hand, beginnt, die Noten vorzulesen. Was er denn in Schreiben habe, will Aronek ungeduldig wissen. – „Nur genügend. Aber mach dir nichts draus. In der zweiten Klasse wirst du besser." Mit diesem schlichten Trost für das Alter Ego des Autors schließt der Zyklus der galizischen Romane.

Hätte Stryjkowski „nur" die Tetralogie geschrieben, sein Platz im Kanon der europäischen Literatur des 20. Jahrhunderts wäre ihm sicher gewesen. Alle vier Romane liegen auch in deutschen Übersetzungen vor, doch sind die Bücher heute nur mehr antiquarisch zu bekommen. Vier verschiedene Verlage, vier verschiedene Übersetzerinnen und Übersetzer: Josef Hahn, Henssel Verlag; Janusz von Pilecki, Suhrkamp Verlag; Karin Wolff, Evangelische Verlagsanstalt; Esther Kinsky, Aufbau Verlag. Eine kontinuierliche Edition blieb Stryjkowskis Hauptwerk leider versagt. Zusätzlich erschwerend war, dass die Rezeption sich teilte: in die Wahrnehmung in der DDR und der BRD.

In Martin Sanders Radiofeature vom 30. Dezember 1994 – *Stimmen in der Finsternis: Julian Stryjkowski, ein Außenseiter der europäischen Literatur* (Deutschlandfunk-Studiozeit, Literatur und Kunst) – ist Stryjkowskis Stimme noch einmal zu hören, mit ihrem unverwechselbaren Klang, dem weichen galizischen Tonfall in den auf Deutsch eingestreuten Halbsätzen. Die Bedeutung der Kindheit für den Schriftsteller – *wie eine Wiege, nicht wahr?* Heimat, so sagt er im Gespräch mit Sander, seien eben diese Orte: der Synagogenplatz in Stryj, die Straßen seiner ersten Erinnerung. Polen sei eine Staatsbürgerschaft, kaum eine Heimat. Israel wiederum betrachte er als seine „nicht konsumierte Heimat", da er – der sich nach wie vor als Zionist verstehe – die Alija im Bereich des Möglichen belassen habe.

Die deutschsprachige Sekundärliteratur ist spärlich. Agnieszka von Zanthiers vergleichende Studie *Julian Stryjkowski und Edgar Hilsenrath: Zur Identität jüdischer Schriftsteller nach 1945* (2000) dürfte die erste deutschsprachige Monographie gewesen sein, die den Namen Stryjkowski im Titel führte, und noch zehn Jahre später beginnt Matthias Klose-Henrich seine an der Ruhr-Universität Bochum vorgelegte Dissertation *Literarische Deutungen jüdischer Existenz im Werke Julian Stryjkowskis* mit dem expliziten Bedauern über die Abwesenheit dieses Autors im deutschsprachigen Diskurs (die Dissertation ist online einsehbar). Beide Arbeiten lassen erkennen, wie dankbar ihre Verfasser *Ocalony na Wschodzie* (*Gerettet im Osten*) konsultiert haben – die Gespräche,

die der polnische Schriftsteller Piotr Szewc mit Stryjkowski führte und 1991 als Buch herausgab (ein Jahr
später erschien die französische Übersetzung: *Le Salut
était à l'Est*).

Gerettet im Osten ist Autokommentar und eigenstän-
dige Erzählung in einem. Und so persönlich die Fragen
sind, die in vielen Passagen zur Sprache kommen, wäre
es verfehlt, eine Chronik zu erwarten oder gar auf Ent-
hüllungen zu spekulieren. Stryjkowski lässt den Leser
teilhaben an seinem Leben, ohne sich preiszugeben. Und
seien es die Erinnerungen an die letzten Jahre der
Donaumonarchie, die Erinnerungen an die Turbulenzen
der Zweiten Polnischen Republik, seien es die Wege seiner Rettung im Osten, die Jahre in Italien, die ihn im
Handumdrehen zu ausführlichen kunsthistorischen Betrachtungen inspirieren, sei es die Einführung in die
Grundlagen der jüdischen Mystik – die Horizonte, die in
diesen Gesprächen vermessen werden, verschlagen den
Atem. Als jüdischer Schriftsteller, so Jan Józef Szczepański
in einer biographischen Skizze, sei Stryjkowski zum uni-
versalen Schriftsteller geworden, denn aus dem jüdischen
Denken heraus habe er die Dringlichkeit der ethischen
Fragen erfahren. Wie zutreffend diese Einschätzung ist,
bestätigt *Gerettet im Osten* nicht weniger als das Werk
selbst.

Als Geburtsort Ludwik Begleiters – Louis Begleys –
verschwindet Stryj mitunter in der Notiz, der „amerikanische Schriftsteller" sei „in Polen geboren". Als Ansicht
auf dem Umschlag der im Aufbau Taschenbuch Verlag
erschienenen Ausgabe von Soma Morgensterns *Das
Vermächtnis des verlorenen Sohnes* (des dritten Teils der

Trilogie *Funken im Abgrund*) wird es vermutlich selten nur identifiziert. Dass der Heimat- und Hauptstadt seines Werkes ein bescheidener Platz gewährt werde – „weit hinter dem Proustschen Combray, dem Lübeck Thomas Manns, William Faulkners New Albany, Faulkners Farm in Mississippi, dem Brody Joseph Roths" – diesen Wunsch äußerte Julian Stryjkowski am Ende der Gespräche mit Szewc.

Der Zeuge eines Jahrhunderts, geboren 1905 in Österreich-Ungarn, gestorben 1996 in der Dritten Polnischen Republik, hat alles getan, die Voraussetzungen dafür zu schaffen. Es liegt in den Händen des Lesers, Sorge zu tragen, dass der Wunsch sich erfülle.

BERLIN, KÖNIGSALLEE –
WARSCHAU, GALERIE ZACHĘTA

Die Konferenz von Genua (April / Mai 1922) brachte sie zusammen: die damals bereits als Lyrikerin bekannte Kazimiera Iłłakowiczówna, seit 1918 im Außenministerium der Zweiten Polnischen Republik tätig, den vielfach für seine Leistungen ausgezeichneten Wasserbauingenieur Gabriel Narutowicz, der nach Jahrzehnten des Schweizer Exils in das wieder unabhängige Polen gekommen war, und den Außenminister Walther Rathenau, der am Rande eben jener Konferenz ein Abkommen unterzeichnete, in dem sich die Brisanz der damaligen Zeit spiegelte: den Vertrag von Rapallo.

In den Lebenswegen der drei Persönlichkeiten scheinen sowohl das kulturelle Potential als auch die Brüche und Verwerfungen des alten Europa auf, und die Attentate, denen Rathenau und Narutowicz zum Opfer fielen, zeugen – bei allen Unterschieden, die es zu berücksichtigen gilt – vom schweren Stand der Demokratie in einer Epoche des aggressiven Nationalismus.

Kazimiera Iłłakowiczówna und Gabriel Narutowicz stammten aus derselben Region: aus Litauen. Sie wurden im Russischen Kaiserreich geboren, und für beide stellte das Jahr 1918 – die Wiedererlangung der polnischen Unabhängigkeit – ein biographisches Schlüsseldatum dar.

Als Iłłakowiczówna ihre Arbeit im Außenministerium begann, blickte sie bereits auf Erfahrungen zurück, die alles andere als üblich waren für Frauen ihrer Zeit.

Geboren wurde sie in Wilna – 1892, wie sie selbst angab, mit dem Hinweis, dass dies als Annäherung zu verstehen sei. Was in den Papieren stand, muss aufgrund der komplizierten familiären Situation als unzuverlässig gelten. Unehelich geboren und früh verwaist, wuchs sie als Pflegetochter bei Zofia Buyno, geb. Gräfin Plater-Syberg, auf. Sie besuchte Schulen unter anderem in Warschau und Genf, legte ihr Abitur in Sankt Petersburg ab, begann ein Studium der polnischen Literatur in Krakau. Eben zwanzig Jahre war sie alt (wenn wir 1892 als Geburtsjahr nehmen), als ihr erster Lyrikband erschien: *Ikarowe loty* (Ikarusflüge). Während des Ersten Weltkriegs war sie in der russischen Armee als Sanitäterin tätig.

Als Polen seine Unabhängigkeit wiedererlangt hatte – nach 123 Jahren der Teilungen, vier Jahren Weltkrieg, dem polnisch-sowjetischen und dem polnisch-ukrainischen Krieg, brauchte das Land nichts dringlicher als Fachkräfte für den Aufbau der Infrastruktur. So wandte sich Józef Piłsudski unter anderem an Gabriel Narutowicz, mit der ausdrücklichen Bitte, seine beruflichen Fähigkeiten mit der Politik zu verbinden. Narutowicz, der sich in seinen Jahren in der Schweiz mit großen wasserbaulichen Projekten einen Namen gemacht hatte, wurde zunächst Minister für Öffentliche Angelegenheiten, später Außenminister. Schließlich bot ihm Piłsudski das Amt des Staatspräsidenten an. Zustimmung erhielt Narutowicz vor allem von den Abgeordneten, die den damaligen Minderheiten in Polen angehörten – eben dieser Umstand bewog den Attentäter zu seiner Tat: Am 16. Dezember 1922 erschoss der Kunstmaler Eligiusz Niewiadomski, ein fanatischer Anhänger der Endecja (Nationaldemokratie), den ersten offiziell gewählten Präsidenten der Zweiten Polnischen Republik – der erst den fünften Tag im Amt war – bei der Eröffnung einer Ausstellung in der Warschauer Galerie Zachęta.

In Jerzy Kawalerowiczs Film *Śmierć Prezydenta* (Der Tod des Präsidenten, 1977) sind es die düstersten Momente, wenn Marek Walczewski als Niewiadomski während des Prozesses mit schneidender Stimme erklärt, er habe nicht das Geringste gegen den Präsidenten Narutowicz persönlich gehabt, sein Attentat sei einzig und allein ein Akt patriotischer Sorge um das Wohl des Vaterlandes gewesen. Er wisse, dass er eine schreckliche Tat begangen habe – als Patriot aber bereue er sie nicht.

Eligiusz Niewiadomski wurde zum Tode verurteilt und am 31. Januar 1923 erschossen.

Ein Präsident, den die Nationaldemokraten als Verräter des Vaterlandes beschimpften, weil vor allem die Minderheiten – deren größte Gruppe die polnischen Juden waren – den besonnenen Demokraten unterstützt hatten; ein Außenminister, den die nationalistische Rechte mit einem barbarischen Vers verhöhnte: „Auch Rathenau, der Walther, / erreicht kein hohes Alter. / Knallt ab den Walther Rathenau, / die gottverdammte Judensau!" Bei allen Unterschieden, die es im Auge zu behalten gilt – beide Attentate weisen in der Rhetorik des Verrats markante Parallelen auf, und hier wie dort führten zwei stets miteinander verwobene Obsessionen zum Verbrechen: Nationalismus und Antisemitismus.

Den Prozess gegen die Mörder Rathenaus hatte auch Joseph Roth beobachtet und in bitteren Worten kommentiert. Vom „Nationalismus im Abort" schrieb er in einer abschließenden Betrachtung, die Ende 1922 im „Vorwärts" erschien: Einem ausländischen Besucher Deutschlands müsse das Hakenkreuz mittlerweile als Symbol erscheinen, das so viel bedeute wie „Für Herren". Es ist gewiss kein Zufall, dass Roth wenig später erstmals auch als Romancier auftrat. Er spürte, dass die Gewalt von rechts nichts Punktuelles war. Sein (unvollendet gebliebener) Roman *Das Spinnennetz* bietet eine klare Analyse der bedrohten Weimarer Republik. Der Zusammenhang zwischen dem November 1918 und der Radikalisierung, die schließlich zum 30. Januar 1933 führte, wird in seiner Vielschichtigkeit ebenso wie in seiner vulgären Banalität durchleuchtet.

In seinen jüngeren Jahren „Diener der Monarchie", später „Geburtshelfer der Demokratie" (Christoph Stölzl), steht Rathenau geradezu exemplarisch für die politischen Beben, die die Weimarer Republik erschütterten. In Shulamit Volkovs hervorragender Biographie ist es detailliert nachgezeichnet. Und in den Worten, mit denen Alfred Kerr seine *Erinnerungen an einen Freund* (1935) beschließt – dass Rathenau „von Deutschen roh ermordet wurde (…), weil er Jude war" –, spiegelt sich die Krise einer Republik, die mit brachialer Gewalt zerschlagen wurde.

Die deutsche Aggression vom 1. September 1939 zwang Kazimiera Iłłakowiczówna ins Exil. Zusammen mit der polnischen Regierung floh sie nach Rumänien, hielt sich mit Fremdsprachenunterricht über Wasser, lernte in kürzester Zeit Rumänisch und Ungarisch. So sollten es dann (mit dem Englischen, Deutschen und

Russischen) fünf Sprachen sein, aus denen sie Literatur übersetzte.

1947 kehrte sie nach Polen zurück, ließ sich in Poznań nieder.

Dass sie vor allem als Lyrikerin in Erinnerung blieb, hat mit dem Respekt zu tun, der dieser Gattung in Polen entgegengebracht wird. Doch ist sie auch eine exzellente Prosaschriftstellerin gewesen, und insbesondere eine Meisterin der Miniatur. Eine 2018 in Polen erschienene Neuausgabe ihrer Prosabücher würdigt diese Sphäre ihres Schaffens. Wer sich auf die Lektüre der zumeist autobiographisch unterlegten Episoden und Reflexionen einlässt, auf die einzigartige Verbindung von Präzision und poetischer Imagination, von Ironie und Melancholie, kann nicht anders als darin verloren gehen.

Bei dem Attentat auf den Präsidenten Narutowicz in der Galerie Zachęta war sie anwesend. Ihre Beschreibung des Geschehens ist von erschütternder Eindringlichkeit. Sie hielt den Kopf des Präsidenten auf den Knien, brachte es – auch als der endlich eingetroffene Arzt ihr bestätigte, dass er tot sei –, nicht fertig, ihn auf den Fußboden zu legen.

„Eine brennende Sorge ergriff mich um das Gesicht des Präsidenten. Ich schloss ihm die Augen, band ihm den Unterkiefer mit seinem eigenen weißen Schal fest. Mich schmerzte die Einsamkeit des Toten, dessen Schultern und Kopf so schwer auf meinen Knien lasteten. [...]. Nach einer Dreiviertelstunde waren meine Glieder derart taub geworden, dass ich um ein Kissen bat. Ein Hausmeister brachte sein eigenes – ein weißes Kissen – aus seiner Wohnung. Auch bat ich um ein Kruzifix und ein

Stück Stoff, damit wir den Toten zudecken konnten. [...] An meinen Händen war das Blut des Präsidenten. Lange wusste ich nicht, was tun mit diesen Händen. Alles schien mir so falsch, so fehl am Platz. Ohne Handschuhe ging ich ins Außenministerium, fürchtete mich, die Klinken zu berühren. Im Ministerium endlich suchte ich einen Toilettenraum auf und wusch mir die Hände."

Als ich nach unserem Umzug nach Berlin zum ersten Mal den Ort des Attentats auf Walther Rathenau aufsuchte, verbanden sich die Orte miteinander – die Warschauer Galerie Zachęta, die Doppelkurve in der Königsallee, unweit des ehemaligen Wohnhauses von Rathenau, das Haus in der ul. Gajowa 4 in Poznań, in dem Kazimiera Iłłakowiczówna bis zu ihrem Tode 1983 gelebt hatte. Von meinem Schreibtisch in der ul. Sienkiewicza konnte ich es sehen.

Neben der Eingangstür ist eine Gedenktafel angebracht, auf einem Schild daneben sind die Zeiten verzeichnet, zu denen die Wohnung im Dachgeschoss besichtigt werden kann. Bis hin zu den Gewürzdöschen auf dem Küchenbord ist alles unverändert geblieben. Und während der Besucher sich in den Anblick der Leukoplaststreifen versenkt, die die Handschrift der Schriftstellerin tragen – *Majeranek* (Majoran), *Kminek* (Kümmel), *Cynamon* (Zimt) –, möchte er glauben, „Pani Iłła" wäre nur eben zum Einkaufen gegangen und müsste jeden Augenblick wiederkommen.

In Drohobytsch hatten wir alle denselben Bekannten.
Er hieß Schulz.
(Serhij Zhadan, *Drohobytsch*)

War die Zeit zu eng für alle Ereignisse?
Kann es tatsächlich geschehen,
dass alle Plätze in der Zeit ausverkauft sind?
Besorgt laufen wir neben dem ganzen Zug der Ereignisse einher,
der schon abfahren will.
(Bruno Schulz, *Die geniale Epoche*)

Wenige Tage vor dem Flug, der uns von Berlin über Wien nach Lemberg bringen soll, kommt es zu einem Treffen, das weit mehr als eine Einstimmung ist. Jennifer Croft und Boris Dralyuk sind für ein Wochenende in Berlin – eine Gelegenheit, Jennifer zum Man Booker Prize für ihre Übersetzung von Olga Tokarczuks *Bieguni (Flights)* zu gratulieren. Vor allem auch eine Gelegenheit, im ersten persönlichen Gespräch noch einmal den Fäden nachzuspüren, die uns so hintersinnig verknüpft haben, dass wir selbst eine Weile brauchten, um zu begreifen, in welchen Verbindungen wir stehen. Zum einen ackern meine Kollegin Lisa Palmes und ich seit dem Frühjahr an der Übersetzung von Olga Tokarczuks Roman *Księgi Jakubowe* (Die Jakobsbücher), zum anderen erreichen mich seit Jahren aus New Jersey immer wieder Boris

Dralyuks Übersetzungen aus dem Russischen ins Englische, die mich mit Irina Mashinski und dem Gedenken an Oleg Woolf verbinden. Die Geschichte zu dieser Begegnung wiederum wäre zu lang, um sie hier zu erzählen, ihre Quintessenz jedenfalls ist, dass Oleg Woolfs Erzählungen *Bessarabian Stamps* darauf warten, mitgenommen zu werden nach Drohobytsch.

Wir haben das Lokal Pasternak ausgesucht. Ein lauer Abend, über den Dächern eine Wolkendrift, glimmend geriffelte Reihen, als hätte ein unsichtbares Meer an einem blauen Strand seinen Abdruck hinterlassen. „Dort, wo die Karte des Landes schon sehr südlich wird ..." Die bevorstehende Reise zum Schulz-Festival, die intensive Arbeit der letzten Monate, das Tüfteln an den *Jakobsbüchern* – an dem Tisch auf dem Trottoir der Knaackstraße verschmilzt es zu einem Echoklang der Bilder. All die kleinen Ortschaften in der Westukraine, auf der Landkarte der *Jakobsbücher* Hauptstädte der Handlung, Knotenpunkte des kulturellen Gedächtnisses – bei der Übersetzung der entsprechenden Passagen standen sie mir vor Augen in ihrer Entfernung zu Drohobytsch.

Auf der Fahrt zum Pasternak fand ich mich mit meinem Rad entlang des Tiergartens in einem Slalom zwischen Deutschlandfahnen wieder. Wenige Tage vor der Reise nach Drohobytsch brannte sich das umso tiefer ein. Vorwiegend Herren strebten den Reisebussen zu, die auf der Straße des 17. Juni geparkt standen. Die AfD hatte an jenem Tag zu ihrer großen Demonstration aufgerufen. Die war nun zu Ende, jetzt sollte es wieder heimwärts gehen. „Wir haben Angst um die Zukunft unserer Kinder und Enkel!", verkündete ein handgemaltes

Schild. Sein Träger hatte es an einen Baum gelehnt, schlug, halb zum Radweg hin, sternhagelvoll sein patriotisches Wasser ab. Die Sorge um Kinder und Enkel hatte diese Herren sichtlich mitgenommen, sie stützten sich, zu zweit, zu dritt, grölten irgendein Gelall, schwenkten die Fahnen, prosteten sich zu.

Mehr als einmal werden mich die Bilder in Drohobytsch einholen – die besoffenen Schmerbäuche, die in Sandalen und Frotteesocken aufmarschieren, mit schwarz-rot-goldenem Sonnenhut. Anhänger einer Partei, aus deren Reihen es heißt, der deutsche „Schuld-Kult" müsse aufhören, die Gedenkkultur müsse „eine 180-Grad-Wende" vollziehen. Anhänger einer Partei, in der man Menschen, die als „nicht deutsch" identifiziert werden, „entsorgen" will. Anhänger einer Partei, in deren Reihen man stolz ist auf die „Leistungen" deutscher Soldaten „in beiden Weltkriegen".

Die Straße des 17. Juni führt zum Brandenburger Tor, zum Platz des 18. März. Von dort sind es nur noch wenige Schritte bis zum Denkmal für die ermordeten Juden Europas. Der 18. März 1848 – die Farben Schwarz-Rot-Gold, in jenem Jahr der gescheiterten Revolution wehten sie über den Berliner Barrikaden als Farben der Hoffnung auf eine Republik. Wenn es damals gelungen wäre, tatsächlich eine Republik zu schaffen? Hätte die Geschichte dann womöglich einen anderen Verlauf genommen? Einen derart anderen Verlauf, dass es heute keine Straße des 17. Juni gäbe, kein Stelenfeld?

Die Hoffnung im Vergangenen – wie Peter Szondi es über die Geschichtsphilosophie Walter Benjamins sagte –, ich sehe sie in den Berliner Barrikaden von 1848. Sie sind das Sinnbild des nicht Eingelösten, Sinnbild der offenen Möglichkeit. Und in der heutigen Nähe der beiden Orte – der Platz des 18. März und das Stelenfeld – steht mir ein weiteres Gedankenbild vor Augen: Benjamins „Engel der Geschichte".

Lefanim – mit dem Gesicht nach vorne gewandt – nach vorne in die Vergangenheit. Die erschütternde Wucht des Benjaminschen Engels haben mir nicht Brecht oder Grass erschlossen. Diese Poetik verstand ich dank Bruno Schulz. Kein anderer europäischer Schriftsteller hat so genau der Conditio humana bis in ihre feinsten Verästelungen nachgespürt, so tief das Rätselwunder Leben belauscht, so präzise das mystische Potenzial beschrieben, das darin verborgen liegt – „voller Pikanterie, unerwarteter Schauder und Pointen". Und kein anderer Schriftsteller vermittelt einen so weit gefassten Horizont kultureller Subtexte, die von nichts anderem handeln als eben davon: dass die Erinnerung an das Denken, auf dem das viel zitierte Abendland gründet (das freilich oft genug vergisst, woher es seine Ethik hat), eine befreiende Wirkung entfaltet. Eben hier ist das erste Charakteristikum der Prosa von Schulz zu suchen: in der Poetik des Antitotalitären.

*

Nach wenigen Kilometern durch die Peripherie von Lviv ist nur noch Landschaft. „Wie es ausdrücken?" Diese Üppigkeit raubt den Atem. Eine Palette von Grünschattierungen, die schwindeln macht, Hügel um Hügel, über die sie sich breitet, als schäumendes, leuchtendes Auf und Ab einer Dünung, ehe sie aufgeht in den bläulichen Tönen der weitesten Ferne, in der nur mehr zu erahnenden Berührung mit dem Himmel. Es sind die Bilder aus Schulz' visionärem Manifest *Die Republik der Träume*: das „niedrige, ausgedehnte und wellige Land, wie der Mantel Gottes hingeworfen als buntes Tuch an der Schwelle des Himmels". Es sind die Bilder der ersten Sätze in Soma Morgensterns *Idyll im Exil*: „Das sanfte Auf und Ab der Flächen erstreckte sich zu einer Landschaft, die so weit erschien wie das Meer."

Ein Ortsschild huscht vorüber, die Silben Дрого- elektrisieren uns – aber so rasch können wir von Lviv aus unmöglich ans Ziel gelangen. Es ist Дроговиж, nicht Дрогобич, noch sind wir nicht auf den „Nebengeleisen der Zeit".

Die Landstraße, auf die wir schließlich abbiegen, hat die Breite einer Autobahn. Rechts und links gleitet der Blick über undurchdringliche Flechtwände aus flimmerndem Grün. Ekstasen des Wachsens; in den Dörfern versinken die Häuser in der Überfülle ihrer Gärten, stehen „bis zu den Achselhöhlen" in Fliederbüschen, sind bis unter die Giebel umwoben von Wein.

Eine Handvoll Bohrtürme, aus den Jahren des galizischen Erdölbooms, stehen wie fossile Skelette ausgestorbener Wesen, die ein Bannstrahl getroffen hat, auf einem Streifen Ödland.

Wenig später taucht die Silhouette der ersten Karpatenhöhen auf, von dunstiger Hitze weichgezeichnet.

Wir sind in Truskawez untergebracht, dem legendären Kurort, einen Katzensprung südlich von Drohobytsch.

Hier sitzen wir am Nachmittag auf der Veranda eines Lokals an der Fußgängerzone, die ebenso schmuck wie überschaubar das Zentrum des Städtchens bildet. Alles strahlt eine eigentümliche Überwirklichkeit aus und scheint zugleich traumhaft verschleiert. Ein Duft von Rosen und Jasmin liegt in der Luft. Wir blinzeln in die Sonne, suchen nach Worten, versichern uns mehrfach, tatsächlich hier zu sein. Der Himmel hat uns aufgenommen und wieder entlassen. Wir sind auf die Erde zurückgekehrt. Und nun sind wir hier – und entdecken in der Fußgängerzone einen gemeinsamen Bekannten: Marc Sagnol. Agnieszka kennt ihn schon vom letzten „Schulzfest", ich traf ihn zum ersten Mal im vergangenen Sommer auf einer Geburtstagsfeier in Berlin. Damals zeigte er mir ein Buch mit seinen Fotos von noch erhaltenen Synagogengebäuden in der westlichen Ukraine. Nun dürfen wir die an jenem Abend begonnene Unterhaltung in Truskawez fortsetzen.

Die Promenade, die zum Kurpark führt, ist gesäumt von gezimmerten Buden, in denen lokale Lebensmittel und volkstümliche Kleidung angeboten werden. Ein Stück abseits stehen ältere Frauen, die ihre Waren auf einem Klappstühlchen oder einer Decke auf dem Boden aufgereiht haben: Walderdbeeren und Frühlingszwiebeln, ein paar Gläser Honig, von Hand verpackte Quarkportionen, ein halbes Dutzend Eier. Marc kauft einen Becher Walderdbeeren, die wir reihum probieren.

Die Promenade weitet sich zum Platz, Kinder sausen auf Fahrrädern herum, von einer Crêpe-Bude weht eine Brise Kirmesduft. Auf einem sandigen Flecken inmitten der Flanierenden liegen, wie hingegossen, drei herrenlose Hunde, von stattlicher Größe, mit wollig zottigem Fell. In den nächsten Tagen werden wir ihre zahlreichen Genossen in Drohobytsch sehen, manche mehrfach täglich. Sie durchstöbern die Mülleimer in den Parks und auf den Plätzen, schnüren durch Schuttgelände, revidieren die Hinterhöfe, warten mit stoischer Geduld vor den Eingängen von Lebensmittelgeschäften, dass jemand sich erweichen lässt, ihnen etwas zuzuwerfen. Nie setzen sie eine Pfote über die Schwelle eines Ladens, sie stehen nur da und warten, den Blick auf die Menschen gerichtet, die aus der Tür der Geschäfte kommen, deren Branchen sie mit sicherer Nase unterscheiden. Hier auf der Kurpromenade wirken sie, als habe das Fremdenverkehrsamt sie unter Vertrag genommen, für diese Momente goldener Abendsonne auf dem Sandfleck sich auszustrecken, auf dass die Idylle der Flanierenden um einen Akzent noch bereichert werde.

Das monumentale Gebäude mit den Trinkbrunnen erinnert an ein Metropolen-Hauptpostamt. *Naftussja* heißt das Wasser, dessen heilende Wirkung auf großen Tafeln in mehreren Sprachen gepriesen wird. In langer Reihe ragen die Hähne aus der gefliesten Wand, an denen man sich versorgen kann, wahlweise lauwarm oder kalt. Das Wasser hat einen intensiven Schwefelgeruch. Marc, der vor Jahren als „richtiger" Kurgast in Truskawez war, nimmt ein paar nostalgische Schlucke. Agnieszka und ich belassen es bei der heilenden Wirkung durch die Nase.

Der weitläufige Kurpark zieht sich einen Hügel hinauf. Die Wege schlängeln sich verspielt, beschreiben hier eine Windung, dort eine Schleife, münden ineinander, um sich wieder zu verzweigen. Wo Tische und Bänke stehen, haben sich Familien zum Picknick niedergelassen. Mildes Licht, das durch das Laub der mächtigen Buchen sickert, halblaute Stimmen, ein helles Lachen. Plötzlich stehen wir vor einem stattlichen Adam Mickiewicz auf nicht minder stattlichem Sockel. Die Inschrift ist polnisch, die Jahreszahl verrät, dass das Denkmal zu habsburgisch-galizischen Zeiten errichtet wurde. „Da haben sie ihn ja als Studenten verewigt", sagt Agnieszka. „Wie jung er aussieht ..." – „Ein Romantiker eben", meint Marc, „die sehen auch mit vierzig noch wie Studenten aus." Ein kleiner Junge spielt an der Stufe des Sockels, reiht Steinchen und Stöckchen auf, gießt Sand aus einem der Plastikbecher dazu, in denen unten an der Promenade die Walderdbeeren angeboten werden. Ein letzter Strahl der Sonne fällt durchs Laub, lässt Mickiewiczs Backenbart erglühen.

Marc erzählt von seiner Kur damals. Jeden Morgen in aller Frühe Jogging im Park, danach verschiedene Anwendungen. Mit dem Masseur, der ihn täglich durchwalkte, kam er ins Gespräch. Doch als er Fragen zum Wald von Bronica stellte, wurde der Masseur einsilbig, wollte so recht keine Auskunft mehr geben.

Auf der Hügelkuppe ragt ein vielstöckiger Koloss zwischen den Baumkronen empor: *Sanatorium Kristall*, pompöses Erbe einer vergangenen Epoche. Daneben ein zweites, das eine umfassende Renovierung in der Nachwendezeit erfahren haben muss. Ein hoher Zaun umgibt das Gelände, eben gleitet ein Wagen durch das Tor auf den bewachten Parkplatz. Wir sehen ukrainische, ungarische, polnische Nummernschilder, ein litauisches Kennzeichen, ein bulgarisches. Jedes dieser Autos ist ein Vermögen wert.

Marc war damals weder hier noch dort untergebracht, sein Sanatorium lag irgendwo tiefer versteckt, in einem anderen Winkel des Parks, einer anderen Nische der Zeit.

In weitem Bogen kehren wir in die Stadt zurück. Wo die formenden Eingriffe enden, entzieht sich die Vegetation jeglicher Kontrolle, verwirft jedes Maß eines Parks, wuchert ins Ungebändigte, schießt ins buchstäbliche Kraut. Jenseits der Bänke und der gestutzten Hecken blicken wir in undurchdringliche Wildnis, und obwohl die Sonne schon gesunken ist, strahlt aus diesem Dickicht noch immer der Eindruck eines leuchtenden Grüns. Als glömme die Farbe aus dem Innern der Pflanzen. Hinter der nächsten Kehre steigt eine Wiesenflanke auf, von einzelnen Buschinseln durchsetzt. In einiger Entfernung ein weiteres Gebäude von riesigen Ausmaßen, rötlich schimmernd im letzten Widerschein des Himmels. Das burgartige Anwesen scheint seit Längerem schon verlassen, das hohe Gras, das sich in sanften Wellen wiegt, umspült es wie eine Flut.

Abends im Hotelzimmer versuche ich zu lesen, doch flüstern mir die Sätze bald wirr durcheinander. Die Gardine bauscht sich im Fenster, von draußen verwehte Stimmen, das Klappen von Schritten. Ich nehme mir den Laptop, suche nach Sanatorien in Truskawez. Ihre Zahl ist kaum zu überschauen. Ich lese Angebote in verschiedenen Sprachen. In der höchsten Kategorie wird Delfintherapie angeboten. Ich muss an David Grossmans *Stichwort:Liebe* denken. Dort verwandelt sich Bruno Schulz in einen Fisch.

Ein sanfter, stiller Morgen. Der Blick aus dem Fenster des Hotelzimmers – Garagen, ein Streifen Wiese zwischen den Häusern. Ein junges Paar steigt eben in ein Auto, die Frau winkt noch einmal zu einem der Fenster herüber, dann fahren sie, im Schritttempo durch die Pfützenmulden schaukelnd, über den Schotterweg auf die Straße.

Es gibt Pfannkuchen mit Marmelade, Spiegeleier mit Schnittlauch und Dill, angemachten Quark, und wenn mir auch nur allzu bewusst ist, wie verführerisch das Atmosphärische wirkt, wenn der erste Morgen in unbekannter Umgebung aus nichts als Vorfreude besteht – das *bud' laska* der Frau, die uns bedient, leuchtet gleich einer Aura über diesem Frühstück. Und wenn mir auch gleichfalls bewusst ist, dass eben solche Auren zu Überhöhungen verleiten – es ist das *bud' laska* dieses ersten Frühstücks im Hotel Nabi in Truskawez, das ich bis heute im Ohr habe als einen Klang, der tief berührt.

Die feierliche Eröffnung des achten Schulz-Festivals findet im Theater in Drohobytsch statt. Im Foyer stehen große Tafeln mit den Fotos der Teilnehmerinnen und Teilnehmer früherer Ausgaben des Festivals, ein Streichquartett füllt den Raum mit warmen Klängen.

Dass seit mittlerweile fast zwei Jahrzehnten im zweijährlichen Rhythmus diese einwöchige internationale Hommage stattfinden kann, ist möglich dank einer passionierten Zusammenarbeit zwischen Drohobytsch und Lublin, genauer gesagt: dank der Unermüdlichkeit von Dr. Wiera Meniok (Drohobytsch) und Grzegorz Józefczuk (Lublin). Taras Kutschma, der Bürgermeister von Drohobytsch, spricht von einem wichtigen Beitrag der

Verständigung zwischen den beiden Städten, den beiden Ländern. Momente der Zeitungsberichte von 2014/15 huschen mir durch den Kopf. Die Ukraine – plötzlich auf den Titelseiten deutscher Zeitungen. Dass nur der Krisenmodus solche Aufmerksamkeit erlangt, ist traurig.

Den ersten Inaugurationsvortrag hält Adam Zagajewski, den zweiten der isländische Schriftsteller Sjón (Sigurjón Birgir Sigurðsson), der unter anderem mit seinen Liedtexten für Björk in dem Film *Dancer in the Dark* bekannt wurde. Nähert sich der 1945 in Lviv geborene Zagajewski über eine Perspektive geografisch-kultureller Vertrautheit dem Werk von Schulz, so spricht Sjón von einem Weg aus weiter Ferne, und mit den ersten Worten – nein, mit dem Titel schon verzaubert er sein Publikum: „Cinnamon on Ice. How Bruno Schulz found his way into the land of four hours of daylight."

In seiner nüchternen, um nicht zu sagen kühlen Erscheinung, der das großkarierte Sakko einen Hauch von Extravaganz verleiht, lässt Sjón die Ironie seiner fein gearbeiteten Sätze umso schillernder spielen. Das Abenteuer begann in Reykjavík. Auf Wolken segelte der Student, der er damals war, zu einer Café-Audienz bei Alfreð Flóki (1938–1987). Der hoch verehrte Pionier der isländischen Avantgarde aber dämpfte rasch den Enthusiasmus, indem er den Studenten fragte, ob er denn „the three essential books" gelesen habe, als da wären: Michail Bulgakows *Meister und Margarita*, Gustav Meyrinks *Golem* und *Die Zimtläden* eines gewissen Bruno Schulz. Kleinlaut musste der Student bekennen, keines der „three essential books" auch nur in der Hand gehabt, geschweige denn gelesen zu haben. Dann möge er, so Flóki, dieses Versäumnis so bald wie möglich nachholen, da man andernfalls keine Grundlage habe für ein vernünftiges Gespräch. Der Student machte sich also auf, die besagten Bücher aufzustöbern, und als er – in englischer Übersetzung – *Die Zimtläden* las, war es um ihn geschehen. Begeisterung, vielmehr eine Wirrnis der Überwältigung, die fürs erste nur eines zu äußern imstande war: dass diese Prosa, von der er damals vermutlich kaum einen Bruchteil begriffen habe, das Größte sei, was er je gelesen habe.

Die erste Schulz-Lektüre als metaphysisches Erlebnis. Das ergäbe einen hübschen Band: eine Sammlung dieser Initiationen, von Island bis Japan. Bekanntlich sind es auch nicht wenige, die aus eben diesem Grund begonnen haben, Polnisch zu lernen: weil sie Schulz im Original lesen wollten. Den schönsten Kommentar zur Wirkung seines Werkes hat der Meister selbst verfasst, im zehnten Abschnitt seiner Erzählung *Der Frühling*: Ein Zauberkünstler zieht solche Mengen an buntem Papier aus seinem Zylinder, dass die Begeisterung des Publikums in hellen Schrecken umschlägt – das kann kein Trick mehr sein, dem Escamoteur haben sich „überirdische Quellen außerhalb menschlicher Maße und Rechnungen aufgetan", und „[m]ancher, der damals zur Aufnahme des tieferen Sinns dieser Demonstration auserkoren, nachdenklich und innerlich geblendet nach Hause ging, war zutiefst von der Wahrheit durchdrungen, die ihm zuteil geworden: Gott ist unermeßlich ..."

Der Gedanke, die Prosa von Schulz auf Isländisch bekannt zu machen, wurde Sjón zur Obsession. Da sich trotz intensiver Suche niemand finden ließ, der des Isländischen und des Polnischen in ausreichendem Maße mächtig gewesen wäre, wurde ein Kompromiss gewählt, der gewiss seine Tücken hat, sich in diesem Fall aber als einziger Ausweg bot: Die isländische Übersetzung entstand auf der Grundlage der schwedischen und der englischen; erschienen ist sie im Herbst 1994, unter dem Titel *Krókódílastrætið*. Dass der Verleger, den Sjón so lange bedrängt hatte, sich schließlich bereit erklärte, das Wagnis einzugehen, sei allerdings weniger eine Frucht der Überzeugung gewesen als vielmehr ein Akt der Resignation, mit anderen Worten: Der Verleger kapitulierte vor der Obsession.

Sjón spricht nicht *über* das Werk von Schulz, sein Vortrag ist durchdrungen von ihm. Die Schulz'sche Poetik, in ihrer vibrierenden Spannung zwischen Licht und Materie, zwischen der Quelle der Schöpfungskraft und dem Stoff der Schöpfung, strahlt aus jedem Satz. Alles in der Welt, so Sjón in der synthetischen Pointe, ist Anfangs- und Zielpunkt zugleich, ein Nadelöhr, das Eingang wie Ausgang sein kann – für den goldenen Faden aus Licht, der die Fülle der Einzelheiten zur Wirklichkeit zusammennäht.

Nach diesem Vortrag ist der Schritt auf die Straße ein anderer, ja die Straße selbst ist eine andere. Wir befinden uns – das steht so klar in der sommermilden Luft, dass wir uns wundern, es nicht in großen Lettern am Himmel zu sehen – in der Mitte der Welt.

Zu Mittag werden wir in einem rustikal eingerichteten Lokal in der Nähe des Hauptgebäudes der Pädagogischen Universität versorgt, mit deftiger Küche, die der polnischen zum Verwechseln ähnlich ist. Der Herr des Hauses, den man sich ohne Weiteres in der Rolle des bärbeißigen Zagłoba vorstellen könnte, balanciert Tabletts mit zwei Dutzend Borschtsch-Portionen und einem Dutzend Bierkrügen, als wäre es nichts. Zwischen Ansichten von Drohobytsch aus alten Zeiten und allerlei Accessoires aus Haus und Hof hängen Fotomedaillons von Stepan Bandera und Jewhen Konowalez. Bandera ist auch auf dem Ring präsent, ein großes Banner hängt an einer Hausfassade, die Farben schon etwas verschossen: „Nationalheld der Ukraine". Wie unter einem Brennglas fliegen mir die Strahlen zusammen – Joseph Roth und Soma Morgenstern, Julian Stryjkowski, Bruno Schulz und Józef Wittlin. Das „Vaterland der Möglichkeiten", wie Claudio Magris das habsburgische Potenzial im Werk Joseph Roths charakterisiert. „[U]nter diesem Himmel könnte noch die Eintracht aller Dinge gedeihen", geht es Alfred Mohylewski in *Idyll im Exil* durch den Kopf. Die Unabhängigkeit der Ukraine. Ja, was auch sonst? Natürlich Unabhängigkeit! Natürlich Selbstbestimmung! Und das Leuchten der gelesenen Sätze mündet in die hilflose Erkenntnis, wie wenig mit der Literatur auszurichten ist angesichts des Heutigen, da das Land im Osten malträtiert und verheert wird von der russischen Aggression.

✳

„Dort, wo die Karte des Landes schon sehr südlich wird, fahlgelb von der Sonne, dunkel und verbrannt im Wetter des Sommers ..."

Das Elternhaus von Bruno Schulz, in dem sich auch das Tuchgeschäft seines Vaters Jakub befand, an der nordwestlichen Ecke des Rings gelegen, brannte während des Ersten Weltkriegs ab, bald nach dem Tod des Vaters im Juni 1915. Insbesondere Einheiten der Donkosaken verbreiteten in den Monaten der russischen Besatzung (Juli 1915 – Juli 1916) in Drohobytsch Angst und Schrecken. Heute steht an dieser Ecke des Marktes ein schmucklos graues Gebäude, im Erdgeschoss befindet sich ein Laden für Schulbedarf, im Schaufenster sind Tornister aufgereiht, mit Star-Wars-Motiven und Minions bedruckt.

An der Bartholomäuskirche vorbei gehen wir zur Jurij-Drohobytsch-Straße, zu dem Haus, in dem Schulz als Erwachsener wohnte, bis er unter der deutschen Barbarei gezwungen wurde, ins Ghetto umzusiedeln. Ein bekanntes Foto (zu sehen auch, in etwas verschnittener Form, auf dem Umschlag der Hanser-Biografie) zeigt ihn auf der Eingangstreppe dieses Hauses, ein Bein über das andere geschlagen, ein offenes Heft auf den Knien, einen Stift in der Hand.

Während ich diese Sätze schreibe, betrachte ich das Foto des Hauses in Jerzy Ficowskis Opus Magnum *Regiony wielkiej herezji i okolice* und die Fotos von unserer Reise. Alles ist wiedererkennbar: das Ornamentgitter des Zauns, das Geländer des Balkons von Schulz' Zimmer, die Stuckverzierungen in den Fensterumrahmungen und unter der Traufe – nur die Bäume sind verschwunden, deren lautlos huschende Blätterschatten man sich vorstellen möchte, wie sie in der Stille eines Sommernachmittags über die Zimmerwand spielen, während – ebenso lautlos – die *Zimtläden* aus den Tiefen des Gedächtnisses ins Licht der Imagination steigen. Und die Hausnummer ist eine andere, in der ulica Floriańska war es Nr. 10, in der Jurij-Drohobytsch-Straße ist es Nr. 12.

Während wir noch dort stehen, als warteten wir auf eine Botschaft, die das Haus uns mitteilen wollte, taucht ein weiterer Festivalgast auf: Sotirios Karageorgos, der Übersetzer des Werkes von Schulz ins Griechische, Absolvent der Warschauer Universität, an der er auch – seit über zehn Jahren schon – beschäftigt ist. Es dauert keine zwei Minuten, bis wir uns „gefunden" haben. Władysław Panas, *Ksiega Blasku: Traktat o kabale w prozie Brunona Schulza* – das war auch für Sotirios eine Erleuchtung, und während wir zurückkehren Richtung Ring, dreht unser Gespräch sich um die drei zentralen Ideen Isaak Lurias – *zimzum, schewirat ha-kelim, tikkun olam* – und deren vielfältige Spiegelungen in der Prosa von Schulz. So stehen wir denn, mit den lurianischen Schlüsselbegriffen in den leeren Händen, vor der Gedenkplatte, die in der Taras-Schewtschenko-Straße am Rande des Parks ins Trottoir eingelassen ist. Hier wurde Bruno Schulz am 19. November 1942 erschossen. Sein Mörder war Karl Günther, Angehöriger der Gestapo, der sich mit dieser Tat an Felix Landau „rächen" wollte, den Ficowski so treffend als „Schutzteufel" von Schulz bezeichnet. „Du hast meinen Juden getötet [Günther war der „Schutzteufel" des Zahnarztes Dr. Löw], ich habe deinen getötet", so der lapidare Kommentar von Günther an jenem „Schwarzen Donnerstag", an dem über hundert Drohobytscher Juden auf offener Straße erschossen wurden. Im Klappentext der besagten Schulz-Biografie (die eine bedauerlich gekürzte Fassung von Ficowskis Opus Magnum darstellt) wird die Barbarei auf irritierende Weise verharmlost: „Bruno Schulz wurde das Opfer eines Ehrenhandels zwischen zwei Gestapo-Offizieren." Einmal abgesehen davon, dass weder Landau noch Günther Offiziere waren – Holocaust-Täter als Ehrenhandelsmänner – eine solche Form der Nobilitierung muss man sich erst einmal einfallen lassen.

„Dort, wo die Karte des Landes schon sehr südlich wird, fahlgelb von der Sonne, dunkel und verbrannt im Wetter des Sommers, wie eine reife Birne, dort liegt es wie ein Kater in der Sonne …"

Als das Publikum sich verlaufen hat, stehen wir noch eine Weile in der Sporthalle, in der für die Zeit des Festivals zwischen den Sprossenwänden Gemälde und Fotografien zu sehen sind, die inspiriert wurden durch das Werk von Schulz. Durch eine angelehnte Tür sehen wir in eine Gerätekammer. Barren, Bock und Pauschenpferd. Das Parkett lässt mich an die Sporthalle in Mielec denken. Spätsommer 1994. Im darauffolgenden Winter ging ich zum ersten Mal verloren in den Erzählungen von Bruno Schulz.

Zwei Studentinnen der Polonistik, Valentyna und Marharyta, die bei der Organisation des Festivals helfen, erzählen uns, dass sie Frau Dr. Wiera Menioks wegen nach Drohobytsch gekommen sind – Valentyna aus einem kleinen Ort in der Nähe von Lviv, Marharyta aus

Charkiw. Beide sprechen neben dem fließenden Polnisch ein sehr gutes Englisch. Hier, im Hauptgebäude der Staatlichen Pädagogischen Ivan-Franko-Universität Drohobytsch, befand sich die Schule, in der Schulz unterrichtete. Das Foto, das ihn in einer Klasse beim Werkunterricht zeigt – in diesen Mauern wurde es aufgenommen. Als wir auf die Geschichte des Gebäudes kommen, nimmt Valentyna ihr Handy heraus, ruft einen Artikel der ukrainischen Wikipedia auf, um Jahreszahlen zu überprüfen. Der Artikel gibt aber nur Auskunft über die 1944 gegründete Universität. „Hier ist nur die sowjetische Zeit beschrieben", sagt sie, „wir müssen weiter zurück, schauen, was es zum Franz-Joseph-Gymnasium gibt ..." Dort findet sich dann der Hinweis: 1858 wurde das Realgymnasium eingerichtet, Iwan Franko – sein Standbild ist unweit des Haupteingangs zu sehen – war hier Schüler.

Die Sonne fällt in gleißenden Fächern durch die Scheiben. Die Gitter, die die Fenster gegen verirrte Bälle schützen, bilden sich in schwimmenden Mustern auf dem Parkett ab.

Wir treten hinaus in den hellen Nachmittag. Eines der Fenster auf der rückwärtigen Seite des Universitätsgebäudes steht offen, eine weiße Gardine bauscht sich im lauen Wind.

„Der Ring war leer und gelb ... Die alten Häuser, poliert vom Wind vieler Tage ... die Balkone bekannten dem Himmel ihre Leere, die offenen Flure rochen nach Kühle und Wein" ...

Unter dem Himmel von Drohobytsch erlangen die

Sätze Stadien einer physischen Anwesenheit. Als könnte man sie spüren, als wehten sie, gleich Samenflusen, durch den Tag. Leuchtender Zwirn einer großen Präsenz.

„So wanderten wir … über die zwei Sonnenseiten des Rings."

Mysterium der Schulz'schen Orte: dass im Grunde nichts erfunden ist und zugleich alles völlig neu geordnet, ja im wahrsten Sinne *neu erschaffen* wird. Dass die Welt – um Szlomas Worte aus der *Genialen Epoche* zu paraphrasieren – durch diese Erzählungen gegangen ist, um sich zu erneuern. Seine Universalität verdankt das Werk den Bezügen zur jüdischen Mystik, der „Retextualisierung der Kabbala" (Bożena Shallcross), die Schulz vorgenommen hat. Hier fließt die schillernde Energie seiner Prosa – „Grenzenlosigkeit von Trauer und Trunkenheit", die „vergeblich eine Entsprechung in der Wirklichkeit sucht". Gewiss ist es eine säkularisierte, eine literarisch anverwandelte Mystik, durchzogen von der subtilen Ironie der Verwechslungsspiele, und durchaus häretisch – wenn man es so nennen möchte – in den Umdeutungen des Sakralen und Profanen, doch deshalb nicht weniger mystisch.

Wenn Schriftsteller die Orte ihrer Herkunft literarisch überformen, sie symbolisch aufladen, um ihnen tiefere Bedeutung zu verleihen, geschieht dies nicht von ungefähr häufig aus räumlicher und zeitlicher Distanz. Zu große Nähe steht der Verwandlung der Wirklichkeit möglicherweise im Weg. Bruno Schulz aber schuf die Capitale seiner „Republik der Träume" aus nächster Nähe einer Gegenwart. Verstrickt in das alltägliche Getriebe seiner Stadt – das er oft genug als beengend erlebte – steigerte er sein Empfinden dieser Wirklichkeit zu einem Maximum poetisch-mystischer Imagination.

Wir *sehen*, welche Seiten des Rings am Nachmittag die „Sonnenseiten" sind, wir *sehen* die Ecke, an der damals die Stryjska-Straße begann, und bis vor wenigen Jahren war hier tatsächlich auch noch eine Apotheke (mittlerweile ist eine Bank eingezogen). Und wenn wir vor einem verwilderten Garten stehen bleiben, ertappen wir uns dabei, dass wir Ausschau halten, ob nicht Tłuja dort in der Ekstase des Flieders auf ihrem Lumpenlager sitzt.

So beflügeln sie sich gegenseitig in ihrer Wirkung – die realen Bilder von Drohobytsch und die poetischen Bilder der Erzählungen. Um immer wieder in die verblüffende Erkenntnis zu münden, dass Schulz „im Grunde" beschrieben hat, was hier zu sehen ist. Wobei wir den „Grund" dieses Sehens im Sinne metaphysischer Sehnsucht verstehen müssen, nicht im Sinne eines am ersten Augenschein orientierten Dokuments: „Dort, wo die Karte des Landes schon sehr südlich wird, fahlgelb von der Sonne, dunkel und verbrannt im Wetter des Sommers, wie eine reife Birne, dort liegt es wie ein Kater in der Sonne – jenes erwählte Land, diese merkwürdige Provinz, diese einmalige Stadt der Welt ... Die Stadt und das Land haben sich zu einem sich selbst genügenden Mikrokosmos abgeschlossen, sich auf eigenes Risiko unmittelbar am Ufer der Ewigkeit niedergelassen."

Abends ein festliches Bankett im Mirotel in Truskawez. Von der Dachterrasse der Blick über die Hügel des Ortes. Schon wird die Karpatensilhouette zum Scherenschnitt, die Straßen und Häuser glimmen in warmen Farben, und als die Nacht herabgesunken ist, ahnt man unter dem Himmel, an dem die Sterne unendlich vervielfältigt glitzern, die hallende Weite, die den erleuchteten Bezirk des Städtchens umgibt.

Im Gespräch mit Marc und Agnieszka schieben sich mir die Zeiten übereinander – ich sehe Jakob Frank mit seiner Compagnie von Schtetl zu Schtetl ziehen, im Bestreben, neue Anhänger zu gewinnen für seine dreist verwegenen Ideen. Ich sehe Carl Joseph von Trotta, sehe den Eichmeister Eibenschütz, in jener Gegend, in der die Fremden unweigerlich verloren gehen. Sehe Alfred Mohylewski aus Wien nach Dobropolje kommen, wo ihm als Erstes durch den Sinn geht, dass hier „ein anderer Himmel" sei. Sehe die „Wasserträger Gottes" in ihrer Welt, die nur hier, im alten Polen-Litauen die Voraussetzungen gefunden hatten für ein Gemeinwesen – die Privatstadt der polnischen Magnaten –, in dem die Juden die Mehrheit bildeten. Aufs ganze Land gesehen eine Minderheit, im Schtetl aber bei sich „zu Hause"; nirgends in Westeuropa hat es etwas Vergleichbares gegeben. Und ich sehe den kleinen Aronek in Julian Stryjkowskis *Stimmen in der Finsternis* auf dem Tisch stehen und allen Anwesenden erklären, dass er schon den *Chumesch* lerne – das seien die Bücher Mose, so viele, wie er Jahre alt sei, nämlich fünf.

Wieder gibt es Pfannkuchen zum Frühstück, wieder entfaltet das *bud' laska* seine Aura.

Im Michail-Bilas-Museum in Truskawez zeigt Stanisław Ożóg seine von Schulz inspirierten *Erotyki*. In der Geschichte des wuchtigen Karpatenhauses mischen sich Polnisches und Ukrainisches. Es war der Wohnsitz von Rajmund Jarosz (1875 – 1937), dem langjährigen Bürgermeister von Drohobytsch und Vorsitzenden des Verbands der Polnischen Heilkurorte. Im ausladenden Treppenhaus ist ein Buntglasfenster zu sehen, das den alten Naftussja-Brunnenpavillon in der Zwischenkriegszeit zeigt. Die Signatur des Herstellers: Kunstglaserei Żeleński, Krakau, 1925. Michail Bilas wiederum war ein Maler und bildender Künstler, Förderer der Volkskunst der Karpaten. Entsprechend sind die Räume ausgestattet mit Web- und Schnitzarbeiten, an den Wänden hängen Gemälde, die die Landschaften zeigen, denen die Gebrauchskunst entstammt. Als das Buntglasfenster gefertigt wurde, war Bilas ein Jahr alt. Er starb 2016 in Truskawez.

Während der Performance, die Włodko Kaufman vorführt, in dem Löschwasserbecken in der Grünanlage, unweit unseres Mittagstischs, türmen und ballen sich die Wolken, Blitze zucken, Donner rollt in langen Echos durch den Himmel. Bald fängt es an zu tropfen, fängt an zu schütten, und Kaufman, bei dem Klavier hantierend, das auf dem Boden des Beckens steht, überspannt von den Drähten, die zwei weitere Klaviere in stummer Schwebe halten, als wären sie ihrerseits Teil der Saitenkonstruktion eines Instruments unbekannter Ausmaße, kleben bald die Haare am Kopf wie einem Pianisten der Geniezeit. Er häuft ein Bündel Weidenzweige auf die

Drähte, gießt weiße und schwarze Farbe hinein, die mit dem Regen in die Tasten rinnt.

Bei den anschließenden Gesprächsrunden in der Stadtbibliothek bin ich nicht bei der Sache. Die drei stumm gebliebenen Klaviere beschäftigen mich. Die Schwebe der beiden Instrumente, zu erreichen nur durch die äußerste Spannung der Drähte – Momente einer Kunstfertigkeit und eines immensen Kraftaufwands zugleich. Akrobatik der Balance in Knebelung. Und das dritte, auf dem Boden des betonierten Beckens, von schwarzer und weißer Farbe triefend. Als hätten die Tasten den Aggregatzustand gewechselt, doch blieb von der „tönend bewegten Form" nur mehr die fließende Bewegung übrig, alle Töne waren verstummt.

Durch den immer noch strömenden Regen gehen wir zurück zum Ring, setzen uns ins Franko Beef & Burger, essen eine Kleinigkeit, schauen hinaus in die Dämmerung. Erschöpfung, die in der plätschernden Musik sich treiben lassen möchte. Auf dass der Tag in diesem Regenrefrain verklinge. Vereinzelte Menschen, unter den Schirm sich duckend, huschen über das nasse Pflaster, und die zottig wolligen Hunde, die heute Mittag auf den Sandbergen der Baustelle thronten, als gehörte der ganze Marktplatz ihnen, haben sich wer weiß wohin verkrochen.

Doch schon die erste der zwei Vorführungen, die uns im Theater noch erwarten, vertreibt im Handumdrehen die Ermattung. Das Teatr Studyjny aus Warschau spielt *Historie o moim ojcu (Geschichten von meinem Vater)*, die geradezu trunken machen mit ihrer expressiven Wucht. Eine kongeniale Komposition – jedes Detail leuchtet als Echo der Erzählung seiner Herkunft, und mit schlafwandlerischer Sicherheit fügt sich Szene um Szene zu einer neu-vertrauten Geschichte. Großartig die Akzentsetzungen in den einzelnen Figuren: Die beiden Gehilfen, die entfernt an Kafka denken lassen und dabei so unverkennbar „schulzisch" agieren in ihrer sinnlichen Präsenz. Der Vater, selbst in der demiurgischen Rebellion noch so filigran zerbrechlich, als könnte jeder etwas kräftigere Windhauch ihn davon wehen aus seiner unsicheren körperlichen Existenz. Der Sohn, hin- und hergerissen zwischen Furcht und Enthusiasmus, mal getrieben von einem Furor, der nicht weiß, auf welche Ziele er zusteuern soll, mal wie gelähmt von den surrealen Eskapaden, die ihn umwirbeln. Und eine grandiose Adela, umwerfend gespielt von Anna Maria Słowikowska, mit einer subversiven Kraft, die Funken schlägt. Bühnenbild wie Handlung ebenso minimalistisch wie überbordend zugleich – was man nur für einen Widerspruch halten mag, solange man das Stück nicht gesehen hat.

Dass wir uns „unter dem Tisch, der uns trennt, alle insgeheim an den Händen [halten]"– diese Botschaft (aus der Erzählung *Das Buch*) bestätigt sich in der zweiten Aufführung auf besondere Weise. *Sanatório* ist ein Einpersonenstück, dargeboten von Jerson Vicente Fontana vom Theater A Turma do Dionísio (Santo Ângelo, Brasilien). Vom Text verstehe ich ganze zwei Wörter: *sanatório* und *pornografia*, ein drittes kann ich mir nach einer Weile erschließen: *pai* – Vater. Doch alles ist zu „erspüren". Zu entschlüsseln aus den Gesten, der Mimik, dem Tonfall der Stimme. Wie er einen Zugang zum

Sanatorium sucht. Wie ihm der Arzt darlegt, dass hier, im Sanatorium, die Ereignisse, die in der Wirklichkeit schon stattgefunden haben, noch bevorstehen. Wie er seinem Vater begegnet. Wie er am Ende, jenseits aller Fahrpläne, in einem geisterhaften Zug über die Geleise einer zwielichtigen Traumzeit rattert.

Als wir ins Hotel zurückkehren, fragt Marc, einer Idee des Augenblicks folgend, den jungen Mann an der Rezeption, ob er uns sagen könne, was der Name des Hotels bedeutet? – Das sei ein Wort aus dem Hebräischen und bedeute, so weit er wisse, „Schmetterling". Aber ganz sicher sei er sich nicht.

Mit dieser Erklärung im Ohr sinke ich in einen unruhigen, von irrlichternden Bildern durchzogenen Schlaf.

Am nächsten Morgen rufe ich vor dem Frühstück ein hebräisch-polnisches Wörterbuch auf, das eine Vokabelsuche in Transliteration ermöglicht. *Nabi* ergibt keinen Treffer, aber bei *nawi* werde ich fündig: „der Prophet". Und der Schmetterling ist *parpar*, was mich an *farfalla* denken lässt …

Als ich beim Frühstück Agnieszka davon erzähle, denkt sie eine Weile nach und meint dann, so verwunderlich sei es ja eigentlich nicht … Der Name „Sotirios" bedeute schließlich „Erlöser", und wenn der „Erlöser" Schulz ins Griechische übersetze, sei es nur folgerichtig, dass wir im Hotel „Prophet" logieren. „Wahrscheinlich", führt sie den Gedanken fort, während sie Himbeermarmelade auf ihren Pfannkuchen streicht, „gibt es auch so etwas wie ein Drohobytsch-Syndrom, entsprechend dem

Jerusalem-Syndrom. Und ich glaube … ja … wir ent-
wickeln gerade die ersten Symptome …"

Für heute ist ein „literarisch-landeskundlicher" Ausflug
vorgesehen. Als erstes geht es nach Stryj. Von Drohobytsch aus 30 Kilometer. Welche Dimensionen aber öff-
nen sich in Raum und Zeit mit dem Universum der
Buchseiten, in dem die beiden Straßen in der Sphäre der
Imagination ebenso zielstrebig aufeinander zulaufen wie
in der Wirklichkeit: die Stryjer Straße in Drohobytsch
(heute beginnt sie erst ein Stück vom Ring entfernt). Der
erste Teil von Stryjkowskis Galizien-Tetralogie endet mit
dem Satz: „Und wie soll die Matrikel zur Kassarabowa
kommen?, dachte Aronek, als er auf der langen Drohobyczer Landstraße in der Dämmerung nach Hause zu-
rückkehrte." Und der erste Satz des vierten Teils: „Er
kehrte über die Drohobyczer Landstraße zurück, die
sich allmählich in Dämmerung hüllte."

Noch immer hängt Regendunst in der Luft, Niesel-
schauer wehen durch den trüben Vormittag. Unsere
Gruppe verliert sich bald, ich schlendere durch leere
Straßen. Die Sonntagsstille ruft mir ein Album von Bildern auf. Auch in Drohobytsch gab es solche Momente
schon, Augenblicke eines Déjà-vu, hier, in der Stille,
wirkt es mit besonderer Intensität. Die von Bäumen
bestandenen Gassen, die buckligen Gehwege mit ihren
geweißten Bordsteinkanten, die Reihe der Fassaden,
zweistöckig zumeist, in der hier und dort ein ebener-
diges Haus mit einem Blechdach steht, der First einge-
sunken, die kleinen Fenster mit den schlichten Gardinen
eben eine Elle über dem Gehweg. Als würfe sie jemand

mit vollen Händen, rieseln die Bilder auf mich nieder … Mielec, die Jahre 1994 – 1996, mein persönliches, mein „kleines Galizien", unzählige Male bin ich dort durch solche Straßen spaziert, an solchen Häusern vorbei, durch einen stillen Sonntag vernieselter Melancholie.

„Wie ähnlich sind sich in Wirklichkeit alle Ringplätze auf der Welt!"

Das eigentümliche Gefühl, das mich seit unserer Ankunft begleitet, anfangs vage nur und kaum zu fassen – in Stryj gewinnt es einmal mehr Konturen: Ich sehe diese Wirklichkeit durch einen polnischen Filter. Als wäre ich schon einmal hier gewesen. Mit den Lektüren der polnischen Autoren, die in diesen Landschaften geboren wurden. Nur allzu klar steht mir vor Augen, wie irreführend-verführerisch das werden kann. Doch kann ich nichts tun gegen die Empfindung der Vertrautheit, fortwährend überblenden sich mir Text und Landschaft. Hoffnung im Vergangenen … Kazimierz Wierzyńskis *Gedicht für Roman Palester*: „Öffne das Fenster: dieselbe / große Provinz galizischer Nachtigallen." Und indem ich mir die Zeilen vorsage, weiß ich, wie wenig sie im Heutigen ausrichten können. „Der Krieg ist unter uns", steht auf der Tafel, die vor der Skulptur des jungen Mannes in Uniform – dem „Denkmal des zurückgekehrten ATO-Kämpfers" – unweit des Kleinen Marktes in Drohobytsch in den Boden eingelassen ist.

An diesem Stryjer Sonntag sind alle Geschäfte geschlossen, einzig die Tür eines *САЛОН КРАСИ* – eines Schönheitssalons – steht offen. Eine Frau ist mit den Haaren einer Kundin beschäftigt, ich höre ihre Stimmen, im Hintergrund spielt ein Radio, ein Lied von Ed

Sheeran läuft. „I was younger then, take me back to when …"

In der nächsten Querstraße kommt mir Marc entgegen, er hat sich auch allein auf den Weg gemacht, möchte zur Synagoge. Zwei, drei Kreuzungen später ist er sich nicht mehr sicher, ob die Richtung stimmt. Als wir abermals stehen bleiben und Marc sich zu orientieren versucht, hält ein vielleicht fünfzehnjähriger Junge mit seinem Fahrrad an, fragt, ob er uns helfen kann. „Wir suchen die Synagoge", sagt Marc. Der Junge wirkt ratlos. „Die Synagoge", wiederholt Marc und versucht, es auf ukrainisch-russisch-polnisch zu erklären, „das jüdische Gotteshaus, der jüdische Tempel, die Kirche für die Juden …" Der Junge entschuldigt sich, dass er uns nicht versteht, und es liegt nicht an der Sprache, er weiß tatsächlich nicht, was wir suchen.

An der nächsten Kreuzung erkennt Marc etwas wieder, wir biegen in die Seitenstraße ein. Dort steht sie, von Holunder umwachsen, mit leeren Fensterhöhlen, die Mauern an vielen Stellen bis auf die Tiefe eines ganzen Ziegelsteins ausgewaschen.

Mnemocid – die Auslöschung der Erinnerung, das ist der späte Triumph der Mörder, ihre noch heute so perfide wirkende Macht über das Gedächtnis.

Schon in den romantisch umflorten Ruinengemälden ist die harmonisierende Retusche unverkennbar, die Suggestion des schönen Schauders, es gäben die Gebäude ihr stilles Einverständnis in den eigenen Zerfall, scheinbar aufgehoben und geborgen in einem großen Lauf der Dinge. Diese Synagogenruine widerspricht jedem Versuch, sich blindlings schaudernd einem Lauf der Dinge anvertrauen zu wollen. Nach der „Aktion Reinhardt" ist es zu Ende mit der Unschuld des Unbedarften. Das Entsetzen, das aus dieser Ruine spricht, ist durch die Anrufung „heimlicher Welten" nicht mehr zu bannen. Die Verse Ficowskis, an diesem vernieselten Morgen, vor dem üppig wuchernden Holunder, der in den Fundamenten der zerbrechenden Mauern wurzelt – „nur der Randal solcher Stille / nur das Getümmel der Öde / gedrängte Niemandschar / tritt unter dem gelben Flicken der Sonne auf / bis sie sie mit Blut bespritzt."

Wir waren hier.

Auch in Bolechiw steht die Synagoge, nicht minder stattlich als in Stryj, auf verwildertem Brachgelände. Hügel von Bauschutt, Brennnesselfelder, vermodernde Balken und Bretter, Schlehengestrüpp. Am Giebel ist noch eine Schrift zu lesen: „Klub der Gerber". Dem völkischen Zerstörungswillen entgangen, hatte sie als Versammlungshaus für Werktätige gedient. Jetzt ist die Ruine bald ebenso wenig mehr zu retten wie die Ruine in Stryj.

Der Weg zum Friedhof, durch ein Schild auf Ukrainisch und Englisch angezeigt, führt an der Peripherie des Ortes entlang, zwischen Weiden, die von Hufspuren zerfurcht sind. Ackergerät steht unter Weiden und Pappeln. Ab und an ein bebautes Grundstück.

Nach etwa einem Kilometer erreichen wir ein breites Tor. Auf einer Tafel steht zu lesen, mit wem und unter welcher Telefonnummer ein Friedhofsbesuch vereinbart werden könne. Durch eine Pforte neben dem Tor werden wir eingelassen. Ein stämmiger Mann um die sechzig, in Arbeitskleidung und Gummistiefeln, steht auf der Zufahrt zu einem weitläufigen Anwesen. Ein Wohnhaus, mehrere Wirtschaftsgebäude, Enten und Gänse watscheln über den Hof. Das Interesse des Mannes scheint vor allem darauf gerichtet, dass ihm niemand in die Rabatten trampelt. Nur zu verständlich, führt doch der Pfad direkt am Rand seines prächtigen Gartens entlang. Tomaten, Möhren und Lauch, Kartoffeln und Kohl, Johannis- und Stachelbeersträucher, in einer Üppigkeit, wie ich sie selten gesehen habe.

Wir überqueren einen kleinen Bachlauf, gegenüber geht es eine Böschung hinauf – im hohen Gras, teils geneigt und fast zur Erde schon gesunken stehen die Grabsteine da, unter uralten Eichen mit knorrig verdrehten Ästen. Nichts ist zu hören außer dem Rascheln des Laubs im warmen Wind, und dort in der Senke, wo der Friedhof in endlose Wiesen übergeht, öffnet sich die Landschaft in eine sommerhelle Weite aus Wolkenbläue und Licht.

Die Fotos aus Monika Krajewskas Fotoband *Czas kamieni*, die mich seit Jahren begleiten, die Schtetlech aus Mazewot, auf einem Hügel wie diesem, am Rand eines Feldes, auf sandigen Dünen – Ficowskis Verse daneben: „nicht ein Leben zu retten / ist mir gelungen // nicht eine Kugel aufzuhalten / hab ich vermocht // also irre ich auf Friedhöfen umher / die es nicht gibt / suche nach Worten / die es nicht gibt …"

Tu byliśmy.

Rette ein einzelnes Leben, und du rettest die Welt. Töte ein einzelnes Leben, und du vernichtest die Welt. – Wie viele Welten haben Deutsche in Galizien vernichtet?

Zwölftausend allein im Wald von Bronica. Jedes ehemalige Schtetl hier hat seinen Wald von Bronica.

Verwüstung, Verheerung, Vernichtung – welches der Worte wäre *angemessen*? Jeder dieser Orte, der über Jahrhunderte hinweg ein Schtetl gewesen war, verschwand innerhalb weniger Tage, manchmal im Laufe eines einzigen Tages. Die Zahlen der Ermordeten gelangten in Rapporte. „Pflichterfüllung" im Namen des Vaterlands.

All die klangvollen Namen der Orte, die verbunden waren mit dem Ansehen großer jüdischer Gelehrter, mit dem Ruhm einer Jeschiwa, mit dem Ansehen der Zaddikim – ein Foto in Rita Ostrowskajas Band *Juden in der Ukraine* steht mir vor Augen: der wie ein eingesunkener Fahrdamm wirkende Wiesenbuckel, der sich lang einen Hügel hinaufzieht. Ein Massengrab. Eines der zahllosen Massengräber in der Landschaft von *Polin*.

„Was hat die Auslöschung des mitteleuropäischen Judentums mit der Frage, wer wir Deutsche sind, zu tun?", fragt Karl Schlögel am Ende seines Essays *Die Mitte liegt ostwärts*. Unmöglich auch, nicht an Itzik Mangers Essay *Die Juden und die deutsche Kultur* zu denken, einen der bittersten Texte, die je über diese unerwiderte Liebe geschrieben wurden.

Für beflissene Feingeister penetrant deutscher Couleur sind derlei Überlegungen freilich Petitessen. Wer unerschütterlich aus der Perspektive des Dünkels (der natürlich nicht dumpf sein will, nein, nein, solche Arroganz hat schließlich *Büldung*!) am Monument der Dichter und Denker poliert, schaut auf Mitteleuropa nicht einmal verächtlich herab, es wird überhaupt nicht wahrgenommen. Als hätte es diesen Reichtum einer Kultur, den deutscher Wahn vernichtet hat, nie gegeben.

Am frühen Nachmittag sind wir in Schepilska, einem Komplex aus Hotelgastronomie, Konferenzräumen und Ferienhäuschen an einem See.

Keti Kantaria erzählt, wie Bruno Schulz – in ihren Übersetzungen – nach Georgien gelangte. Grzegorz Józefczuk spricht mit Agnieszka und mir über das Abenteuer, Schulz mit Władysław Panas zu lesen. Dass dieser Weg, der 1994/95 mit der ersten Schulz-Lektüre begann, über Poznań, wo ich sein *Buch des Glanzes* fand, und über Berlin nach Lublin schließlich hierher geführt hat … Wie anders hätte er verlaufen sollen? Doch mag der Weg auf seine Weise schlüssig sein, selbstverständlich ist nichts daran. So bleibt vor allem eines: ihn lesend, schreibend nachzubuchstabieren, um vielleicht den einen oder anderen Abschnitt halbwegs zu begreifen.

Anna Kaszuba-Dębska erzählt von ihrem „Projekt Szpilki", für das sie aus aller Welt Damenschuhe geschickt bekam, zusammen mit der dazugehörenden Geschichte, welche besondere Erinnerung mit den Schuhen verbunden sei. Die Schuhe – etliche Dutzend – verteilte sie bei einem früheren Schulz-Festival im Garten von „Biankas Villa" und versah sie mit einem Strichcode. So konnte man die Geschichten dazu lesen.

Ariko Kato spricht über ihre Übersetzungen von Schulz ins Japanische und über das Werk Debora Vogels, der faszinierenden Schriftstellerin des Polnischen und Jiddischen, die so lange – allzu lange – lediglich als Muse von Bruno Schulz wahrgenommen wurde. Während des Gesprächs mit Jurko Prochasko, der wiederum Vogels jiddische Gedichte ins Ukrainische übersetzt hat, huscht eine zierliche schwarze Katze durch den Raum und verschwindet durch die angelehnte Tür auf der Veranda, um sich dort zu putzen. Wir flüstern es uns fast gleichzeitig zu: „Kot mył się w słońcu" – den Satz, mit dem der *Zimtläden*-Zyklus schließt.

Drohobytsch-Syndrom ...

Schatten steigen aus dem Wald. Wie auf einer chromatischen Tonleiter wandeln sich die Farben, gleiten über Orange und Rot in bläuliche, in türkisfarbene Klänge. Der Wind riecht nach Wasser, im Uferdickicht glucksen Vogellaute. Heute Vormittag, als wir nach Stryj und Bolechiw das Kloster Hoschiw besuchten – ein Blick in die Ferne, der schwindeln machte.

Ein ständiges Wechselbad.

Die geradezu physische Präsenz der Schulz'schen Sätze. Ein strömendes Glücksgefühl. Die geradezu physisch spürbare Abwesenheit der vernichteten Welt. Ein lähmendes Entsetzen. Und wieder entsteigt Erinnerung dem Ozean aus Grün, formen sich die Wellen der Hügel zu einer Karte, die schattiert ist von der Schummerung der Trauer.

Durch tiefe Dunkelheit fahren wir zurück. Kilometerlang die sumpfigen Wiesen, undurchdringliche Felder aus Schilf. Wo das Gelände sich öffnet, verliert sich der Blick ins Schemenhafte. Kein Haus, kein Licht, nur die schwimmenden Konturen der Hügel, endlos gestaffelt, darüber die flimmernden Sterne.

„Wir sind auf der anderen Seite, wir sind auf der Sohle der Dinge, in der mit wirrer Phosphoreszenz behafteten Finsternis."

*

Wie in einem Traum befangen, liegt die gedrungene Holzkirche mit dem Schindeldach da, auf einer Wiese zwischen alten Bäumen. Der Duft in ihrem Innern umhüllt uns wie ein Tuch, die Malereien an den Wänden und der Decke verschlagen die Sprache.

Kurz nach uns kommen weitere Festivalgäste herein, Anna Maria Słowikowska, die so grandios die Rolle der Adela gespielt hat, Anna Kaszuba-Dębska, die sich von Adelas *pantofelek* zu ihrem Damenschuh-Projekt inspirieren ließ. Marta und Valéry, die wiederum mit Anna befreundet sind.

Nachdem wir alle auf den Glockenturm gestiegen sind und eine Weile noch dastehen, schauend nur und staunend, treten zwei Frauen aus der Kirche, und unter dem Eindruck des Erlebens sind wir, ehe wir uns versehen, im Gespräch. Die beiden Frauen kommen aus Lviv, die Verständigung fällt nicht allzu schwer, unser Ohr hat sich schon ein wenig eingehört, viele ukrainische Wörter lassen sich erschließen. Ob wir denn auch die Saline schon gesehen hätten, fragen sie. – Eine Saline? Wo die denn sei? – „Also, das müssen Sie unbedingt sehen, das ist wunderbar. Warten Sie, wir rufen gleich Pani Oksana an, sie hat uns die Saline gezeigt, wir waren mit ihr verabredet. Warten Sie einen Moment …" Sie nimmt ihr Handy aus der Tasche …

Nachdem die beiden sich verabschiedet haben, bleibt uns nichts anderes übrig, als uns überraschen zu lassen. Es dauert keine zehn Minuten, da kommt eine Frau Mitte sechzig den Weg entlang. Sie trägt ein blaues Sommerkleid mit weißen Punkten, hat eine schwarz glänzende Handtasche am Arm. Sie begrüßt uns herzlich, stellt sich vor.

„Ah ja, zum Schulz-Festival sind Sie gekommen. Wie schön! Ja, das war ein großer, ganz großer Drohobytscher!"

Sie führt uns über einen Pfad, der mitten ins Dickicht taucht. Als sollten wir über einen Schleichweg aus dem Juni des Hier und Jetzt in den Wildwuchs des Schulz'schen „August" gelangen. Unterdessen erfahren wir, dass Pani Oksana über dreißig Jahre lang in der Saline gearbeitet hat, jetzt im Ruhestand ist, sich aber nicht trennen kann von dem Ort, der ihr wie ein zweites Zuhause sei. Als das Dickicht sich lichtet, sehen wir mehrere Gebäude, größtenteils aus Holz errichtet. Sie verteilen sich über ein Gelände, auf dem der Holunder prächtig gedeiht. Der süße Duft der Blüten steht betäubend in der heißen Luft.

Pani Oksana geht auf eines der Gebäude zu. Die schwere Brettertür ist mit einem massigen Vorhängeschloss verriegelt. Pani Oksana macht ihre Handtasche auf, nimmt ein Trumm von Schlüssel heraus, öffnet das Schloss und bittet uns herein.

Im Innern eine Konstruktion aus schwarzen Bohlen und korrodiertem Eisen, die fast den gesamten Raum einnimmt. Hoch ragt sie in den turmartigen Aufbau des Dachs. Pani Oksana öffnet eine Klappe im Boden, leuchtet mit einer Taschenlampe (die sie ebenfalls aus ihrer

Handtasche nimmt) in den Schacht. Eisentritte führen in die Tiefe; auf der Sohle, eben erkennbar im Licht, hören wir es glucksen.

„Hier wird das salzhaltige Grundwasser an die Erdoberfläche gepumpt", erklärt sie. „Als nächstes kommen wir dann zu den Becken, in denen sich die festen Partikel absetzen, der Lehm vor allem. Sehen Sie das Rohr hier … über dieses Rohr gelangt das Wasser in die Becken."

Riesig sind sie, und die Eichenbohlen, aus denen sie gefügt wurden, haben im permanenten Kontakt mit dem salzigen Wasser Krusten angesetzt, dass sie hart geworden sind wie Stein. Wir streichen über die Bohlen – als würde man Rauputz berühren. Die ältesten dieser Becken sind an die zweihundert Jahre alt. „Und nicht ein Tropfen läuft heraus …"

Über ein Treppchen gelangen wir auf die Wasserhöhe. Auf schwankenden Planken lassen sich die Becken überqueren. Als wir zögern, ihr zu folgen, sagt Pani Oksana beruhigend: „Haben Sie keine Angst, das ist wie im Toten Meer. Hier kann man gar nicht ertrinken."

Im nächsten Gebäude befindet sich die Siederei. Wenn die Feststoffe sich abgesetzt haben, wird das Wasser in großen, rechteckigen Pfannen über offenem Feuer erhitzt.

Im Innern des Schuppens stehen wir in einer unfasslichen Szenerie. Durch die Ritzen in den Bretterwänden und die schadhaften Stellen im Dach dringen Lichtlanzen herein, um die sich der Rauch aus den Feuerstellen dreht und windet, als würde er auf Spindeln gedreht. Träge blubbert der Sud vor sich hin, und eine grauweiße Salzkruste wächst. Pani Oksana nimmt ein Stück davon auf eine Schaufel, lässt uns kosten.

„So warm aus der Pfanne schmeckt es am besten …
Ich esse alles mit diesem Salz, es gibt kein besseres.
Tomaten oder Gurken, frisch aus dem Garten, und eine
Prise Drohobytscher Salz darüber … Ich könnte es mir
auch auf Schokolade streuen", lacht sie verschmitzt.

Wieder ein Gebäude weiter befindet sich die Stelle,
wo das fertige Salz verpackt wird. Durch das offene Tor
sehen wir einen jungen Mann und eine junge Frau, die
damit beschäftigt sind, Säcke auf eine Palette zu stapeln.

„Aber wahrscheinlich", erklärt uns Pani Oksana sichtlich betrübt, „wird die Saline doch bald geschlossen, es
rentiert sich nicht mehr …"

Zuletzt bringt sie uns in ein kleines gemauertes Gebäude. „Laboratorium" steht an einer der Türen. „Hier
war mein Arbeitsplatz. Meine Aufgabe war es, die Qualität zu prüfen."

Als jeder sein Tütchen mit dem kleinen Salzkegel in
der Hand hält, fällt es uns wie Schuppen von den Augen:
Im Stadtwappen von Drohobytsch – das sind die Salzkegel!

„Das sind die Salzkegel", bestätigt Pani Oksana, „im
Wappen von Drohobytsch, und glauben Sie mir, ein besseres Salz können Sie nirgends bekommen!"

Während das Salz aus Drohobytsch in der Berliner
Küche seine Verwendung fand, stieß ich noch auf zwei
Spuren, die hiermit festgehalten seien: Abraham Jakob
Brawer – er wurde übrigens in Stryj geboren – hat in sei-
nem Buch *Galizien: Wie es an Österreich kam* (1910) der
Salzgewinnung einen eigenen Abschnitt gewidmet: „Von
den Bergwerkprodukten stand das Salz von jeher an ers-
ter Stelle [...] Neben den Bergwerken sind die Salzwas-

serquellen und das aus denselben gewonnene Sudsalz von Bedeutung." Jurko Prochasko wiederum schreibt in seinem Essay *Westukraine – Die Entgleisung aus der Moderne*, dass in jenem 19. Jahrhundert, da das nun österreichische Galizien nur spärliche Impulse eines Fortschritts erfuhr, „die alten Salinen im Vorkarpatenraum, etwa in Drohobytsch, längst ihre mittelalterliche Bedeutung verloren hatten".

Zwischen Holunder und Flieder, an Garagen und Schuppen vorbei, gelangen wir aus dem Salinengelände zu den Häusern. Mitten auf dem Weg liegt ein Hund mit zottig wolligem Fell, der nicht einmal ein Auge öffnet, als wir an ihm vorbeigehen. Nur seine Ohren zucken sacht, als vertreibe er in seinem Traum das Knirschen unserer Schritte in Gestalt von Fliegen. Wo wir die Straße erreichen, sind ein paar Tische und Stühle aufgestellt. Ein Lebensmittelladen führt eine kleine Gastronomie. Männer in Arbeitskleidung sitzen bei einem Umtrunk. Wir haben Lust auf ein Eis. Als wir das Geschäft verlassen, spricht uns ein Mann von Ende fünfzig an, der mit seinem Bier auf einem Mäuerchen im Schatten sitzt. Ob wir aus Polen kämen? Als wir es bestätigen, der Einfachheit halber („irgendwie" kommen wir alle aus Polen, wenn wir im Namen von Bruno Schulz hier sind), wechselt er in ein Polnisch-Ukrainisch, das sich mühelos verstehen lässt. Er sei auch oft in Polen, erzählt er. Mit dem Chor. Vor wenigen Wochen erst hätten sie einen Auftritt gehabt, in Legnica. „Sie singen sicher Bariton", sagt Anna Maria. „Aber meine Dame", erwidert er mit gespielter Entrüstung, als hafte dieser Lage der Verdacht des Dilettierens an. „Ich singe Bass!" Und zur Bestätigung stimmt er einen beeindruckend tiefen Ton an, den er ebenso beeindruckend lange hält. „Alle Achtung!", sagt Anna Maria, den kleinen Lapsus gutzumachen. Das Lob nimmt er gerne entgegen, versäumt auch nicht, jedweden Rest von Zweifel auszuräumen: „In ganz Drohobytsch finden Sie vielleicht fünf, die so tief singen können, meine Gnädigste!" – „Fahren Sie demnächst wieder zu einem Konzert nach Polen?", fragt Valéry. „Vorerst nicht, ich hatte mit den Bronchien zu tun", er klopft sich sachte auf die Brust, „muss das erst richtig auskurieren." „Eine Bronchiengeschichte, au weh …", als Schauspielerin weiß Anna Maria ein Lied davon zu singen, wie lange man an einer angeschlagenen Stimme laborieren kann. So wünschen wir ihm alles Gute, er bedankt sich herzlich, wünscht uns noch einen angenehmen Aufenthalt und setzt sich wieder auf das Mäuerchen im Schatten.

Neben der zweiten orthodoxen Kirche, die wir uns anschauen, liegt – die Feuerwehr. Einer der Diensthabenden, der damit beschäftigt ist, ein Kinderfahrrad zu reparieren, lässt uns ohne Weiteres auf das Gelände, sichtlich amüsiert von unserer Begeisterung für die Feuerwehr. Er zeigt uns die Fahrzeuge, erklärt uns technische Details, von denen wir einen Bruchteil nur verstehen, und während wir, dankend, dankend für diesen Nachmittag – denn nichts anderes bleibt übrig, unter dem *bud' laska* dieses Himmels, mit dem Geschmack des Drohobytscher Salzes auf der Zunge –, zurückkehren in die Stadt, haben wir nicht den geringsten Zweifel, wer hier Regie geführt hat, wer der Autor dieser Stunden war.

Mit dem Markenalbum in der Hand las ich diesen Frühling.
(Bruno Schulz, *Der Frühling*)

That's why I called this stamp a desire.
(Oleg Woolf, *The Dancer of Malagura*)

„Polen, du edles, die Tora zierte seit alters dich / seit dem Tage schon, da Ephraim von Juda wich." „Tora", im weiteren Verständnis nicht nur die Schrift selbst, sondern die in ihr enthaltene und aus ihr zu schöpfende Weisheit soll nach der „Legende von der Ankunft" schon auf die ersten Juden gewartet haben: In einem Wald bei Lublin, so die Erzählung, fanden sie Talmudtraktate in die Rinde der Bäume eingeritzt. Dass der Messias zuerst nach Polen komme, war denn auch von einem bestimmten Moment an ein geläufiger Topos. Denn wo sollte er zuerst erscheinen, wenn nicht dort, wo die meiste Tora, die meiste jüdische Weisheit sich gesammelt hatte.

Schulz arbeitete an einem Roman, der den Titel *Mesjasz* bekommen sollte. Aus Briefen geht hervor, wie schwer ihm die Arbeit fiel: dass der „Messias" in den Windeln liege; dass er in den Sommerferien nicht habe schreiben können, und nun, da er spüre, dass die Sätze sich regten, habe er wieder Schule. Wie weit der Roman gediehen war, weiß niemand. Was mit dem Fragment geschah – auch das ist unklar. Jerzy Ficowski suchte es jahrzehntelang. Vergeblich. Wahrscheinlich wurde es ein Raub der Kriegsverwüstungen, möglich auch, dass es nach dem Krieg – unbemerkt – mit einem Haufen Abfall weggeworfen wurde. Die Briefe von Schulz an Debora

Vogel erlitten dieses Schicksal. Sie verbrannten bei einer Entrümpelung. Cynthia Ozick übrigens, um dies noch zu erwähnen, machte das verlorene Messias-Manuskript zum Thema eines Romans: *Der Messias von Stockholm*.

„Józef, der Messias ist nah! In Sambor ist er schon gesehen worden." So soll, nach Ficowski, der erste Satz von Schulz' Romanentwurf gelautet haben. In Olga Tokarczuks *Jakobsbüchern* kehrt es wieder, in einer Erinnerung der alten Jenta. Als sie noch ein kleines Mädchen war, hat ihre Mutter sie eines Morgens, im Zustand geistiger Verwirrung, mit eben diesen Worten geweckt: „Jenta, steh auf, der Messias ist da. In Sambor ist er schon gesehen worden."

Der verlorene Messias als Potenzial der mitteleuropäischen Literatur – um es mit dem Titel des Podiumsgespräches zu sagen, das Olga Tokarczuk zum Abschluss des Festivals führte – ist weder Hirngespinst noch romantische Verklärung. So real wie das Salz, das wir mitgebracht haben. So real wie die Wirklichkeit auf diesem Weg, den der Messias begonnen hat – von Sambor nach Drohobytsch –, und der heute durch den Wald von Bronica führt.

Nach dem Abend im Mirotel hatte Marc mir die deutsche Übersetzung seines Essays *Grenzregionen Galiziens* geschickt, der auf Französisch in den *Temps modernes* erschienen war (April – Juni 2013). Es ist die Beschreibung einer Reise, die mit den Versen Georg Trakls bei Grodek ihren Anfang nimmt, um nach Drohobytsch und in den Wald von Bronica zu führen: „Mehrere in den Boden eingelassene Grabsteine nennen die Namen einiger Opfer, darunter den von Leontyna Schreyer, der Mutter von

Alfred Schreyer. Geht man weiter, stößt man auf mehrere enorme Betonplatten, die jeweils einen großen Davidstern tragen und die die Massengräber bedecken. ... Nachdem ich auf zwei oder drei ähnliche Gruben gestoßen bin, dringe ich weiter auf die Lichtung vor und finde bald eine weitere, dann die nächste und dann noch eine. Insgesamt zähle ich zwölf Gruben, doch ich bin mir nicht sicher, ob ich alle gefunden habe." Der Essay schließt mit der Fahrt von Drohobytsch zurück nach Polen, in Begleitung des Alfred-Schreyer-Trios, das in Łęczna ein Konzert geben wird. Mit einem Programm aus jiddischen Liedern von Mordechaj Gebirtig, polnischen, russischen und ukrainischen Liedern reißt das Trio das Publikum „zu wahren Begeisterungsstürmen hin".

*

Ich betrachte die Postkartenfotos, die Marharyta mir am Abend vor unserer Abreise geschenkt hat: Alfred Schreyer und Jerzy Ficowski, in ein Gespräch vertieft. Der Ringplatz im Winter, im bernsteinfarbenen Schimmer einer verschneiten Dämmerung. Die Gedenkplatte im Bürgersteig der Taras-Schewtschenko-Straße, von Briefmarken bedeckt.

Ich stöbere in Filmen und Filmausschnitten, um Alfred Schreyer zu hören. Seinen Gesang, seine Violine. Seine Stimme, wenn er erzählt. Vom jüdischen Leben in Drohobytsch vor dem Krieg. Von der Geschichte der (damals noch nicht renovierten) Synagoge. Von seinem ehemaligen Lehrer, dem etwas wunderlich wirkenden Herrn Schulz, der ein so unerhört gutes Polnisch sprach.

Wir arbeiten weiter an der Übersetzung der *Jakobs-bücher*, tauschen uns über Vokabelfunde aus. Bei Joseph Roth, bei Soma Morgenstern. Bei Abraham Jakob Bra-wer. Seit Drohobytsch fühle ich mich sicherer, nicht nur der beiden langen Gespräche wegen, die ich mit Olga Tokarczuk führen konnte, es sind auch die Bilder, die mir Halt vermitteln.

Ich blättere in dem Band *Galizien-Bukowina-Express*, ver-liere mich in den Fotos, verliere mich in den Texten. Und Erinnerungen, die nicht meine eigenen sind, gewinnen verwirrend scharfe Kontur: „Es wird der schier endlose Widerhall des Zugpfiffs in den Karpaten bleiben, und der Anblick des unendlich hoch, auf dem Viadukt oben, über die Brücke fahrenden Zuges, derweil wir unten im kalten Wasser des kleinen Bergflusses schwimmen."

Ich lese Aleksandra Zińczuks Gedichte, in ihrem Band *JA DE*. Am letzten Nachmittag unseres Aufenthaltes fand die Lesung statt. In den Fenstern des Bibliotheks-raums blühten die Blumen der Glasmalerei. *JA DE* – in beiden Sprachen spricht der Titel, weil es in nur einer nicht zu sagen ist. *Jadę* (polnisch): „ich fahre". *Ja de* (ukrainisch): „Wo bin ich?"
     Widerhall –
     Echospur –
     Die Gewissheit, dass zwischen Lublin und Droho-bytsch besonders viele Funken sich verstreut haben. „Damals", beim Bruch der Gefäße.
     Dort, wo die Karte des Landes schon sehr südlich wird ...

Wäre ich in Berlin Kaffee oder Kuchen,
mir wäre nicht recht geheuer.
(Witold Gombrowicz, *Tagebuch 1964*)

Seit fast zehn Jahren gehört sie zu meinem Alltag – die Fahrt vom Bahnhof Charlottenburg nach Frankfurt / Oder. Weniger als eineinhalb Stunden, keine große Reise, doch eine Strecke fortwährend sich verzweigender Gedankenwege, und je öfter ich in den RE 1 steige, desto deutlicher sehe ich, wie eigenwillig schlüssig es sich fügt. Fast wollte ich an eine Hand denken, die hinter den Kulissen subtile Regie geführt hat. Eine Hand, die geduldig hatte warten wollen, bis der richtige Moment gekommen war.

Auch heute wieder, an diesem Morgen im Juli 2020 – vom Bahnsteig aus der Blick auf die Dächer der Häuser an der Ecke Kaiser-Friedrich-Straße / Stuttgarter Platz. 2018 wurde dort eine Tafel angebracht, „gestiftet von der Allgemeinheit":

Hier hauste im Jahr 1968 die KOMMUNE I.

Ich muss ihn nicht suchen, er liegt in Reichweite: der Moment, als ich Anfang der 1990er Jahre in der Bibliothek des Deutschen Seminars der Albert-Ludwigs-Universität in Freiburg im Breisgau zum ersten Mal das Buch *Klau mich!* in der Hand hielt, die Ausgabe von 1968. Eine seltsame Energie strahlte aus diesen Seiten. Der Eindruck des Selbstgebastelten, eine Aura des Aufruhrs. Das Buch war lebendig und stumm zugleich. Unzählige Versuche, mithilfe der Imagination einen Zugang zu finden zu einer Zeit, die einerseits so nahe schien – das Buch war eben ein Jahr jünger als ich –, und andererseits so weit entfernt lag von der eigenen Erfahrung.

Das Wenige, das wir – Kinder der tiefsten westdeutschen Provinz – an späten Echowellen von Achtundsechzig erlebt hatten, vermittelt vor allem über Musik und Filme, verblieb im Atmosphärischen. Wir hörten das Woodstock-Album rauf und runter, verloren uns in endlosen Tagträumen von einem Leben, das so gänzlich anders wäre als das unsere, und wenn wir zu späterer Stunde in kühnen Entwürfen „die Gesellschaft" als die große Schuldige ausmachten, lag der flammenden Rede, die sich radikal politisch geben wollte, meistens eine unglückliche Verliebtheit zugrunde oder ein Zwist mit den Eltern, der sich auch nicht am Schreckensszenario eines Atomkriegs entzündet hatte, sondern am überfällig zu mähenden Rasen. Und wenn mal jemand aus dem Freundeskreis um Mitternacht im *Ratskeller* – nach etlichen Bieren und einigen Kuemmerling – die geballte Faust gegen das Rustikalgewölbe reckte und ein drohendes „RAFFF!" erschallen ließ, wiegten die älteren Herren am Stammtisch milde die Köpfe. Ach, die Jugend … Und wandten sich wieder ihrem Skatspiel zu.

Dass ich schließlich eine Magisterarbeit über Bernward Vespers *Die Reise* schrieb, war vor allem ein Versuch, den Sog zu bannen, der von dieser Zeit ausging. Die Arbeit wurde zu einer emotionalen Achterbahnfahrt sondergleichen.

Wie viele Nächte hatten wir uns die Köpfe heiß geredet mit Bakunin und Kropotkin, in der malerischen

Studentenstadt mit ihren Gässle und Bächle, mit Schupfnudeln und belegten Seelen. Hatten uns den Zauber bei Artaud und Breton geliehen. Die Entzauberung bei Adorno. Hatten Büchner zitiert und Jakob Michael Reinhold Lenz. Bonaventuras Nachtwächter seine düster-ironischen Runden drehen lassen zwischen Unibibliothek, Münster und Kanonenplatz.

An einem kalten Februartag, der diesig war vom ewigen Freiburger Winternebel, stand ich um die Mittagszeit vor dem Kollegiengebäude III. Die letzte Prüfung bestanden, das Studium beendet, doch anstelle von Euphorie breitete ein klammes Gefühl sich aus. Was jetzt?

In den Jahren, die ich dann in Polen verbrachte, rückte *Die Reise* in immer weitere Ferne. Mit zu viel anderem war ich beschäftigt, vor allem mit dem Erlernen der Sprache. Zudem ist '68 in der polnischen, und insbesondere der jüdisch-polnischen Erinnerung – das sah ich bald deutlich genug – mit gänzlich anderen Inhalten verbunden. Zwischen dem westdeutschen '68 und den „März-Ereignissen" in der Volksrepublik liegen Welten. Entsprechend wirken genau die Aspekte, die Vespers Buch im westdeutschen Kontext zum Geheimtipp werden ließen, für die polnische Wahrnehmung verschroben bis hoffnungslos verblendet. Und die Tonlagen des Hysterischen, die *Die Reise* durchziehen, wären gewiss kein Beleg für die Redlichkeit der Absichten. Ich könnte mir ohne Weiteres einen harschen Kommentar vorstellen: Eine Woche in der Volksrepublik – das hätte ihn zur Vernunft gebracht. Oder um es mit den Worten Adam Michniks zu sagen: „Wir haben für die Freiheit gekämpft, nicht gegen Vietnam."

Ein einziges Mal hatte ich versucht, in Poznań Ausschnitte aus der *Reise* in einem Literaturseminar zu verwenden. Und scheiterte kläglich damit. Die Gruppe konnte mit dem Text nichts anfangen, und das hatte nichts mit der Fremdsprache zu tun. Die Denkmuster – zumal in dieser Verbissenheit der Überzeugungen – erschlossen sich nicht. Danach verschwand *Die Reise* auch bei mir fürs Erste in den selten genutzten Fächern des Regals.

Als ich nach unserem Umzug nach Berlin mein Stundenpensum im Rahmen der Interkulturellen Germanistik in Słubice absolvieren konnte, war offenbar der Moment gekommen, der Erinnerung noch einmal auf die Sprünge zu helfen, die eigenen Befindlichkeiten erneut zu prüfen, aus der Distanz der Jahre, im Licht der in der Zwischenzeit gewonnenen Perspektiven. Nach siebzehn Jahren in Polen stieg ich in den RE 1, um Woche für Woche in das Grenzland zu fahren, das ich in Gedanken die ganze Zeit schon durchstreift hatte und das nun jenseits der Metaphern seine topographische Wirklichkeit finden sollte. Auf dass sich Gedanke, Metapher und Wirklichkeit durchdrängen und verwöben.

So begann mein Wintersemester 2012/13 in der Stadt, die ich in den Jahren in Polen ein paar Mal als Umsteigebahnhof und eher ungemütlichen Ort einer Wartezeit wahrgenommen hatte. Beim Verfassen der Magisterarbeit war sie kaum ein dürrer Name gewesen, konturlos in der Andeutung des Raumes an einem Fluss, eine Stadt, zu der ich damals kein einziges Bild hätte aufrufen können – die Stadt aus den ersten Sätzen des Einfachen Berichts:

„Ein Gewitter ging nieder über dem Oderbruch, als ich am Nachmittag des 1.8.1938 in der Privatklinik des Dozenten Dr. Hans Dege und seiner Frau Dr. Marie Joachimi-Dege in Frankfurt an der Oder geboren wurde, einige Wochen nach der Heirat meiner Eltern, des Schriftstellers Will Vesper und seiner Frau Rose, geborene Savrada, verwitwete Rimpau, als zweites Kind ihrer Beziehung."

Ich weiß noch, welche Euphorie mich ergriffen hatte, als ich in der Trip-Passage in München – in der Erwähnung eines Gemäldes im Schaufenster eines Antiquitätenladens, wenige Seiten vor dem obigen Zitat – die Antizipation entdeckte: „… eine Seelandschaft, im Vordergrund Schilf, hinter dem See einige Bäume, ein Gewitter kündigt sich an …".

Nach Tagen fruchtloser Murkserei – mit einem Mal, in diesem Detail, ein Gefühl von unumstößlicher Bedeutung, an einem Schreibtisch, der übersät war von Büchern und Kopien, Notizzetteln und Tipp-Ex-Blättchen. Als sollte durch das Aufspüren von Stimmigem in diesem Textkonvolut alles Unstimmige im Leben des Autors rückwirkend schlüssig werden. Und so absurd der Gedanke anmuten musste, so zwingend drängte es mich, die Suche fortzusetzen.

Berlin-Charlottenburg. Die Dächer. Flüchtig getuschte Wolkendrift. Der Zug läuft ein. Und wieder das Gefühl, dass diese Fahrten sich zu einer einzigen Strecke fügen. Die immer tiefer in das deutsch-polnische Zwischenland führt. In den Raum an der Grenze im Fluss.

Als ich mein Fahrrad in den Wagen hebe, fällt mein Blick auf das sacht sich drehende Hinterrad. Fast über die Breite des Mantels läuft ein gezackter Riss, der bedenklich aufklafft, wenn ich seitlich auf den Reifen drücke. Ich kann mich nicht erinnern, bei einer der letzten Touren eine Kante ruppig erwischt zu haben. Aber das sieht auch eher nach einer Scherbe aus. Wie auch immer, der Defekt ist da, und die Strecke, die ich morgen fahren möchte, wird um die 150 Kilometer lang sein. Da bräuchte es nicht mehr viel, ein kleines Steinchen, und der Schlauch wäre hin. Ich sollte versuchen, in Frankfurt oder Słubice einen neuen Mantel zu bekommen. Zwischen den Terminen müsste das zu machen sein. Für den Augenblick bleibt mir nichts weiter übrig, als mich der Bewegung des Zuges zu überlassen.

Ich nehme Chaim Potoks *Novembernächte* aus dem Rucksack, lese weiter, wo ich am Abend zuvor aufgehört habe. Lenins Machtübernahme. Die Bolschewiki schlagen die Errungenschaften der Februarrevolution kurz und klein, installieren ihr Terrorregime. In der gerafften Darstellung spiegelt sich die erdrückende Wucht der minutiösen Schilderungen, die ich seinerzeit bei Orlando Figes gelesen hatte, in seinem Buch *Die Tragödie eines Volkes*. Dass die strahlende Verklärung der Oktober"revolution" einen solchen Siegeszug antreten konnte, gehört zu den folgenschwersten PR-Erfolgen der Historie. Was die Erkenntnis, die daraus zu ziehen wäre, erst recht niederschmetternd macht.

Aus dem Pochen des Zuges, dem wischenden Licht des Morgens, der noch nicht entschieden hat, ob er sonnig werden möchte, fließt mir die Erinnerung an andere Lektüren. Alexander Berkmans *Der bolschewistische Mythos*. Iwan Bunins *Verfluchte Tage*. Warlam Schalamows Erzählungen aus Kolyma. Schalamow war zum zweiten Mal verurteilt worden – zu weiteren zehn Jahren Arbeitslager –, weil er Bunin einen „klassischen russischen Schriftsteller" genannt hatte. Seine Erzählung *Cherry Brandy* – über Ossip Mandelstams elenden Tod im Durchgangslager Wtoraja Retschka. Nadeschda Mandelstams *Das Jahrhundert der Wölfe*. Der erste Vers von Mandelstam, den ich auf Russisch gehört hatte, ohne ihn zu verstehen. Verloren an die Melodie der Worte. Und verloren erst recht an den Klang der Stimme, die ihn damals las: *Byt' moshet, ja tjebje nie nushen …*

Am Alexanderplatz steigt eine Gruppe älterer Herrschaften mit Einkaufsrollern zu. Sie suchen sich Plätze, ziehen ihre Mund-Nase-Bedeckungen übers Kinn, und dann beginnt ein eifriges Resümieren. Wer von den Nachbarn und Bekannten wie viele Stangen Zigaretten von welcher Sorte bestellt hat. Dass Hilde heute nur eine Stange will, statt – wie sonst – immer zweie, scheint eigenartig genug, und trotz eifriger Erörterung möglicher Gründe kommt man zu keinem abschließenden Ergebnis. Hans-Jürjen hat – wie üblich – seine dreie bestellt. Elli ooch, wie immer, dreie … Aber dass der Hans-Jürjen sich schon wieder jedrückt hat mitzufahren. Er hätt's mit'em Herzen. Und die anderen können dann für ihn die Sachen schleppen … Wir sind ja ooch nich mehr die Jüngsten! … Und Hilde, na, die kann ja nu wirklich nich mehr loofen, aber Hans-Jürjen, so schlecht jehet dem nu wieder nich … Ein Glück, dass es nur Zigaretten sind! Wenn der jetzt noch Wodka gewollt hätte oder Wurst … Also neeh, da müsst er sich schon jemand andern suchen …

Überhaupt scheint dieser Hans-Jürjen, wie ich dann

erfahre, ein gerissener Bursche zu sein, vor allem ein großes Organisationstalent, wenn es darum geht, andere für sich einzuspannen. Diese Gabe besaß er offenbar bereits in jungen Jahren. Einige der Schwänke, die jetzt die Runde machen, mit Hans-Jürjen in weniger rühmlichen Hauptrollen, reichen bis in die Siebziger zurück.

Schließlich sind alle Bestellungen glücklich rekapituliert, verbliebene Restbeträge aus früheren Fahrten werden mit dem Anteil für das heutige Gruppenticket verrechnet, ein paar Münzen gehen noch hin und her, eine der Damen setzt die letzten Häkchen und Schnörkel auf kleinen, karierten Zettelchen, die sie in ihrer Geldbörse verwahrt – offenbar die Buchhaltung dieser Reisen – dann ist alles im Lack. Und für eine Weile kehrt Stille ein.

In meiner ersten Zeit am Collegium Polonicum stand auf dem Bus, der zwischen dem Frankfurter Bahnhof und Słubice unterwegs ist, folgender Spruch zu lesen: „Auf nach Polen – Nachschub holen!" Ich hatte mich damals gefragt, wer auf diese hanebüchene Idee gekommen war. Als sollten sich im Sakrament des allein selig machenden Konsums die Echos früherer Reime in Wohlgefallen auflösen. Das seinerzeit auch in gediegenen Kreisen so verschmitzt – und mit gespielter Scham, versteht sich – hervorgegluckste „Heute gestohlen – morgen in Polen". Oder das ältere und mittlerweile dank der Vergangenheitsbewältigung in gediegene Vergessenheit geratene „Wir fahren nach Polen – die Juden versohlen!"

Zuerst der barbarische Ton der Massenmörder. Später die Arroganz der Saturierten, die während des Kalten Krieges gelernt hatten, den „Osten" zu verachten, weil sie ohne das geringste eigene Verdienst im „Westen" geboren waren. Am Ende die Begeisterung darüber, dass es „drüben" billiger ist. Die Seniorinnen und Senioren, die einem in diesem Bus ihre Einkaufsroller gegen die Schienbeine rammen, muss ohnehin niemand mit irgendwelchen windigen Sprüchen zu ihren Touren animieren. Aber vielleicht wäre es tatsächlich einmal eine Ausschreibung wert: *Sich einen Reim auf Polen machen.* Auf die Ergebnisse dürfte man gespannt sein.

Nach dem Bahnhof Ostkreuz das erste längere Stück ohne Halt. Hinter Erkner beginnen die Wischbilder der Landschaft. Kiefernwald und Wiesen. Einzelne Gebäude, Schnappschüsse des Augenblicks, ein Straßenstück – Eindrücke, die vorüberhuschen. Von den Fahrten nach Deutschland, aus den Jahren in Polen, sind sie mir vertraut. Derselbe Film, und zugleich ein anderer. Zeitverschoben, zeitverschlungen.

Zwischen den Sätzen Potoks höre ich mit halbem Ohr das Gespräch, das wieder lebhaft geworden ist. Es geht um die Frage, mit welchem Zug man zurückfahren möchte, was nicht auf Anhieb entschieden werden kann. Die einen wollen unbedingt noch auf den „Polenmarkt", der ein Stück auswärts liegt, den anderen genügen die Supermärkte im Ort. Sie würden dann lieber in Słubitsche noch was essen, die leckeren „Pelmeni", dort bei der Post. Das Argument, dass man auch auf dem „Polenmarkt" etwas essen könne, und die besagten „Pelmeni" ebenfalls, will so recht nicht überzeugen. Bei der Post könne man doch viel schöner sitzen! Und wozu rausfahren, wenn man die „Pelmeni" in der Nähe habe? Nach langem Hin und Her ein Vorschlag: Im Zweifelsfall werde man in zwei Gruppen zurückfahren, jede Fraktion jeweils mit ihrem Zug. Sollten es sich die Befürworter des Marktes anders überlegen und auf den Markt verzichten wollen, könne man ja gemeinsam bei der Post etwas essen und dann gemeinsam zurückfahren.

Die Beschlussfindung strahlt Besänftigung aus. Und sie wirkt in ihrem kompromissbereiten Wohlwollen umso beruhigender, als sich mein Tag an einer Stelle mit diesen Plänen berühren wird: „dort bei der Post" werde ich heute Abend auch Piroggen essen. *La vie est belle* heißt das Lokal, und die Piroggen sind hervorragend. Und – ja – man kann dort in der Tat „schön sitzen".

Bis dahin werde ich meine Termine absolviert haben, die sogenannten *badania okresowe*, die schon im Juni fällig gewesen wären und für die ich der Pandemie wegen eine Fristverlängerung erhalten hatte. Jeder Mitarbeiter einer polnischen Universität muss sich in regelmäßigen Abschnitten solchen ärztlichen Untersuchungen unterziehen, damit die Arbeitsfähigkeit für den jeweils nächsten *okres* – den nächsten Zeitabschnitt – bescheinigt werden kann. Die drei Termine auf einen Tag zu legen, war mir bis jetzt noch nie gelungen, und ohne die großartige Hilfe von Seiten der Sekretärin des Collegium Polonicum hätte ich es auch nicht geschafft. Heute auf einen Sitz die ganze Prozedur erledigen, in Słubice übernachten, und morgen früh auf den Oder-Neiße-Radweg – eine Perspektive, die beflügelt.

*

Der Pförtner im Collegium Polonicum entschuldigt sich dafür, dass er mir die Temperatur messen muss.

„Trudno[1] … so sind jetzt halt die Vorschriften, aber keine Angst, kochany[2], Sie sind ja bestimmt gesund …"

Er hält mir das Gerät vor die Stirn.

„36,5 … Na, bitte, zdrowy jak rydz![3] … Und hier noch ein podpisik[4], bitte …"

Ich trage mich in die Liste der heutigen Besucher ein, er händigt mir das Kuvert mit den Überweisungen aus, die das Sekretariat schon für mich besorgt hat. Und ich mache mich auf zum ersten Termin.

Als ich an einem Kiosk vorbeikomme – dass mir das nicht früher eingefallen ist! – Sekundenkleber! Damit müsste sich der Riss im Mantel verschließen lassen! Wenn ich die Stelle dick genug verklebe, sollte das halten.

Schon in meinen allerersten Wochen in Polen damals hatte ich die segensreiche Einrichtung des Kiosks schätzen gelernt. Was immer man im Alltag plötzlich benötigen könnte – am Kiosk war es zu bekommen. Und sollte es tatsächlich einmal nicht im Sortiment aufgereiht sein, das sich an den Scheiben stapelt und die Büdchen wie Wundertüten wirken lässt, besteht immer noch die Möglichkeit, dass man es aus einer Privatschublade bekommt.

Und selbstverständlich gibt es hier Sekundenkleber. Mehrere Tuben stehen zwischen dem Haarspray und den Gummibärchen.

Der Besuch bei der Allgemeinärztin ist rasch erledigt.

---

1 Wörtl.: „schwer, schwierig" – im Sinne von: „Kann man nichts machen / Lässt sich nicht ändern".
2 [Mein] Lieber.
3 Wörtl.: „Gesund wie ein Reizker" – kerngesund.
4 Diminutiv von podpis – die Unterschrift.

Mein allgemeiner Gesundheitszustand gibt auch keinen Anlass, an meiner Arbeitsfähigkeit zu zweifeln. Jetzt habe ich zwei Stunden bis zum nächsten Termin.

Spaziergänge in Słubice entfalten ihren besonderen Reiz. Die sanfte Ereignislosigkeit des Ortes mit seinen Bildern des Alltags erinnert mich immer an meine beiden ersten Jahre in Polen – in Mielec, 1994–1996. Blicke in Hofeinfahrten – ein Teppich über der Teppichstange, Wäsche an der Leine, ein Dreirad, ein Kinderwagen. So führt ein Bild zum nächsten. In Słubice sich verlaufen, es klingt absurd. Doch wenn Erinnerungen ihre Wirkung tun, gewinnt das Städtchen ungeahnte Größe.

Heute – die erste Überraschung, als ich von der Poliklinik über die Mickiewicz-Straße in die Straße der Arbeitereinheit komme. Es trifft mich fast der Schlag. Das alte Kino … Als Gittie in Rolf Schneiders *Die Reise nach Jarosław* hier entlangkam und Słubice als „verdammt winzig" empfand, lief in diesem Kino *Love Story*. „Leider war gerade keine Vorstellung." … *KINO PIAST*. Seit langem schon steht das Gebäude leer, welkes Laub und Weggeworfenes sammeln sich in der Nische am Eingang. Als ich angefangen hatte, am Collegium Polonicum zu arbeiten, waren bereits die ersten Buchstaben des Schriftzugs abgefallen. Und was hatte Klio als erstes entfernt? Das „K" und das „I" von *KINO*. So stand dort zu lesen: __NO PIAST. Was für ein Kommentar zum propagandistischen Narrativ der „Wiedergewonnenen Gebiete"! Und mit welch einfachen Mitteln war er geschaffen! Man musste nur – wie immer – darauf kommen.

Und was sehe ich jetzt?! Als nächstes hat Klio das zweite „I" abmontiert: __NO P_AST!

In einem der ersten Semester hatte ich einer Seminargruppe Ute Baduras Film *Schlesiens Wilder Westen* gezeigt. Als wir anschließend darüber sprachen, sagte eine polnische Studentin, die aus einem kleinen Ort im Lebuser Land kommt, nicht weit von der Oder, dass dies eine ihrer frühen Erinnerungen sei: ein älteres Ehepaar – Deutsche –, das kurz nach der Wende zu ihnen gekommen war. Ob sie einmal in den Garten, vielleicht auch ins Haus gehen dürften? Eine eigentümliche Stimmung, die sie als Kind nicht hatte zuordnen können. Man verständigte sich mehr mit Gesten als mit Worten. Im Laufe der Jahre erst hatte sie nach und nach verstanden, was ihre Eltern ihr dazu erzählten – dass es die Spiegelgeschichte zur Geschichte ihrer eigenen Familie war, die aus den *kresy* stammte. Die Spiegelgeschichte all der anderen Polinnen und Polen, die in diesen „Wiedergewonnenen Gebieten" eine Propaganda aufgetischt bekamen, die ihnen die Vergangenheit nahm. Und mit dieser tabuisierten Vergangenheit hatten sie bis in die 1970er Jahre mit dem Gefühl gelebt, bald wieder ihre Koffer packen zu müssen.

NO PAST. Die neue Variante der Décollage wird mir auch zur ganz persönlichen Botschaft. Sie beschreibt den Zustand, in dem ich damals nach Mielec gefahren war. NO PAST. Ohne tragfähige Vergangenheit war ich dort angekommen, hatte stattdessen ein höchst fragwürdiges Bild europäischer Geschichte mitgebracht. Verzerrt, verstümmelt, von Klischeebildern geprägt. Übersät mit den weißen Flecken des Unwissens. Kontaminiert mit Stereotypen. Um im Laufe der Jahre, mit den Vokabeln der neuen Sprache, mit den Begegnungen, die diese

Sprache mir ermöglichte, mit der Literatur, die sich mir eröffnete, einen gänzlich neuen Blick zu gewinnen auf meine eigene Herkunft. Bis ich mir im vermeintlich Selbstverständlichen fremd zu werden begann. So fremd, dass ein Verstehen endlich möglich wurde.

*

Ich gönne mir einen Imbiss im Lokal *Endorfina*. Hier sind die *pierogi lubelskie* sehr zu empfehlen, Piroggen Lubliner Art, gefüllt mit Buchweizengraupen.

Ein Spähtrupp Schnäppchenjäger zuckelt mit Einkaufsrollern vorbei. Es ist nicht die Gruppe, die ich eben gesehen habe, aber vermutlich sind sie mit demselben Zug gekommen.

Lebhaft erörtert werden Preisvergleiche, und einer der Herren schüttelt ausgiebig den Kopf über den Deklinationsfehler, der in der deutschsprachigen Fassung des Reklamespruchs auf der Klapptafel vor einem der Zigarettenläden enthalten ist.

Ein Stück oberhalb wird gerade eine Biergartenveranda hergerichtet. Eine Kellnerin bringt die Zapfanlage in Gang, ein junger Mann fixiert mit einem Akkuschrauber Bodenbretter, die sich gelockert haben. Ein Bekannter kommt auf dem Fahrrad vorbei, gerade recht, dass geprüft werden kann, ob der Druck richtig eingestellt ist. Gerne lässt er sich ein Pilsner zapfen, und auch der Kollege mit dem Akkuschrauber hat gegen eine Erfrischung nichts einzuwenden. Dann unterhalten sie sich zu dritt über Gott und die Welt, und die beiden Frauen, die vor ihren Zigarettenläden in der

Sonne sitzen, werfen auch noch hier eine Bemerkung, dort ein Scherzwort ein.

Es geht um den Urlaub, der der Epidemie wegen ins Wasser fallen wird, um die Belastung durch geschlossene Schulen und Kindergärten, eine – ebenfalls der Epidemie wegen – unterbrochene Wohnungsrenovierung, die man jetzt in Eigenregie halbwegs ins Lot zu bringen versucht, damit die vierköpfige Familie nicht auf einer Baustelle wohnen muss, schließlich noch um einen Grillabend in einem Schrebergarten, bei dem es kürzlich hoch hergegangen ist. Und eine Portion Piroggen Lubliner Art genügt völlig, um zu verstehen, dass die beiden Frauen nicht für ihre Zigarettenläden leben, sie leben *von* diesen Läden. Und über der Frage, ob der deutsche Werbespruch auf der Klapptafel grammatisch korrekt ist oder nicht, werden sie gewiss nicht melancholisch. Den Schnäppchen-Scouts, die als erstes diese Läden ansteuern, wenn sie über die Brücke gekommen sind, könnte es erst recht egal sein, sie kaufen sowieso ihre Stangen, dutzendfach und tütenweise. Ob mit oder ohne Fehler auf dem Schild. Aber schöner ist es natürlich, wenn man noch etwas besser wissen kann. Dann gefällt das Sonderangebot gleich doppelt gut.

Lebhaft in Erinnerung ist mir noch die Zeit, als die ganze Brücke ein einziger Straßenmarkt gewesen war. Da durfte ich mir einmal, als ich nach einer späten Rückkehr von einem Besuch in Berlin auf den Anschluss nach Poznań wartete, von einem alteingesessenen Frankfurter anhören, wie „furchtbar" das jetzt sei, dass die Polen alle „ryber" kommen und „ihren Krempel vakoofen" würden. Er hatte, wie ich dann erfuhr, „ooch keene Arbeit", doch schien gerade die eventuelle Parallele in der schwierigen Situation diesseits und jenseits der Oder seinen Ärger nur noch anzustacheln. Mehrfach betonte er es: dass er „*ooch* keene Arbeit" habe, um sogleich wieder über die Polen zu wettern, die jetzt „ryber" kommen und „ihren Krempel vakoofen." Was ihn eigentlich daran so störte, blieb sein Geheimnis. Es schien die bloße Präsenz zu sein. Die Veränderung an sich, die stattgefunden hatte. Dass es nicht mehr so war wie früher. Dass die einen hier und die anderen dort blieben. Und dass er keine Arbeit hatte, aber keinen „Krempel vakoofte", schien er sich hoch anzurechnen.

Mein zweiter Termin, bei der Augenärztin. Die Sehkraft hat sich ein wenig verschlechtert. Was zu erwarten war. Ich bekomme ein Rezept für eine neue Brille, und wenn ich jetzt schon auf der Expressspur bin mit meinen *badania okresowe*, kann ich es auch gleich einlösen. Also noch einmal an __NO _PAST vorbei, am *Hotel Kaliski*, in dem ich heute Abend schlafen werde, zum Optikerladen.

Die verbleibende Zeit bis zur HNO-Untersuchung nutze ich, um ein Glas Meerrettich zu kaufen, ein Glas Honigsenf (mehr passt nicht mehr in den Rucksack), in der Bibliothek des Collegium Polonicum meine entliehenen Bücher verlängern zu lassen und eine Weile unter den Linden am Oderufer zu sitzen.

Wie viele Male hatte ich in den vergangenen Jahren nicht am Fenster eines der zum Fluss hin gelegenen Seminarräume des Collegium Polonicum gestanden und gedacht, man sollte eine Sitzung pro Semester damit verbringen, nur auf die Oder zu schauen, die hier, vor der

Brücke, in so breitem Bogen fließt, dass der Himmel sich höher zu wölben scheint. Eine Seminarsitzung lang nur auf das Wasser schauen, auf die Grenze, die so schwer belastet war mit Ungelöstem. Nicht um das Ungelöste durch ein fadenscheiniges „Pantarei" weich zu spülen, sondern um das heute scheinbar Selbstverständliche in seiner vergangenen Dimension zu fassen.

Als ich mein erstes Semester in Słubice hatte, waren an der Brücke noch Reste der Grenzbauten erhalten. Hier steht in Schneiders Roman Gittie in der Schlange, in der sie Jan kennen lernt. Sicher enthält *Die Reise nach Jarosław* Aspekte, die der Zeit der Entstehung verhaftet sind, und die eine oder andere ideologische Färbung ist auch nicht zu übersehen – was die Geschichte umso interessanter macht für eine Interkulturelle Germanistik –, doch ändert das nichts daran, dass das Buch nach wie vor lesenswert ist. Sein Gestus einer einfühlenden Annäherung an Polen (zwei Jahre nach der Einführung des visafreien Reiseverkehrs zwischen der DDR und der Volksrepublik) ist zeitlos.

Doch zurück auf die Brücke. Ihren schönsten Ort haben sowohl Frankfurt als auch Słubice ohne Frage eben hier. Nach Norden wie nach Süden geht der Blick in eine Weite, die blinzeln lässt. Auf der deutschen Seite ist das Ufer durchgehend befestigt, eine schroffe Linie aus Stein und Beton. Das polnische Ufer schwingt sich mit sandigen Buchten und Schilf. Zwei Angler auf Klappstühlen, Kinder laufen mit einem Hund über den Trampelpfad. Auf dem Wasser spielen Sonnenreflexe. Filmszenen fallen mir ein – *Lichter ... Halbe Treppe ...*

Lichter vor allem scheint eigentümlich fern und nah

zugleich. Seit die Außengrenze der EU am Bug verläuft, schmuggelt hier niemand mehr Zigaretten, wie die beiden Jugendlichen es in der Geschichte tun. Und ich ertappe mich bei der Frage, was Katharina und Marko wohl heute machen.

Schmuggelszenen hatte ich seinerzeit oft genug erlebt. Wenn einige Kilometer vor Kunowice jemand auffällig unauffällig im Gang stand, um die Tür eines Abteils zu blockieren, die Vorhänge wurden vorgezogen, man hörte die Geräusche reger Geschäftigkeit, vor allem das meterweise Abziehen von Klebeband, mit dem die Zigarettenstangen aneinandergepappt und hinter die abgeschraubte Verkleidung der Heizungskanäle geschoben wurden. Gingen die Vorhänge wieder auf, saß eine Gruppe junger Männer im Abteil und spielte Karten. Waren Zoll und Grenzschutz dann in Frankfurt ausgestiegen, wurde das Abteil erneut blockiert, abermals hörte man im Innern reges Werkeln. Bis die Ware aus dem Versteck geborgen und wieder in den Taschen verstaut war, und die Gruppe, in sichtlich gelöster Stimmung, eine Flasche kreisen ließ.

Zum dritten Mal für heute in der Poliklinik. Der Flur im vierten Stock ist leer. Niemand wartet vor den Sprechzimmern. Mein Termin wäre in einer Viertelstunde.

Die Frau am Tresen blättert in Papieren:

„Badania okresowe … das waren die Arbeiten in der Höhe, oder? … Nein? … Nicht in der Höhe? … Ach so, von der Universität … aber egal, Sie können schon zur Frau Doktor rein, ist nichts mehr los heute …"

Mit dem stimmbildenden Apparat ist alles in Ordnung. Ich bin *zdolny do pracy*. Arbeitsfähig. Für den nächsten Zeitabschnitt. Und mit dem Gefühl eines erfüllten Tages gehe ich zum Hotel.

Die Frau an der Rezeption überlegt eine Weile. Im Hof hätten sie eine Garage, aber da müsste sie erst fragen, welcher Kollege den Schlüssel ...

„Wissen Sie was, nehmen Sie Ihr Fahrrad einfach mit aufs Zimmer. Dann sind Sie auch unabhängig, und wenn sie morgen zeitig loswollen, müssen Sie niemanden suchen, der Ihnen aufschließt. In den Lift passt das Fahrrad locker rein, der ist groß genug ...“

Im Zimmer widme ich mich als erstes dem Defekt. Träufele Sekundenkleber in den Riss. Drücke die Stelle zusammen. Es scheint zu funktionieren. Ich warte eine Weile, trage mehrere Schichten auf. Die Verkleisterung härtet solide aus.

Ich lege mich aufs Bett, lese weiter in den *Novembernächten*. Lasse mich treiben mit dem Bild im Fenster. Die Ziegeltöne der Dächer, Sommerwolken, Tauben auf Firsten und Antennen. Und während ich, halb lesend, halb in Gedanken mich verlierend daliege, der Blick zu den Baumkronen gleitet, den Pappeln und Birken, deren Laub grünsilbern flimmert im Wind, verbindet sich mir Potoks Familiengeschichte mit dem Namen des Hotels ... Hotel Kaliski ... *Statut kaliski*, das *Statut von Kalisch*, 1264 ... jenes erstaunliche Dokument weit reichender Privilegien und Garantien für die jüdische Bevölkerung im polnischen Königreich des Mittelalters.

Die Zeiten verschwimmen, das eben Gelesene vermengt sich mit anderen Zeilen, anderen Sätzen. Und sonnig hell leuchtet über meinem Dämmerschlaf das Fensterbild.

*

La vie est belle.

Die beiden Kellnerinnen sprechen fließend Polnisch, mit melodisch weichem ukrainischem Akzent, und am Tisch hinter mir haben sie auch mit einer Bestellung auf Deutsch keine Schwierigkeiten.

Dort ist von zahllosen Ausflügen die Rede. Die beiden Ehepaare, Mitte Fünfzig, müssen seit Jahresbeginn an jedem Wochenende unterwegs gewesen sein, von einer Pause während des Lockdowns abgesehen. Mehrfach kommen Halle und Jena vor, Leipzig und Dresden, und immer sind es zwei Kategorien, nach denen sie die besuchten Lokale bewerten: dass man „schön essen" und „schön sitzen" könne. Beides loben sie auch hier ohne Einschränkung. Und „dass die polnischen Kellnerinnen jetzt doch immer öfter wenigstens ein bisschen Deutsch können" – das finden sie „*sehr* lobenswert".

Erstaunlich die Präzision, mit der sie sich erinnern, was sie wann und wo gegessen haben. Und zu welchem Preis. Mehrfach vergleichen sie das seinerzeit an allen möglichen Orten Genossene mit den hiesigen Preisen, rechnen von Złoty in Euro um und finden, dass es in Polen „doch immer noch *sehr* günstig" sei.

Die Piroggen mit Spinat und Gorgonzola sind ein Gedicht. Dazu das regionale Piwo Lubuskie. Himmel am Gaumen.

Die Pfiffe der Mauersegler, leuchtende Fäden auf dem Samt des Abends.

Hinwandelnd durch das dämmervolle Städtchen … Für Momente bin ich versucht, eine Variation auf den alten Klassiker zu verfassen. Stattdessen bestelle ich noch ein Bier und lasse es gut sein. Begebe mich zeitig Richtung Bett.

The borderland – that's where, if one knew how,
one would establish residence.
(Denise Levertov, *The borderland …*)

Schon vor dem Weckerklingeln bin ich wach.

Der Himmel ist wattig bedeckt. Von Frankfurt Richtung Süden sollte es aber bis Mittag halten, die angekündigten Schauer werden erst am frühen Nachmittag kommen, wenn ich auf dem Weg nach Fürstenwalde bin.

Das Frühstücksbuffet ist eine Verführung sondergleichen. Von einer solchen Vielfalt, dass ich mich beherrschen muss. Sonst lege ich mich gleich wieder hin, anstatt aufs Rad zu steigen

Der Kreisverkehr, die Brücke, ein Stück noch durch Frankfurt, im mäßigen Verkehr des Morgens. Als ich hinter dem Viadukt in das Waldstück eintauche, bin ich schon allein.

Die Serpentinenschwünge, die mich auf die Höhe bringen, münden auch heute in den elektrisierenden Moment jeder Tour, die von Frankfurt aus nach Süden führt. Magie des Beginns – die Reifen summen auf der Allee nach Lossow, die Landschaft wird felderweit. Ich lasse die Kette auf „Langstrecke" klickern, finde mich in den Rhythmus.

In Lossow ist niemand zu sehen. Auch in Brieskow-Finkenheerd sind die Straßen leer. Jetzt macht der Radweg eine Kehre, führt wieder an die Oder. In einer langen Geraden geht es auf den grünen Wall der Baumkronen zu, die das Ufer säumen. Wasservögel glucksen im wuchernden Grün zur Linken, reglos der Spiegel des Brieskower Sees.

An dem Stein, der an die Erneuerung des Oderdeichs erinnert, halte ich an, prüfe den Hinterreifen. Der Riss ist dicht, die Versiegelung hält.

Kilometerweit begegne ich niemandem. Auf einer Wiese eine Schar Gänse. Reiher streichen übers Schilf. Ein Riese von einem Hasen, der neben dem Radweg gefrühstückt hat, fegt wie ein geölter Blitz zwischen die Erlen.

Über Brandenburg staucht sich die Wolkendecke dunkler zusammen. Aber noch hängt das Ganze recht hoch, Wind ist kaum zu spüren. Von Osten her dringt eine Ahnung Morgensonne durch die Watte. Und plötzlich ist er wieder da – im Takt der Pedaltritte stellt er sich ein, der erste Satz des Einfachen Berichts:

„Ein Gewitter ging nieder über dem Oderbruch …"

Nach unserem Umzug nach Berlin hatten wir bald Kontakt zu einer deutsch-polnischen Familie gefunden. Es war die erste nähere Begegnung, die uns die Ankunft sehr erleichterte. Häufig trafen wir uns auf den Spielplätzen beim Schustehruspark, von unserer Wohnung aus in wenigen Minuten zu erreichen, und für die Familie, die damals auf der Mierendorffinsel wohnte, war es ebenfalls nicht weit. Unsere Töchter spielten miteinander, die Eltern erzählten sich, auf welchen Wegen sie nach Berlin gekommen waren.

Neben dem Spielplatzareal, den Basketball- und Bolzplätzen verläuft ein mit Gras bewachsener Streifen Kopfsteinpflaster, dahinter liegt das stille Sackgassenende einer Straße. Wir mussten uns ein paar Mal dort verabreden, ehe ich es bemerkte – die Fritschestraße!

„Das Warten auf Gudrun in der Fritschestraße: vom Balkon aus sah man die Straße hinunter, hörte man schon von der Bismarckstraße an das Klopfen der Dieselmotoren der Taxis. Aber sie bogen rechts ab in die Zillestraße oder aber, wenn sie bis in die Sackgasse kamen, die durch die Absperrung gebildet wurde, die man errichtet hatte, um Durchgangsverkehr zu verhindern, denn das Haus, in dem wir wohnten, lag in einem Senkungsgebiet auf dem Gelände eines ehemaligen Karpfenteiches und neigte sich bereits so, daß nur noch ein Flügel bewohnt werden konnte, dann entstiegen, bis fünf Uhr morgens, andere Personen den schwarzen Mercedes-Droschken."

Ein Foto, entstanden im Frühsommer 1968, auf dem Balkon dieser Wohnung, zeigt einen unbeschwerten Augenblick. Vater und Sohn. Es ist das einzige Foto in Gerd Koenens Buch *Vesper, Ensslin, Baader*, bei dem ich das Gefühl habe, Bernward Vesper ohne Verkleidung zu sehen. Keine Rolle, in die ihn die Eltern gesteckt hätten; kein Posieren, mit dem er versucht hätte, sein eigenes Wunschbild zu erfüllen. Nicht der „feine Pinkel", Sohn der Gutsherrenfamilie; nicht der Revoluzzer, der den Sohn des Gutsherrn und NS-Schriftstellers um jeden Preis zerstören will. Nur ein junger Vater, der seinen Sohn hält. Und beide machen das gleiche Mündchen.

Wenn ich etwas in der Gegend zu erledigen hatte, nahm ich jetzt den Umweg über die Haubachstraße, fuhr am Spielplatz vorbei, durch das Nasse Dreieck, bog in das stille Sackgassenende ein. Selten war hier ein Auto unterwegs. Die Schatten der Bäume auf dem Pflaster, die Fassaden trugen die leeren Balkone.

Bilder, in denen die Zeit stillstehen wollte … Und natürlich war es Einbildung, war selbst gestrickte Suggestion. In der heutigen Straße stand nichts still, es war ein Stück der Stadt wie jedes andere auch, und ebenso gegenwärtig wie die hektische Geschäftigkeit auf der Kaiser-Friedrich-Straße, wenige Ecken weiter, waren die Schatten der Bäume auf dem Pflaster, waren die so zeitverloren wirkenden Balkone.

Eine zweite Erwähnung der Straße spricht ebenfalls von der Einsamkeit des Verlassenen – der seinerseits alles getan hatte, diese Beziehung auf härteste Proben zu stellen: „… der Schlüssel der Fritschestraße, ein Schnappschloß, die Küchentür stand weit offen, das Grau des Tages kam vom Hinterhof herein, und Gudruns Tür war verschlossen [: Andreas!]. Und ich holte mir die Wiege mit Felix ans Bett und schlief ein unter seinem Schnuffeln."

Krumme Straße 66. Das Relief von Alfred Hrdlicka vor der Deutschen Oper. Eine Gedenktafel erinnert an jenen 2. Juni 1967, als ein Obduktionsbericht einen Gehirnsteckschuss kurzerhand in einen Schädelbasisbruch verwandelte. Dass der Polizist, der den tödlichen Schuss abgegeben hatte – angeblich in Notwehr gegenüber einem unbewaffneten Studenten (was ihm sofort geglaubt wurde) –, dass dieser Polizist für die Stasi tätig gewesen war, kam erst viel später ans Licht. Was für ein Irrsinn ideologischer Verschlingung. Hätten die damaligen Akteure bereits erfahren können, wer der Polizist gewesen war – hätte die weitere Entwicklung einen anderen Verlauf genommen?

Angeblich haben es Vertreter der Berliner Polizei mittlerweile fertiggebracht, eine Art Entschuldigung von sich zu geben. Wollte man es entsprechend hochrechnen, müsste sich in der nächsten Generation von Beamten des Verfassungsschutzes jemand für die Verstrickungen in die Verbrechen des NSU „entschuldigen". So um 2060 / 2070 herum – wenn alles gut geht – könnte damit zu rechnen sein.

Auch der Tegeler Weg, durch den wir fuhren, wenn wir die befreundete Familie besuchten, war auf dem Stadtplan „West-Berlin 68" markant verzeichnet. – Ein Trupp Polizei, in den Tschakos und den langen, dunkel glänzenden Mänteln, die ungute Assoziationen aufrufen, im Laufschritt auf der Schlossbrücke, hinter ihnen wölbt sich der prägnante Stahlbogen. Berittene Polizei, im Galopp auf dem Bürgersteig. – Die Kreuzung Tegeler Weg / Mierendorff- / Tauroggenerstraße, nach einem Hagel von Pflastersteinen.

Fotos, die schwer zu fassende Gefühle in mir auslösten. Als sollte ich den Stuttgarter Platz, die Deutsche Oper, die Krumme Straße, den Tegeler Weg in einem Akt des nachgetragenen Verstehens zu einem Bild zusammenfügen, dessen Aussagekraft ich vor allem zu prüfen hätte an den Einsichten, die ich in den 17 Jahren jenseits der Oder gewonnen hatte.

Die Mythen leben vielfach ungebrochen weiter. Was umso trauriger stimmen muss, als wahrhaftig nichts nötiger gewesen wäre als eine Auseinandersetzung mit der deutschen Barbarei. Wenn man sich ansieht, welch Steine Fritz Bauer in den Weg gelegt wurden, wie übel Joseph Wulf mitgespielt wurde. Wenn man sich die Geschichte des Anwalts Hans Deutsch vor Augen führt, der im Finanzministerium der alten Bundesrepublik verhaftet wurde, weil er es gewagt hatte, Restitutionsverfahren zu führen – eingefädelt hatten diese Verhaftung die alten NS-Seilschaften, die in jeder Behörde, jedem Ministerium der alten Bundesrepublik saßen. Wenn man sich daran erinnert, wo Verfassungsschutz und BND ihre Anfänge genommen haben. Wenn man sich die Exkulpationen Adenauers ins Gedächtnis ruft. Die milden Strafen für NS-Massenmörder. Die zahllosen Massenmörder, die gänzlich straffrei ausgingen – wie etwa Heinz Reinefarth.

Ein fataler Fehler allerdings wäre es zu glauben, die brachiale Rhetorik, die schließlich in die RAF mündete, sei ein Beweis für eine tatsächliche Auseinandersetzung mit den deutschen Verbrechen gewesen. Was so dringend nötig gewesen wäre, hat nur in überschaubar geringem Maße stattgefunden, und zumal unter den Achtundsechzigern genügte vielen der selbstherrliche Ton. Den Gipfel verblendeten Schwachsinns mag Ulrike Meinhofs Äußerung nach dem Attentat auf die israelischen Sportler in München 1972 markieren: Das

Massaker im olympischen Dorf sah sie als „Ausdruck wahren proletarischen Bewusstseins" an.

Wie erschreckend weit der infantile Robin-Hood-Mythos der RAF ausgestrahlt hat, ist etwa auch an dem Gespräch zwischen Claus Peymann und Gabriele von Lutzau zu sehen. Die Herablassung, mit der Peymann der Frau begegnet, die Chefstewardess an Bord der entführten *Landshut* gewesen ist, verschlägt einem die Sprache. Sturheil vertritt der glanzvolle Großregisseur den Standpunkt, Gabriele von Lutzau habe einen zu engen Blickwinkel, mit anderen Worten, sie sei nicht in der Lage, das epochale Wirken der RAF zu erkennen, da sie sich krampfhaft festklammere an dem, was sie damals in dem Flugzeug erlebt habe. Mit noch einmal anderen Worten: Gesehen zu haben, wie der Kapitän Jürgen Schumann mit einem Kopfschuss ermordet wurde, und selbst ständig die Mündung einer Waffe vor Augen gehabt zu haben – diese Verengung der Perspektive verstelle ihr den Blick. Letztlich ... nun ja, verständlich, deshalb nehme er, der großartige Peymann, ihr das auch nicht übel. Aber es sei eben doch ein fundamentaler Fehler. Wer den Terrorismus auf den Terror beschränken wolle, könne die größeren Zusammenhänge leider nicht verstehen usw. usf.

Das Buch von Stefan Aust. Das Buch von Pieter Bakker-Schut. Markante Sätze, die so viel hatten besagen wollen. In der nach Mitternacht heiß geredeten Atmosphäre einer Kneipe.

Stammheim. Im asta-Filmclub damals. Auf einem Klappsitz des Hörsaals, in dem ich wenige Stunden vorher in einer *Kleist*-Vorlesung zum ersten Mal das Wort

Teichoskopie gehört hatte. Da lag *Die Reise* schon zerlesen in Reichweite.

Der Film entließ mich in äußerst gemischte Gefühle. Die Theatralik wirkte künstlich. Alles schien auf den Effekt berechnet. Ulrich Tukur als Baader ging mir von einem bestimmten Moment an nur noch auf die Nerven. Nicht weil ich mir Baader anders vorgestellt hatte (ich wusste nicht, wie ich mir Baader hätte vorstellen wollen), sondern weil mir diese Form der Dramatik aufgesetzt und überzogen erschien. Und je mehr die Figur in dem Film auftrumpfen wollte, desto mehr verlor sie für mich an Glaubwürdigkeit. So sehr ich damals in trotziger Naivität bereit gewesen wäre, Heinrich Bölls fragwürdigem Wort vom „Krieg der sechs gegen die sechzig Millionen" etwas abzugewinnen (weil es so schön griffig klang) – dieser Film hinterließ ein Unbehagen.

Messer im Kopf empfand ich dagegen als zutiefst beklemmend. *Die bleierne Zeit* wiederum wirkte allzu betont gewichtig, allzu pädagogisch. Einzelne Gedanken, die einleuchten wollten, das Ganze aber von einer schwer zu ertragenden Bedeutungssucht.

Vesper hatte – bei allen Gewaltphantasien, die *Die Reise* enthält – den Schritt in den Untergrund nicht getan. Was ihn zurückgehalten hatte? Felix? Darüber ließ sich nur spekulieren, doch in eben diesen Spekulationen liegt mehr an Möglichkeiten als im terroristischen Amoklauf. Und Zweifel zu haben – gerade das hatte als schlimmster Rückfall in die „Bürgerlichkeit" gegolten.

Mit dem Rücken zur Wand – so wollte es meine Deutung damals –, hatte Vesper begonnen, um sein Leben zu schreiben. Und hatte verloren. Als ich in einem Aufsatz zur Literatur von 68 auf einen Hinweis zu Hermann Kinders *Der Schleiftrog* stieß, lieh ich mir das Buch sofort aus, las es noch am selben Nachmittag. Und war tief enttäuscht. Wie glatt dort alles vonstatten ging. Sicher, es gab die Orientierungslosigkeit des Studenten, da fand ich einiges wieder (in einer Vorlesung im ersten Semester nicht wissen, wie man „Lukatsch" schreibt, von den unglücklichen Lieben ganz zu schweigen), doch war das alles viel zu rasch vorbei und ausgestanden. Wie ein Fieber, das vergeht. Ich aber wollte keine Lösung. Ich wollte den Beweis der Ausweglosigkeit. Und immer tiefer vergrub ich mich in die *Reise*.

Ich weiß auch noch, wie ich mich nach Markus Imhoofs Film geradezu zurück geflüchtet hatte in die Lektüre. Die plötzliche Sichtbarkeit – Vesper, sein Vater, die Mutter – Sätze, die gelesen ihre Wucht entfalteten – aus dem Mund eines Schauspielers, einer Schauspielerin, klangen sie erschreckend banal. Doch steckte noch mehr dahinter als die Irritation angesichts der Übertragung des Textes in Bildsequenzen und Dialogpassagen. Ich brauchte eine Weile, um es zu verstehen. Es hatte mit der diffusen Hoffnung zu tun, der Film könnte – endlich – zum Schlüssel werden, könnte die dunklen Stellen des Textes erhellen, Antworten geben auf die Fragen, in denen sich meine Lektüre immer wieder verfing. Dass dieser Irrtum allein auf meine Kappe ging – das versteht sich von selbst.

Als ich auf den Beitrag „Peinliche Zeiten" stieß, mit dem sich Henner Voss an Bernward Vesper erinnert, zeigten sich erste Risse in dem Bild, das ich mir gemacht hatte. Nach meiner Version hätten sich die Verirrungen aus den einschlägigen Ursachen ergeben sollen und nicht aus Vespers Unfähigkeit, sich aus den Prägungen zu lösen, die er doch vermeintlich längst durchschaut hatte. (Die auf Buchform gebrachte Version dieser Erinnerungen, 2005 erschienen, war wiederum eine herbe Enttäuschung. Auf Wirkung berechnet und in einer Sprache gehalten, die der damaligen Zeit an vielen Stellen nicht entspricht.)

Den eigentlichen Aufschluss gab das Buch von Gerd Koenen. Ich las es bereits nach dem Umzug nach Berlin. Als die Fritschestraße, der Tegeler Weg, die Deutsche Oper, der Stuttgarter Platz, die Fahrten nach Frankfurt / Oder zum Anlass wurden, auch *Die Reise* noch einmal aus dem Regal zu nehmen.

Vespers Umtriebigkeit in den rechtsnationalen Milieus, seine ausufernde Korrespondenz mit allen möglichen Persönlichkeiten, die den „wahren deutschen Geist" gegen den „Ungeist" einer von den Siegermächten „manipulierten" Bundesrepublik verteidigen wollten. Sein unermüdliches Paktieren mit dem „Schnarchzapfen-Nazimurks" (Jörg Schröder), die ersten schriftstellerischen Versuche, die fortissimo in eben dieses Horn stießen. Der Dunstkreis Lippoldsberg, seine Verehrung für Hans Grimm. Später die Versuche, gemeinsam mit Gudrun die Werke Will Vespers neu aufzulegen. In West-Berlin dann die chamäleonhafte Biegsamkeit, mit der er sich in die linken Milieus einpasste. Wo er mit seinen Obsessionen in Bezug auf seinen „Nazivater" eben diesen Kreisen auf den Wecker ging. Und nur mehr zutiefst verstörend – nachdem Gudrun und Andreas Baader abgetaucht waren – die Übergriffe auf Gudruns jüngere Schwester Ruth. Wären es nur die Briefe gewesen, es wäre irritierend genug. Doch bei verquasten Worten ist es nicht geblieben. Ein Dreißigjähriger, der sich in einer katastrophal regressiven Abwärtsspirale befindet, kompensiert den Niedergang mit primitiver Orgasmuspsychologie, agitatorischem Jargon und pubertärpathetischen Larmoyanz-Floskeln, die nicht einmal mehr als schlechter Hölderlin durchgehen können. Einer Vierzehnjährigen (!) versucht er einzureden („carissima …"), sie beide wären schon immer füreinander bestimmt gewesen, die „andreas-chose" deutet er als „reaktion auf unsere [seine und Ruths] latente »beziehung«". Was in dem von Koenen als „Kleist-Brief" bezeichneten Schreiben an Details über Ruths Besuch in Berlin – zwei Jahre zuvor – zutage tritt, ist nichts anderes als entsetzlich. „Dokument einer wahnhaften Entgleisung" (Koenen). Wenn ihre ältere Schwester in der Wohnung in der Fritschestraße mit Baader im Bett verschwand, bedrängte Vesper Ruth, es den beiden gleichzutun. Im Rückblick „analysiert" er Ruths „oedipussituation", mit Gudrun als Mutter und ihm als Vater – der ihr zum „durchbruch zur identität" verhelfen möchte, „zur zerstörung der (an g gehefteten) mutterfixierung", „zur zersetzung [ihrer] sexuellen hemmung" … „unsere geschichte ist ja schon irrsinnig lang" … „o ja, ich weiß, du bist erst vierzehn, aber warum sollten wir nicht miteinander schlafen, wenn wir uns lieben?".

Zur Linken tauchen über dem Deich die beiden riesigen Schlote auf. Wenn ich die nächste, weitgeschwungene

Biegung der Oder hinter mir habe, werden sie sich ans rechte Ufer verschieben.

Kraftwerk Vogelsang, auch Wernerwerk genannt, Teil eines NS-Projektes, mit dem – nach der Niederlage in Stalingrad – die Stromerzeugung gesteigert werden sollte für den „totalen Krieg". Fünf Großkraftwerke waren geplant gewesen. Albert Speer, seit Anfang 1942 auch Generalinspektor für Wasser und Energie, sollte den Wahnwitz leiten. Auf allen fünf Baustellen schufteten sich KZ-Häftlinge zu Tode. Keines der Kraftwerke ging bis Kriegsende ans Netz.

Auf der zur Oder zeigenden Seite der Schlote sind mehrere große Löcher zu sehen, Spuren russischen Beschusses, aus den Kämpfen um die Überquerung der Oder. Was sich abschrauben ließ in dem halb fertigen Kraftwerk, wurde nach 1945 in die Sowjetunion abtransportiert, übrig blieb der Stahlbeton. In den 1970er Jahren nutzten Betriebskampfgruppen das Areal als Übungsplatz. Nach der großen Oderflut 1997 sollte der Koloss abgerissen bzw. gesprengt werden. Da traten Naturschützer auf den Plan. Es ging um Fledermäuse und seltene Vogelarten. Mittlerweile hat angeblich ein niederländisches Unternehmen das Gelände samt Ruine ersteigert. Was sie damit anfangen wollen, weiß offenbar niemand so recht. Eine Tafel, die erläutern würde, was man hier vor sich hat – dass hier Menschen zu Tode geschunden wurden –, sucht man vergebens.

In Walter Schumachers *Die Brücken an Oder und Neiße. Eine Spurensuche entlang der deutsch-polnischen Grenze* wird die Ruine als „Fledermausparadies" apostrophiert. Der Bau des Kraftwerks bleibt im Passiv stecken. Es „wurde" errichtet. Von wem? Zu welchem Zweck? Darüber erfährt man nichts.

Natürlich hat auch die Eventmanie den Ort schon in Beschlag genommen. Vor kurzem hatten zwei Kletter-freaks eine Hängematte zwischen den Schloten aufge-spannt und ihr spektakuläres Frühstück in schwindeln-der Höhe mit einer Drohne gefilmt. Google-Rezensionen schwärmen vom „Gigantischen" der Anlage. – „Für jeden architektonisch und historisch Interessierten ein Muss." – „Tolle location für Fotos!" – Eine Carola Jacob ist allein auf weiter Flur mit ihren deutlich reservierten Worten: „Ich habe kein gutes Gefühl dabei, Touristen in diesen Ruinen herumkraxeln zu sehen. Bleibt draußen und schaut es euch vom Oderdamm an!!!"

Die Schönheit des üppigen Grüns, die Schönheit des Flusses, der so sanft, so still usw. Es ist nicht erfahrbar ohne die Brechung, nicht erfahrbar ohne das Wissen. Heilung? Weit stärker empfinde ich das Gegenteil. Das Unrecht von damals, Menschen, die hier gequält wur-den, ihr Leben verloren – wie sollte das „geheilt" werden mit Vegetation? Vor dieser Ruine muss ich jedes Mal an Armandos Text „Schuldige Landschaft" denken.

Das „Schöne" einer Landschaft ist nicht zu trennen von dem, was in ihr geschieht. Hier liegt der größte Denkfehler des romantischen Eskapismus. Natur als das heiliggroße Andere, der magische Gegenentwurf zu den Zwängen der Gesellschaft? Das kann nur postulieren, wer außer Acht lässt, dass Natur auf Schritt und Tritt die Spuren der Geschichte trägt. An wie vielen Stellen in Mit-teleuropa befindet sich unter der Idylle einer heutigen Wiese an einem lauschigen Waldrand ein Massengrab?

Vermutlich ist es unsere Sehnsucht nach einem vermeintlichen Aufgehobensein in größeren Kreisläufen und Ordnungen, die uns von harmonischer Natur phantasieren lässt. Die hübsche Metapher von der „Chiffrenschrift" der Natur, der ganze Galimathias von der „progressiven Universalpoesie" – außer kolossalen Missverständnissen hat es nichts gebracht.

Vor allem vollzieht die deutsche Romantik mit ihrem Naturbrimborium nicht wirklich eine Heiligung des Lebens. Bei näherem Hinsehen offenbart sich recht bald, worauf die Sache hinauslaufen soll: auf eine Heiligung des Künstlers nämlich. Eben darin ist das Fatale schon angelegt – der Anspruch des Elitären, der Hand in Hand geht mit der Verachtung des Gewöhnlichen, der Verachtung der Masse. Daraus eine Ideologie zu schmieden, ist leider kinderleicht. Wie auch die pauschalisierende Annahme, Natur sei das per se Gute, einen Weg bahnt in die Grausamkeit. *Natur* – das ist das Recht des Stärkeren. Rücksicht, Mitleid, Menschlichkeit – das sind Errungenschaften der Kultur. Und anders als durch Sozialisation sind diese Verhaltensweisen nicht zu erwerben. Heine hatte es gewusst. Seine Sätze über den deutschen Donner, der so träge und behäbig ist, dann aber, eines Tages, derart krachen wird, dass die Französische Revolution sich daneben ausnimmt wie ein Vaudeville – man kann sie nicht oft genug lesen.

Das Werk von Bruno Schulz ist vielleicht das beste Beispiel, wie eine kreative Auseinandersetzung mit dem Phantastischen und Wunderbaren aussehen kann, die ohne die fadenscheinige Konstruktion eines vermeintlichen Gegensatzes zwischen einem „poetischen Gemüt" und einer „dürftigen Zeit" auskommt. Dieser Antagonismus dient ohnehin letztlich nur dazu, dem Eskapismus Argumente zu liefern und den Künstler in seiner vermeintlichen Auserwähltheit zu bestätigen. Für Schulz hingegen ist die Existenz als solche das Mysterium, und an diesem haben alle seiner Figuren teil, rund um die Uhr. Die Schulz'sche Poetik hat ihre Quellen in der jüdischen Mystik, und das an sich Subversive, das diese Denktradition mit sich bringt, steigert sich in der spezifischen Variante eines literarisch-häretischen Messianismus einmal mehr zu einer Weltdeutung, die der Priester und Literaturwissenschaftler Alfred Wierzbicki treffend als „antitotalitär" bezeichnet hat. Mit diesem Werk, das weder ein Zentrum besitzt noch eine Hierarchie, ist wahrhaftig kein ideologischer Staat zu machen.

*

Die Ruine des Wernerwerks lässt mich immer auch an die „Idylle" denken, die Goebbels sich am Bogensee hatte errichten lassen – dank aller möglichen krummen Beziehungen, denn eine Baugenehmigung war für das damals schon geschützte Landschaftsareal zu allerletzt vorgesehen gewesen.

Von der S-Bahn-Station Bernau aus war ich mit dem Fahrrad dorthin gefahren. Als Erstes gelangt man – nach längerer Fahrt durch ein einsames Waldgelände – in das weitläufige Areal der ehemaligen Jugendhochschule der FDJ. Die pompöse Anlage, ursprünglich auf Wirkung im Raum berechnet, hat sich durch die ungebändigte Vegetation, die jeden Winkel erobert, in eine seltsame Mischung aus verrottetem Größenwahn und wuchernder Pflanzenwildnis verwandelt. Jeden Eindruck einer eventuellen Faszination verhindert allerdings das Wissen um diesen Ort. Und die ersten Anfänge der Institution hatten sich – ehe das Ganze im großen Stil ausgebaut wurde – noch im Haus von Goebbels eingerichtet. Berührungsängste gab es keine.

Stefan Berkholz, Autor des aufschlussreichen Buches *Goebbels' Waldhof am Bogensee. Vom Liebesnest zur DDR-Propagandastätte*, hat mehrfach mit Nachdruck die Geschichtsvergessenheit angeprangert, die die Stadt Berlin – gleich in welcher Legislaturperiode – an den Tag legt. Diese Kritik ist vermutlich berechtigt. Trotzdem frage ich mich, ob es nicht tatsächlich auch ein Ausweg wäre, das Gebäude ganz einfach abzureißen. Was könnte dort entstehen? Ein Museum? Aber was wollte man dort zeigen, was nicht an anderen Orten längst zu sehen wäre?

Berkholz plädiert für eine profunde Darstellung der Verstrickung der späteren Diktatur in die Hinterlassenschaften der früheren. Um einen solchen Plan mit der nötigen Sorgfalt umzusetzen, bedürfte es eines großen Aufwands. In einem der Gebäude der ehemaligen Jugendhochschule wäre das wahrscheinlich zu leisten. Vorausgesetzt, es fände sich ein Gremium, das eine entsprechende inhaltliche Betreuung gewährleisten könnte. Aber ob das „Waldhof"-Gebäude dafür gebraucht würde? Solche Orte bergen immer die Gefahr – gleich wie sehr man sich auch um eine kritische Vermittlung bemühen wollte –, dass sie am Ende doch einen kontaktmagisch faszinierenden Schauder ausstrahlen. *Hier* hat er gewohnt, *hier* hat er gesessen, *hier* hat er geschlafen (mit seinen Schauspielerinnen-Geliebten), *hier* hat er gesehen, was wir jetzt sehen, den Wald, den See ... Niemand braucht das. Und es dient auch nicht der Aufklärung. Die Verstrickung der beiden deutschen Diktaturen lässt sich darstellen, ohne dass man den authentischen Ort dafür benutzt.

Das Heikle bei der Auseinandersetzung mit der NS-Vergangenheit – wie im Übrigen bei jeder Auseinandersetzung mit einem Terrorregime – ist immer die verborgene Faszination für die Täter. Die Täter aber sind uninteressant. Sie haben ihre Taten begangen, doch zu glauben, dahinter gäbe es irgendein Rätsel, an dem wir uns abzuarbeiten hätten, ist schon zu viel der Huldigung. Die Opfer sind es, die unsere Aufmerksamkeit verdienen, unsere Erinnerung, unsere Gedanken.

Joachim Fest etwa hatte es zur Meisterschaft gebracht in der Disziplin der Geheimniskrämerei um einen NS-Verbrecher. *Die unbeantwortbaren Fragen. Gespräche mit Albert Speer.* Ein Zinnober sondergleichen. Es liegt alles offen: Albert Speer war ein skrupelloser Opportunist und Verbrecher, karrieregeil bis zum Gehtnichtmehr, und als ihm dämmerte, dass es eng werden könnte, hat er auf Teufel komm raus gelogen, um seinen Hals zu retten. Das ist alles. Mehr gibt es nicht zu sagen. Wie man das wieder und wieder zum großen Mysterium aufblasen, zu einem angeblichen biographischen Rätsel hochstilisieren kann, ist mir schleierhaft.

Solche Gedanken stoßen natürlich rasch auf Widerspruch. Aber nein, das sei doch wichtig! Man müsse doch verstehen, was die Täter angetrieben habe, nur so könne man verhindern ... usw. usf. Das Gegenteil trifft zu: Solange die Täter wichtiger sein sollen als die Opfer, kann es keine aufrichtige Erinnerungskultur geben. Und wie anders, wenn nicht durch Faszination, wäre zu erklären, dass ein derart schauerlich schlechtes Machwerk wie *Er ist wieder da* über den grünen Klee gelobt wird? Das Buch ist schon zum Davonlaufen, und der Film ist es erst recht. Wenn ein von Grund auf völlig falsch konstruiertes, zudem derart vulgär zusammengezimmertes gedankliches Konzept Ausdruck einer differenzierten Auseinandersetzung mit der deutschen Barbarei sein soll, dann kann ich nur sagen: Gute Nacht! Und der Gipfel des Ganzen ist der Einfall des Verlags, das Machwerk für 19,33 zu verkaufen. Dann sollte doch am besten gleich noch ein Schinken nachgeschoben werden, der für 19,42 auf den Markt kommt – das war das Jahr der Wannsee-Konferenz. Wäre das nicht auch wahnsinnig witzig?

Damals ging ich noch über den matschigen Pfad zum Bogensee hinunter. Stand eine Weile am sumpfigen Ufer, zu dem umgestürzte Bäume und Schilf den Zugang erschweren. Der Wald war so hoch, dass das Haus vom Ufer aus nicht mehr zu sehen war. Hätte man nicht gewusst, was es mit diesem Ort auf sich hatte – das Plätschern der Wellen verriet davon nichts.

*

Fürstenberg, der älteste Teil von Eisenhüttenstadt. Kopfsteinpflastergassen, restaurierte Häuser, malerischer Marktplatz. Historische Bausubstanz und Menschenleere. In Słubice war heute früh um sechs mehr los auf den Straßen als hier um kurz vor halb neun.

Ich halte vor dem Denkmal für die sowjetischen Soldaten, die bei der Erkämpfung des Übergangs über die Oder gefallen sind. Zwei Leutnants, ein Stabsfeldwebel, zwanzig Namen von Rotbannermatrosen. 17. April 1945. Bernward Vesper war fast sieben gewesen, als diese Kämpfe stattgefunden hatten. An einem der Abschnitte dieser Front verlor sich die Spur von Andreas Baaders Vater, nach einem Gefecht an der Oder galt er als vermisst.

17. April 1945 – zweieinhalb Monate nach der Errichtung des ersten Brückenkopfs bei Kienitz. 1970 wurde dort ein Denkmal errichtet. Ein T 34 auf einer mächtigen Podestplatte, eine Tafel: „31. JANAUAR 1945 – KIENITZ / Erster vom Faschismus befreiter Ort / auf unserem Staatsgebiet. / Ruhm und Ehre den Kämpfern / der 5. Stoßarmee und der 2. Gardepanzerarmee." In dem kleinen Dorf wirkt das Denkmal umso wuchtiger.

Zweieinhalb Monate. Was müssen diese Tage bedeutet haben für die Häftlinge in den Hunderten von Lagern? Entkräftet, krank, ausgemergelt. Wenn Nachrichten durchsickerten, dass die Rettung, die so nahe war, so langsam nur vorwärtskam. Der Brückenkopf in Kienitz wurde erbittert umkämpft. Wie viele Wochen liegen zwischen seiner Errichtung und der Schlacht um die Seelower Höhen! Für einen völlig entkräfteten Menschen kann ein einziger Tag schon zu lange sein. Unzählige Lager, auf Todesmärsche getrieben, in eben diesen Wochen zwischen der Errichtung des ersten Brückenkopfes und der endgültigen Überwindung der Oder. Ein einziger Tag – in Gardelegen kostete er 1016 Menschen das Leben. Am 14. April 1945 rückten amerikanische

Soldaten in den Ort ein. Am Tag zuvor hatten deutsche Wachmannschaften 1016 Häftlinge in der Isenschnibber Feldscheune erschossen und verbrannt.

Hinter Eisenhüttenstadt wird die Senke zwischen Deich und Fluss zur Wasserwildnis. Riesige abgestorbene Bäume ragen wie grau verwitterte Skelette von Urzeitwesen aus den Tümpeln. Ein großes Areal ist mit einem versetzbaren Zaun abgegrenzt, Schafe weiden an der Böschung und auf den Wiesenstücken zwischen den überschwemmten Stellen. Zwei wollige Hütehunde haben mich schon entdeckt, kommen mit gurgelndem Bellen in meine Richtung gelaufen. Ein dritter liegt in einiger Entfernung im Gras, wenige Schritte nur vom Zaun entfernt. Da ich keine Anstalten mache, in das Terrain einzudringen, sehen seine Kollegen ihre Aufgabe bald als erledigt an, trollen sich zurück zur Herde. Der dritte liegt noch immer im hohen Gras, mit irgendetwas beschäftigt. Als ich auf seiner Höhe bin, sehe ich das rotbraune Fell, die blutig aufgerissene Bauchhöhle, in der er schmatzend leckt, sehe den verrenkten Kopf des Rehs, die glasig erstarrten Augen.

*

In alle Richtungen war ich mir entglitten, in den ersten Wochen des Stillstands in diesem Frühjahr, und je länger der Zustand dauerte, desto dringlicher brannte mir die Übersetzung auf den Nägeln, mit der ich längst hätte beginnen müssen: Kazimierz Wykas *Leben als ob*.

Morgen für Morgen dasselbe. Ich saß am Schreibtisch, starrte auf den Bildschirm. Starrte auf die erste Seite des

Buches. Und nichts kam zustande. Und dass ich wusste, wie wichtig diese Übersetzung war – Reflexionen zum Terror der deutschen Besatzung in Polen, ein Buch, das im polnischen Kanon als Klassiker gilt –, machte es nur schlimmer. Wenigstens die dringlichste Mailkorrespondenz halbwegs zu erledigen, erforderte schon eine ungeheure Anstrengung.

Dass draußen alles zum Erliegen gekommen war, wurde zum doppelten und dreifachen Fluch. Übersetzungsarbeit findet immer im Home Office statt, von einer Erschwernis meiner Arbeit durch den Lockdown konnte also nicht die Rede sein. Dieser Stillstand aber wirkte lähmend. Alle Veranstaltungen abgesagt, die privaten Treffen erloschen, kein einziger Termin mehr im Kalender. So vieles hätte Platz gefunden in diesen Tagen, doch von Muße keine Spur. Die Sorge um Eltern und Schwiegereltern. Ob sie den Alltag bewältigen würden, die Einkäufe, die Arztbesuche. Mit nichts anderem füllten sich die Tage als mit bleierner Leere.

Wykas Buch lag auf meinem Schreibtisch. Du musst beginnen! Und nichts kam zustande.

Kurz vor dem Lockdown hatte meine Frau einen Laden eröffnet, den sie jetzt mit einem Piroggen-Lieferservice über Wasser hielt. Daneben teilte sie sich mit den Kolleginnen und Kollegen im Schichtdienst das Büro für ihre Arbeit als Kunsthistorikerin. Sie arbeitete doppelt und dreimal so viel wie vor dem Lockdown, und ich hatte nichts weiter zu tun als zu übersetzen – und nichts kam zustande.

Ich versuchte, mich am eigenen Schopf aus dem fatalen Zustand herauszuziehen. In der Hoffnung, es würde gelingen, wie es auch in früheren solcher Phasen schon gelungen war: lesend. Den Kopf mit fremden Gedanken beschäftigen. Bis sich die eigenen wieder locken lassen. Im Lesen suchte ich das Fädchen, das mich noch mit mir selbst verband.

Charles Simic: *Die Wahrnehmung des Dichters.* „Lob der Invektive", „Romanze in Wurst". Augenblicke, in denen es etwas heller wurde. Ich las wie in Zeitlupe. Eine Seite. Eine zweite.

„Mit geschlossenen Augen auf einem harten Stuhl mit steiler Lehne an einem kühlen Morgen früh im September dasitzen. Genau so einfach."

„Bild: um sichtbar zu machen … Was?"

Zwischendurch bat mich unsere Tochter um Hilfe beim SaLzH (schulisch angeleitetes Lernen zu Hause). Dann saßen wir an ihrem Schreibtisch, und eine Erleichterung war es, mit ihr die Aufgaben durchzugehen. War die Schule für den Tag erledigt, übte sie Jonglieren mit drei Bällen. Nach dem geschätzt hundertsten *Drei-Fragezeichen*-Hörspiel hatte sie mich gebeten, es ihr zu zeigen. Wir übten zuerst das Werfen. Anfangs nur mit einem Ball. Von einer Hand in die andere. Dann mit zwei Bällen. Im richtigen Rhythmus. Dass für einen Moment beide in der Luft sind. Dann zwei Bälle in einer Hand. Beide in Bewegung halten. Dass sie möglichst in einer Linie steigen und fallen. Rechte Hand. Linke Hand. Nach einer Woche Lockdown konnte sie es mit dreien. Wurde jeden Tag sicherer. Bis sie die Bälle für zehn, fünfzehn, zwanzig Würfe in der Schwebe hielt.

Nach den Essays von Simic nahm ich mir Jean Améry aus dem Regal: *Die Schiffbrüchigen.* „Eugen erwachte.

Der kalte Aprilmorgen sah weiß und silbrig zitternd zum Fenster herein …"

Wie in allen Lektüren davor blieb ich auch jetzt wieder am Kirchleiten-Kapitel hängen. Am Röntgenbild der Waldeinsamkeit. Die kritische Distanz zur Schwärmerei (mit Leifhelms „Sichelmond und Abendstern"), das Wissen um die schiefen Achsen des Wunsch-Konstrukts, das Wissen um das Epigonale, ja Abgeschmackte der Gefühle. Was Améry später in den *Unmeisterlichen Wanderjahren* so subtil herausgearbeitet hat – hier ist es bereits präsent. Vor dem Verlust der Heimat. Vor der Barbarei.

Wenn Jerzy Stempowski schreibt, dass „in solchen Nächten" die Emigranten „ihre Flüsse" rauschen hören. Wenn es bei Améry später heißt, dass man die Sicherheit einer Heimat erfahren haben müsse, um sie nicht mehr zu benötigen. Wenn Vilém Flusser sagt, dass der tiefe Schmerz über den Verlust Prags sich in den Jahren seines Exils in die Bereitschaft verwandelt habe, jeden Ortswechsel zu vollziehen, der ihm nichts weiter mehr bedeutet hätte als ins Auto zu steigen und wegzufahren … Sollte der fragile Charakter einer Heimatempfindung nur zu erfassen sein über den tatsächlichen Verlust? Einzig ein Zyniker könnte sich wünschen, möglichst viele Menschen sollten die Erfahrungen Stempowskis, Amérys oder Flussers machen, damit sie zu ähnlichen Erkenntnissen gelangten.

„Heimat ist das, was gesprochen wird". Dieser Satz von Jorge Semprún stellt die kürzeste und präziseste Beschreibung des Phänomens dar. Jenseits der territorialen Fixierung, jenseits der unseligen Absolutsetzung der Sprache, die die einzelne Äußerung für sekundär hält.

Vor allem ist mit diesem Satz die Flüchtigkeit von Heimat beschrieben. Heimat ist kein Zustand, der sich einstellt und bleibt. Heimat ist ein Gefühl, das kommt und geht. Mitunter währt es nur wenige Augenblicke.

Primär ist das Gefühl der Fremdheit, der Distanz. Primär ist die Erfahrung, dass Nähe nur im Privaten, in persönlichen Kontakten geschaffen werden kann. „Gesellschaft" ist für mich schon eine recht abstrakte Größe, und umso mehr ist es die „Nation". Aber nicht, weil mir diese Belange gleichgültig wären, es geht um etwas Anderes. Ich kann nicht mit der *Gesellschaft* kommunizieren, ich kann nur mit Individuen kommunizieren. Und nicht die Gesellschaft tut dies oder jenes, es sind die einzelnen Personen.

Ich erinnere mich an Situationen, in denen an etwas entlegeneren Orten im Ausland Landsleute aus der Region der frühen Jahre aufgetaucht waren – Momente, in denen ein Nerv sich hätte regen können. In einem Dorf in der Bretagne, auf einem Campingplatz in England, auf einer einsamen Serpentinenstraße im Friaul. Die Sätze, die gewechselt wurden, erwiesen sich als reichlich enttäuschend. Der Nerv blieb stumm. Aber was erwartet man auch? Ein reiner Zufall, nichts weiter. Es sind Fremde, mit denen man nichts zu tun hat. Und man muss nicht auf Biegen und Brechen gerührt sein, nur weil jemand ein Kennzeichen am Motorrad oder am Auto hat, das auf den Landkreis verweist, in dem man vor x Jahren seine erste unglückliche Liebe erlebt und seine erste Zigarette geraucht hat.

Der Frakturschriftzug auf der Fahrertür eines Lkw, der in einem lauschigen brandenburgischen Dörfchen geparkt steht: „Führerhaus – Fahrer spricht Deutsch". Die Wolfsangeln auf den getönten Heckscheiben amerikanischer Pickups von der Größe eines Panzers. Aufkleber, die verkünden: „Die Indianer haben sich nicht gegen die Einwanderung gewehrt – jetzt gibt es sie nicht mehr." Das Patina-Schild an einem Gartentor: „Seltene Rasse. Besucher aus Seuchengebieten haben keinen Zutritt!" – Momente, in denen mir jede Heimat gründlich vergeht.

Nicht weniger irritierend als solche Vulgärbotschaften ist das permanente Herunterspielen des anwachsenden Rechtsextremismus im Namen einer vermeintlich aufgeklärten Toleranz. Wer „Toleranz für den rechten Rand" fordert, sollte die Dinge beim Namen nennen und Toleranz fordern für rassistische, antisemitische, sexistische und homophobe Gewalt. Damit wenigstens klar ist, wovon wir reden. Alles andere ist Augenwischerei.

Nein – ich bin nicht so naiv zu glauben, dass Rechtsextremismus ein Phänomen der ostdeutschen Provinz ist. Es ist auch anderswo ein Problem. Zum Beispiel auch in der Gegend, in der ich aufgewachsen bin. Über die Gesinnung an den dortigen Stammtischen mache ich mir keine Illusionen. Der Rechtsextremismus ist ein generelles Problem dieses Landes. Aber ich bin auch nicht so naiv zu glauben, es wäre hilfreich, den Rechtsextremismus im östlichen Teil Deutschlands herunterzuspielen mit dem Verweis auf die Westbiographien der Faschisten, die dort politisch so erfolgreich punkten. Und ich bin auch nicht so naiv zu glauben, dass Extremismus ein Phänomen extremer Gruppierungen sei. Die regelmäßig bemühte Besorgtheit, die nach jedem weiteren rechtsradikalen Verbrechen behauptet, extremes

Gedankengut sei „bedenklich weit in der Mitte angekommen" – damit suggerierend, etwas Böses dringe von außen in den ach so friedlichen Hort der Unbescholtenheit ein –, ist eine Kalmierungsfloskel eben dieses Bürgertums. Der Extremismus hatte seine Wurzeln immer *genau* in dieser Mitte, nicht Extremisten hatten seinerzeit die „Antisemiten-Liga" gegründet, sondern gutbürgerliche Denker. Micha Brumliks *Deutscher Geist und Judenhass* etwa vermittelt ein Bild dieser Mentalität, ebenso Barbara Hahns *Die Jüdin Pallas Athene*. Unschöne Einsichten, ja, aber welchen Sinn soll es haben, zur Rettung eines Mythos Augenwischerei zu betreiben?

Und so wenig Rassismus, Antisemitismus, Sexismus und Homophobie Phänomene von vermeintlichen Randgruppen sind, so wenig ist das Behördenversagen eine Sache von Einzelfällen. Wovon zeugt die Karriere eines Helmut Roewer – der mit allem straflos davongekommen ist –, wenn nicht vom Versagen des Rechtsstaates? Und wenn ich mir die Aufnahme der Pressekonferenz am Tag vor der Verkündung des Urteils im Prozess gegen Zschäpe ansehe, wenn ich die Ausführungen des Anwalts Sebastian Scharmer höre, die von nichts anderem sprechen als von eben diesem Versagen – dann fällt mir Georg Herweghs „Wiegenlied" ein: „Deutschland auf weichem Pfühle, / mach dir den Kopf nicht schwer …"

Wenn ich mit dem Fahrrad in Brandenburg unterwegs bin, genügt es mitunter, dass ich an einer Kreuzung stehenbleibe – schon schaltet der ältere Herr, der gerade seinen Liguster stutzt, die ratternde Heckenschere aus und fragt, ob er helfen könne und wo ich hinwolle. Zusammen mit der Wegbeschreibung erfahre ich dann oft noch etwas über lokale Gegebenheiten. Über die Krise der örtlichen Forellenzucht etwa. Oder über die Verschlechterung der Böden infolge eines weiteren Hitzesommers. Junge Familienväter mit unmissverständlichen Tätowierungen auf den Armen und einem Thorshammer an der Halskette sind in solchen Situationen nicht weniger hilfsbereit, erklären mir ausführlich den Weg, schlagen Varianten und Abkürzungen vor.

Solche Orte verlasse ich mit denkbar unklaren Gefühlen.

*

Die Dächer von Ratzdorf tauchen auf. Hier mündet die Neiße in die Oder. Und so mächtig die Assoziationen sind, die sich mit der Grenze verbinden, die so brachial entlang dieser beiden Flüsse gezogen wurde und solche „Tyrannenmacht" besaß, so unspektakulär ist der Zusammenfluss. Im Sommer versinkt die Mündung in schilfgrünem Dunst. Versuche, sie zu fotografieren, ergeben immer dasselbe Bild: den einen Fluss, der den Himmel spiegelt. Den einen Fluss, der im Gegenlicht glänzt.

Auch heute halte ich bei der (geschlossenen) „Gast & Tanzwirtschaft" *Kajüte*, schaue auf das schillernde Fließen, das Oder-Odra-Neiße-Nysa in einem ist. Wasservögel glucksen, ein Reiher streicht über die Wiesen auf der polnischen Seite.

Yowta (Jałta) – das Wort, das Timothy Garton Ash so oft gehört hatte bei seinem ersten Besuch in der Volksrepublik Polen. Quintessenz der Misere.

Als ich 1994 nach Polen kam, war das „Jahrzehnt der

Solidarność" schon Vergangenheit, der Machtwechsel vollzogen, die Gesellschaft durchlief den gewaltigen Umbruch der ersten Jahre der Dritten Republik. Welche Umwälzungen das gewesen sind, und wie hoch der Preis dafür war, das konnte ich in Mielec aus nächster Nähe sehen. Gerade die Welt einer Kleinstadt bot hier aufschlussreiche Einblicke. Diese Familiensituationen waren hart, sehr hart. Aber es gibt kein polnisches Pendant zu dem Wort „Wendeverlierer". Darüber müsste man einmal einen eigenen Text schreiben.

Im Kreis der Freunde, die ich später in Poznań fand, hörte ich unzählige Geschichten – von ihren Tätigkeiten in der Opposition der 1980er Jahre, von den studentischen Streiks, von Verhaftungen und Verhören. Es waren diese Erfahrungen in Mielec, die Erfahrungen in Poznań, die mir halfen, Timothy Garton Ashs *Ein Jahrhundert wird abgewählt* in seinen Dimensionen jenseits der Buchseiten zu erfassen.

Warum nun das Stück Mauer von der Danziger Lenin-Werft mit der dazugehörenden Tafel ausgerechnet am hintersten Winkel des Reichstagsgebäudes versteckt werden musste, wissen die Götter. Vielmehr, das wissen die Initiatoren dieses Erinnerungsortversteckspiels. Weiter abseits hätte man es nur noch am Grund der Spree errichten können.

Das kreiselnde Wasser, das raschelnde Schilf. Grenze. Wunde. Narbe. Idyllisches über dem Bodenlosen.

Hier schlägt der Radweg einen Bogen nach Westen, ehe er wieder zurückkehrt an die Neiße. Ein lichter Kiefernwald verströmt seinen Duft. Ich fahre Slalom zwischen den Zapfen.

Nach Simic und Améry hatte ich mir in diesem fatalen Frühjahr auch Miłoszs *Tal der Issa* noch einmal aus dem Regal genommen. Mich erneut in den Schilderungen des „Landes der Seen" verloren, den Beschreibungen des Alltags. Und der ruhige Atem dieser Prosa trug gleichfalls sein Teil dazu bei, mich zurückzubringen ans Licht.

Die Zeitungen walzten unterdessen – erwartbar – Boccaccios *Decamerone* vor dem Hintergrund der Pest aus. Zahlreich auch kamen ambitionierte junge Redakteurinnen und Redakteure zu Wort, die den Lockdown allen Ernstes mit einer Klassenfahrt verglichen, umfängliche Beiträge darüber verfassten, was es „mit ihnen mache", wenn sie jetzt nicht auf Konzerte gehen konnten, auf die sie sich sooo dolle gefreut hatten, und die, nachdem sie die coole Großstadt verlassen und sich wieder bei ihren Eltern einquartiert hatten, einen schweißtreibend gedankenlosen Zinnober über die Vorzüge der Dörfer von sich gaben, aus denen sie gerade eben noch weggezogen waren, um es der piefigen Provinz mal so richtig zu zeigen.

Und allenthalben Lockdown-Tagebücher, in denen sich die Verfasserinnen und Verfasser bemühten, einen möglichst hysterischen Sound der Überdrehtheit zu produzieren. Alle hatten sie mindestens den „Lagerkoller" – dass ausgerechnet mit diesem Begriff etwas behutsamer umzugehen wäre, kam ihnen nicht in den Sinn. Verdrehte Augen und höchste Tonlagen brachten es in diesen Monaten zu einiger Popularität.

Ich machte mich an den Wochenenden mit dem Fahrrad auf den Weg. Ab April waren die Strecken mein Beitrag für die Virtuelle Mecklenburger Seenrunde, die wenigstens einen kleinen Ersatz darstellen sollte für die Tour, die der Pandemie wegen abgesagt werden musste (ich fuhr sie dann im September). Im festgelegten Zeitraum kam ich auf 1595 km. Nicht ganz die Distanz des Iditarod, die ich mir als grobes Ziel gesetzt hatte – eben der Pandemie wegen – aber immerhin.

Der Ausbruch der Diphtherie in Nome, 1925. Als einzige Möglichkeit, das Serum zu transportieren – vom letzten Ort aus, der mit der Bahn zu erreichen war –, blieben nur Hundeschlitten. Über eine Strecke von etwas mehr als 1000 km, durch die Wildnis Alaskas. Ein Transport mit dem Flugzeug war mehrfach erwogen und wieder verworfen worden, der eisigen Temperaturen wegen. Zur Verfügung standen nur Maschinen mit offenem Cockpit, Zwischenlandungen waren nicht möglich. Selbst bei niedriger Flughöhe hätte kein Pilot einen solchen Flug überstanden.

Etwas mehr als fünf Tage dauerte der *Serum Run to Nome*, an dem knapp 20 Musher beteiligt waren. Dass die einzelnen Gespanne sich zu den Übergaben gefunden hatten, die Staffel nicht abgerissen war, und dass das rettende Serum auf der ganzen Strecke davor bewahrt werden konnte einzufrieren – es grenzte an ein Wunder. Der Impfstoff gelangte tatsächlich nach Nome.

Einen bitteren Beigeschmack erhielt das Unternehmen, weil Leonhard Seppala mit seinem Leithund Togo die mit Abstand längste Etappe zurückgelegt hatte, und das in einem tosenden Sturm auf dem offenen Eis des Norton-Sund, bei Windchill-Temperaturen von bis zu -60 Grad, als eigentlicher Held am Ende aber Gunnar

Kaasen gefeiert wurde, der mit seinem Leithund Balto den letzten Abschnitt übernommen hatte (etwa 80 km) und damit derjenige war, der in Nome empfangen und fotografiert wurde. Auch die Musher indigener Herkunft wurden von den damaligen Medien weitgehend ignoriert.

Da 2020 ein gerades Jahr war, ging das Rennen über die Nordroute. Die Namen der Checkpoints in der zweiten Hälfte – Galena, Nulato, Kaltag, Unalakleet, Shaktoolik, Koyuk – erinnerten mich an ein Buch, das ich mit zehn oder elf zum ersten Mal gelesen haben musste: James Huntington: *Leben am Nordrand der Welt*.

Huntingtons Mutter hatte als junge Frau eine schier unvorstellbare Distanz zu Fuß zurückgelegt. Wochenlang allein, im Winter Alaskas. Ich weiß noch, wie ich diese Abschnitte wieder und wieder gelesen hatte, in dem Versuch, mir eine Vorstellung davon zu machen, die über den sprachlosen Schrecken hinausginge. Und die Schicksalsschläge, die die Familie getroffen hatten, überstiegen erst recht mein Vorstellungsvermögen.

Als junger Mann wurde Huntington schließlich ein erfolgreicher Musher, der etliche Preise gewann. Der Weg dorthin war mehr als hart gewesen. Am Ende steckte er noch einmal alle Energie in die Vorbereitungen auf sein letztes großes Rennen, das er bereits als „Veteran" bestritt. Einmal noch wollte er beweisen, dass er es konnte.

Zunächst lief alles gut, dann gingen ihm an einer Stelle die Hunde durch, weil ein Elch die Strecke kreuzte, er landete mit dem Schlitten im Unterholz, verlor viel Zeit, bis er wieder auf der Piste war. Doch gab er nicht auf, kämpfte sich mit äußerster Anstrengung vom dritten

Platz auf den ersten vor. Und kippte nahezu ohnmächtig ins Ziel.

Ich glaube, es war das erste Mal, dass mich eine Lektüre regelrecht physisch berührte. Wenn ich die Schilderung dieses letzten Rennens las, sah ich alles vor mir, spürte das Herz im Hals rasen, die Luft in den Lungen brennen, und auch wenn ich die Sätze längst auswendig kannte, fieberte ich ihnen immer wieder von neuem entgegen – wie er sich auf einer weiten freien Fläche an den Zweiten heranarbeitet, der anfangs als Punkt in der Ferne zu sehen ist, bis er näher und näher kommt und ihn schließlich überholt. Um sich dann dem Ersten zu nähern, auch wenn die Beine nicht mehr können und die Lungen schier platzen wollen, Meter um Meter um Meter, bis er auch ihn überholt – und den Moment des Sieges, als er hinter dem Ziel in eine Schneewehe fiel und, nach Luft ringend, seine Hunde umarmte, erlebte ich als Beglückung, die sich mit jedem Lesen wiederholen ließ.

*

Wer sich zur Idee des Fortschritts bekannte,
zog daraus die Konsequenzen und bestieg ein Fahrrad.
(Bruno Schulz, *Der Komet*)

Das Fahrrad, mit dem ich in diesem Frühjahr den Weg zurückfand ans Licht, hatte ich tatsächlich Bruno Schulz zu verdanken. Immer wieder war ich an dem Schaufenster vorbeigegangen … Dann kam aus heiterem Himmel die Frage – eine Initiative von Natalia Prüfer –, ob ich mich an einem literarischen Projekt zu Schulz beteiligen, drei Abende über sein Leben und Werk mitgestalten möchte. Ich sagte sofort zu. Und verhalf mir damit zu dem Fahrrad.

Neben den schönen Szenen über das Veloziped aus der Erzählung „Der Komet" – aus einer Zeit, als diese Erfindung noch jung war – findet sich bei Schulz eine weitere Erwähnung, die als Echo durch die Räume und Zeiten klingt: eine Zeile des Liedes „Daisy, Daisy". In der Erzählung „Das Buch" schallt es mit den Tönen eines Leierkastens aus einem Hinterhof: „Daisy, Daisy, gib eine Antwort mir …"

Ich kannte das Lied, bevor ich mit Schulz in Berührung kam, in einer Version von Nat King Cole … „Daisy, Daisy, give me your answer do, / I'm half crazy all for the love of you, / It won't be a stylish marriage / I can't afford a carriage, / But you'll look sweet upon the seat / Of a bicycle built for two."

Die nächste Spur führt in komplexere Zusammenhänge, über einen Weg, der nur auf den ersten Blick ein Umweg scheint …

Dominique Hérody hat dem unglücklichen Aufenthalt von Schulz in Paris, im Sommer 1938, eine ebenso faszinierende wie diffizile Erzählung gewidmet: „à Paris, égaré – Bruno Schulz, août 1938." Schulz hatte damals – eine der wenigen Reisen, die er unternahm – große Hoffnungen in diesen Aufenthalt gesetzt, den Zeitpunkt aber so unglücklich gewählt, dass alle Literaten und Kritiker, die er hätte treffen wollen, in ihren Sommerhäusern saßen. Paris war ausgestorben, Urlaubszeit, leere Straßen glühten unter der Augustsonne.

Am Abend des 31. Juli kam Schulz in Paris an (eine

minutiöse Rekonstruktion seines Reisekalendariums hat, buchstäblich bis auf die Minute, Stanisław Rosiek erstellt). Hérody nimmt das Datum zum Anlass, zwei italienische Mitreisende über den Sieg Gino Bartalis sprechen zu lassen, der an eben jenem Tag die Tour de France gewonnen hatte. Und die Begeisterung, die Hérody den beiden zuschreibt, vergisst auch nicht den grandiosen Etappensieg Digne-les-Bains – Briançon, mit dem sich Bartali den Weg zum Gesamtsieg geebnet hatte. Auf dieser 14. Etappe, 219 Kilometer lang, überquerte Bartali als Erster die drei Pässe, die es in sich haben – Col d'Allos, Col de Vars, Col d'Izoard, jeder über 2.000 Meter hoch – und holte am Ende einen Vorsprung von sagenhaften siebzehn Minuten heraus.

Auf den ersten Blick mag die kurze Szene als Kolorit wirken, Ausschmückung der Ankunft in Paris, an eben jenem Tag, als das große Sportereignis zu Ende ging. Ein zweiter Blick findet eine tiefere Ebene, die ihren eigenen Sinn entfaltet. Denn Bartali war nicht nur eine Radsportlegende, bekannt unter anderem durch seine Angewohnheit, vor dem Rennen einen Espresso zu trinken und eine Zigarette zu rauchen (um den Kreislauf in Schwung zu bringen), er war auch ein Mensch mit einer sehr klaren moralischen Haltung, für die er postum als Gerechter unter den Völkern ausgezeichnet wurde. Als mit dem Ende der Allianz zwischen NS-Deutschland und Italien die Lage für die italienischen Jüdinnen und Juden immer gefährlicher wurde, stellte Bartali sich als lebensrettender Kurierfahrer für eine italienische Widerstandsgruppe um den Kardinal Dalla Costa (auch er ein Gerechter unter den Völkern) zur Verfügung. Er transportierte gefälschte Papiere, Visa und Reisepässe, die Jüdinnen und Juden die Flucht ermöglichten – im Sattelrohr seines Fahrrads. Ein Radprofi muss schließlich auch in Kriegszeiten trainieren, und Bartali war damals schon bekannt genug, um einigermaßen sicher zu sein vor Kontrollen, bei denen seine Fracht hätte entdeckt werden können. Dennoch geriet er in einige brenzlige Situationen mit deutschen Patrouillen, in denen ihn sein sicheres Auftreten vor einer Katastrophe bewahrte. Mit seinen Kurierfahrten rettete Bartali mindestens 800 italienischen Jüdinnen und Juden das Leben.

Sein Engagement hat er nie an die große Glocke gehängt, er beließ es bei Andeutungen. Wenn der Sport nicht auch zu einer bestimmten Haltung im Leben führe, so eine seiner Äußerungen, dann seien all die Medaillen nichts wert. Selbst sein engster Familienkreis ahnte nur, welche immense Hilfe er geleistet hatte, Details wusste man nicht. Den Titel „Gerechter unter den Völkern" erhielt er 13 Jahre nach seinem Tod.

Die Figur, mit der Schulz bei seinem literarisch ausgestalteten Aufenthalt in Paris in näheren Kontakt kommt, trägt deutliche Züge Walter Benjamins. So blenden sich in die mitunter traumhaft anmutenden Szenen in jenem August 1938 auch Stadtbilder aus dem Werk Benjamins ein. Mir kamen, als ich Hérodys Erzählung las, immer wieder Momente aus der *Berliner Kindheit um Neunzehnhundert* in den Sinn. Wie auch die ganze Erzählung getragen wird von einem fortwährenden Dialogspiel mit anderen Texten. Es ist, als flanierten die Figuren über Straßen und Buchseiten zugleich. Und nahezu jede Tür, durch die sie gehen, ist Zitat oder Allusion.

Bruno Schulz war mehrfach Hilfe für eine Flucht angeboten worden, er zögerte die Entscheidung immer wieder hinaus. Als er bereit war für den Entschluss, war es zu spät.

Sein Gino Bartali ist noch immer unterwegs.

*

Wer heute als Heinrich von Ofterdingen erwacht,
muss verschlafen haben.
(Walter Benjamin, *Traumkitsch*)

Während ich nach und nach die 1595 Kilometer abspulte, begann sich die Wolkendecke wahrhaftig zu lichten. Der Boden unter den Füßen kehrte zurück.

Ich übersetzte die erste Seite Wyka. Übersetzte bald regelmäßig ein (wenn auch zunächst bescheidenes) tägliches Pensum. Dass ich im Zeitplan weit zurücklag, war zweitrangig. Irgendwie würde das schon werden. Der Kopf funktionierte wieder, das war für den Augenblick das Wichtigste! Zurück ins Helle. Seite um Seite. Kilometer um Kilometer.

Nicht vergessen sei auch unser Hund, den wir Anfang März, kurz vor dem Lockdown, aus dem Tierheim Verlorenwasser adoptiert hatten. Ohne zu ahnen, was kommen würde. In der Zeit des Stillstands war es nichts anderes als ein Glück, mit ihm nach draußen gehen zu müssen, wenigstens diese Fixpunkte zu haben in den Tagen, die so ereignislos zäh, so ereignislos rasend verflogen.

Als die Tage schon lang genug waren für eine solche Unternehmung, nahm ich mir auch Verlorenwasser als Ziel für eine Radtour.

Der erste Versuch, eine möglichst verkehrsarme Strecke zu finden, endete in Bliesendorf. Die Straße wurde zum sandigen Waldweg, noch sieben Kilometer nach Lehnin, mit schmalen Rennradreifen nicht zu machen.

Im nächsten Versuch, eine Woche später, umfuhr ich die Stelle über Plötzin, Göhlsdorf, Damsdorf. Dann stand ich bei den letzten Häusern von Michelsdorf. Acht Kilometer Landstraße nach Golzow – ohne Radweg. Und während ich noch abwog, ob ich weiterfahren wollte, genügte es, ein paar Autos zu sehen, die über die schmale Chaussee rasten, eine der Pisten, auf der die Einheimischen zeigen, wie sehr sie bei sich zu Hause sind. So sehr, dass man als Uneinheimischer um sein Leben bangt.

Im dritten Anlauf verwarf ich also die „Nordroute", versuchte es über Beelitz-Heilstätten, Borkheide, dann weiter über Brück, Baitz, Schwanebeck nach Dippmannsdorf. Das war eine ruhige Strecke, kilometerlange Fahrradstraßen durch den Wald.

Um die Mittagszeit – es war an einem Sonntag – erreichte ich Dippmannsdorf. Entdeckte am Eingang des Naturbades einen öffentlichen Bücherschrank. Ich fand ein Jugendbuch, das reizvoll schien (eine Geschichte, die in Alaska spielte ...), einen australischen Krimi und eine Ausgabe von *Moby Dick*. Letzterer Fund strahlte angesichts des Naturbads – ein lauschiger Teich mit einem kleinen Sandstrand und einer winzigen Schilfbucht – eine Ironie aus, die ich an dem leicht verhangenen Tag als versöhnlich nahm. Ich steckte die Bücher in den Rucksack und fuhr weiter.

Kopfsteinpflasterholprig zog sich die Steigung in den Wald. Während es mich rüttelte, fiel mir ein, dass Gudrun Ensslin die Decknamen für die Gründungsgruppe der RAF *Moby Dick* entnommen hatte. Andreas Baader war Ahab gewesen, Holger Meins Starbuck. Weiter kam ich nicht mehr, da half auch alles Rütteln nichts.

Als das Kopfsteinpflaster zu Ende war, gelangte ich auf einen breiten, gut befahrbaren Waldweg, ohne Dünen, ohne Betonplatten mit Eisenkrampen. Eine gute Weile zog es sich hin, fast schnurgerade, dann ging es abwärts, der Wald begann sich zu lichten, eine Wiesenfläche öffnete sich, das erste Dach tauchte auf.

Weitzgrund, eine Handvoll Häuser, ein gutes Dutzend Einwohner. Irgendwo fräste eine Kreissäge, sonst kein Lebenszeichen. Auf dem asphaltierten Sträßchen ging es wieder zügig voran, nach einem knappen Kilometer sah ich zur Linken einen kleinen Pavillon und einige Hinweistafeln. Das musste er sein: der Mittelpunkt der ehemaligen DDR. Das Erste, was man findet, wenn man „Weitzgrund" in die Suchmaschine schickt. Auf einer der Tafeln las ich, mit welcher Methode dieser Mittelpunkt seinerzeit bestimmt worden war. Weitere Schilder und Plaketten kündeten von den Heimatvereinen, die sich hier eingefunden hatten.

Weit und breit keine Menschenseele. Ich wartete, ob Klio sich nicht melden wollte. Mit einem Satz, einer Fußnote. Die Muse gab sich bockig, schwieg. Nur der Wind fuhr in die Kiefern, ließ sie rauschen. Und einmal lachte ein Specht.

Jetzt war es nur noch ein Katzensprung nach Verlorenwasser. Das Gasthaus *Hirschtränke* war geschlossen, der Pandemie wegen. Doch stand an der Straße ein Tisch, darauf große Thermoskannen, Tee und Kaffee. Ein Kühlschrank mit Getränken und Kuchenstücken auf Tellern, sorgfältig mit Folie umwickelt. Die Verlängerungskabel liefen durch den Garten und verschwanden in einem angelehnten Fenster. Auf dem Tisch war die Preisliste festgeklebt, eine Kaffeedose war die Kasse.

Ich trank einen Kaffee und ein Radler, aß ein Stück Käsekuchen, der hervorragend schmeckte. Warf meinen Obolus in die Büchse und fuhr das letzte Stück über das Waldsträßchen zum Tierheim.

Verständlicherweise konnte niemand empfangen werden, doch eben kam eine Mitarbeiterin mit zwei Hunden an der Leine aus dem Tor. Als sie hörte, welchen ihrer ehemaligen Schützlinge wir aufgenommen hatten, strahlte sie. Den Racker habe sie immer besonders gemocht. In der Woche, als wir ihn abgeholt hatten, war sie krank gewesen. Von ihrer Kollegin wusste sie, dass er nach Berlin gelangt war. Ich solle ihn mal grüßen, sagte sie lachend und nannte ihren Namen.

An den folgenden Wochenenden blieb ich bei dieser Gegend. Brachte meinerseits ein paar Bücher nach Dippmannsdorf, entdeckte einen zweiten Bücherschrank in Baitz. Fuhr zum Kloster Lehnin. Fuhr auf die Burg Eisenhardt und fand bei der Gelegenheit noch einen Weg, der von Bad Belzig nach Weitzgrund führte – kürzer als der Bogen über Dippmannsdorf.

Die Empfindungen, die sich bei solchen Langstrecken einstellen, sind schwer in Worte zu fassen. Der Versuch,

es zu beschreiben, sucht nach einer Form, mit der es festzuhalten wäre. Das Wesentliche aber liegt in der stän-
digen Bewegung, im Erlebnis der flüchtigen Intensität.
Über Stunden läuft der Körper – sauerstoffberauscht –
auf hohen Touren, während das Bewusstsein entlassen
ist aus den Bahnen der Konzentration. So entsteht, im
Rhythmus der Beine, im Rhythmus des Atems, eine
meditative Schwebe. Die Wahrnehmung, hellwach, ohne
dass ein bestimmter Fokus gehalten werden müsste, öffnet sich für jeden Eindruck. Was an körpereigenen Do-
pingmitteln ausgeschüttet wird, tut ein Übriges, und
dann genügt ein Augenblicksbild – ein Schattenmuster,
Zweige vor einem Schuppendach, ein Rechen an einem
Gartenzaun, eine Gießkanne neben einem Holzstapel –,
und Erinnerungen strudeln hervor, von denen ich nicht
wusste, dass ich sie noch aufbewahre. Ganze Lawinen
von Szenen können losgehen. Die Frage nach ihrem Sinn
ist nebensächlich. Erlebte Momente, Lektüren, Bilder –
sie tauchen auf, hervorgelockt durch eine auf Trab
gebrachte Chemie im Gehirn, sie kreiseln, trudeln, treiben, verknüpfen sich zu assoziativen Mustern, um sich
wieder aufzulösen.

Eine gewisse Distanz ist allerdings nötig, bei 40 oder
50 Kilometer kann sich die Wirkung kaum entfalten.
Jenseits der 100 Kilometer wird es interessant, jenseits
der 150 beginnt die Schwebe, jenseits der 200 wird es
metaphysisch. Eine stille Umgebung kommt der Sache
entgegen, auf stark befahrenen Straßen ermüdet der
Lärm, dann ist es Essig mit der Inspiration. Jackson Teller bezieht sich in *Sons of Anarchy* zwar auf „long runs"
mit dem Motorrad, doch lässt sich das ohne Weiteres

auch auf das Fahrrad übertragen: „And suddenly you're not on the road, you're in it, a part of it. … All your troubles – gone."

Gleich wie schwer ich mich am Tag davor mit dem Übersetzen getan hatte, für die Radtouren aufzustehen, fiel leicht. Sobald es hell wurde, war ich auf dem Sattel, oft um kurz nach sieben schon in Potsdam, weiter ging es am Templiner See entlang nach Caputh. Die lange Ortsdurchfahrt, zumeist auf gänzlich leerer Straße. Das erste Grün in den Gärten, Forsythien und Osterglocken.

Die Verse Peter Huchels – hier lagen sie sozusagen in der Luft. In den Jahren des Studiums hatte ich noch mit einiger Ausdauer an der Illusion gebastelt, Kummet und Schoberstange seien die wesentlichen Orientierungspunkte in einer beunruhigend unübersichtlichen Welt. Dass ich den Gedichten Huchels damit Unrecht täte – und gerade den späteren, die mir am nächsten waren –, ahnte ich zwar schon damals, doch hatte die Ahnung einen schweren Stand gegenüber dem Sog des Wunschdenkens.

Es gab ein paar Bücher, die ich mit Vorliebe auf die langen Spaziergänge mitnahm, die in eines der Waldlokale führten – St. Valentin, St. Ottilien, Zähringer Burg. Trakl gehörte dazu, Thoreaus *Walden*, die Gedichte von Jan Skácel, ebenso Huchels *Chausseen, Chausseen*. Dort saß ich dann, nach Kräften sinnend, trank ein Obstwässerle zum Bier, um dem poetischen Schauder auf die Sprünge zu helfen, und durchdrungen vom Klang der Worte, die ich so intensiv verspürte, als hätte ich sie mir einverleibt wie die Getränke, ging ich durch den dunklen Rauschewald (der selbstverständlich heimlich aus der Ferne sprach …) zurück zu meiner Bleibe.

Wann war dieser Sommer? Ich weiß es nicht mehr ...

Jetzt klangen die Verse anders, die Jahre in Polen hatten Distanz und Nähe zugleich geschaffen. Das Klosterbrudrisieren hatte sich als die Narretei entlarvt, die es schon immer gewesen war, zugleich hatte mit den polnischen Erfahrungen eine Realität Kontur gewonnen, von der ich damals – als ich während des Studiums mehrfach mit dem Fahrrad von Freiburg nach Staufen gefahren war, auf den Spuren Huchels, vermeintlich – noch nichts ahnte.

Caputh – Alt-Langerwisch – „Luch und Lanken" ... „Schilfdunst märkischer Wiesen, / die wendischen Weidenmütter" ... „Spitzhackig schlägt der März / das Eis des Himmels auf" ...

Das Erleben der Landschaft, der viele dieser Gedichte ihre Inspiration verdanken, ließ sie zu neuer Klarheit gelangen. Nicht, weil ich dem Irrtum verfallen wollte, man müsste märkischen Schilfdunst atmen, um diese Zeilen zu verstehen – im Gegenteil, die erneute Lektüre verlief gerade auf einer Bahn, die zu Einsichten jenseits des Dunstes führte.

Und eine weitere Erinnerung noch finde ich in Caputh. Am Ortseingang, von Potsdam aus gesehen zur Linken, steht das Jugendhilfezentrum „Gertrud Feiertag", das einmal ein Jüdisches Landschulheim gewesen ist. Jona Rosenfeld erwähnt es in seinem Buch *From Exclusion to Reciprocity*. Als seine Mutter seinen Vater in Holland treffen wollte – der Vater hatte Deutschland bereits verlassen –, und Jona für diese Zeit allein in Berlin hätte bleiben müssen, sollte er so lange in dieser Einrichtung unterkommen: „I hated that place so much that after two days, after I had broken both a mirror and a soup tureen, and in spite of having been told that the person we could hear playing the violin was Albert Einstein, I took my suitcase, walked to the railway station and went to stay with one of our Zionist relatives in Berlin."

Ein dunkel bewölkter Tag in dem Pandemie-Frühling – es müsste Ende April gewesen sein –, der sich so lange kalt und spröde gab. Immer wieder sprühten Tropfen, ein schneidend kalter Wind. Ich hatte mir noch einmal das Kloster Lehnin als Ziel ausgesucht. Auf dem Rückweg bog ich in Ferch nach Seddin ab, fuhr weiter nach Wilhelmshorst.

Verfroren stand ich am Peter-Huchel-Haus. Der Garten im grauen Licht, die Straße menschenleer. Während mein Blick sich in den stummen Fenstern verlor, dachte ich an den Hausarrest. Trank die letzten Schlucke Tee aus der Thermoskanne, betrachtete die Aushänge in der Vitrine am Gartentor. Von Feuchtigkeit gewellte Ankündigungen vergangener Veranstaltungen. Auf einem Foto war Huchel zu sehen, mit einer Katze auf der Schulter. Ich prägte mir ein, was ich sah. Stand vor dem Gartentor, bis mir buchstäblich die Zähne klapperten.

In Wilhelmshorst hat Huchel übrigens eine *Chausssee* bekommen. Goethe muss sich mit einem Platz begnügen, dessen Ausmaße überschaubar sind. In Staufen wiederum ist ihm ein Weg gewidmet, und wenn ich den Stadtplan richtig entziffere, ist es einer jener Fußwege, die in Kleinstädten so malerisch hinter Park- und Sportplätzen verlaufen.

May memory restore again and again
The smallest color of the smallest day:
(Delmore Schwartz, *Calmly we walk through this April's day*)

IJsboerke. – An einem Gartenzaun hing die Eisreklame. Der Kiosk, an dem ich es hätte bekommen können, war leider geschlossen. In welchem Ort? Ich kann mich beim besten Willen nicht mehr erinnern, weiß nur noch, dass es in der Nähe des Oder-Neiße-Radwegs war, irgendwo zwischen Bad Muskau und Görlitz.

IJsboerke – und mit einer Kurbelumdrehung spulten sich die Jahre zurück …

Mein erstes Rennrad. Ich dürfte zwölf gewesen sein. Wir hatten Räder derselben Marke, mein Vater und ich. Meines war dunkelblau, seines war silbern. Und mit den neuen Rädern nahm uns Hans-Jürgen, ein Bekannter, mit dem meine Eltern damals schon regelmäßig „Waldläufe" machten (das Wort *joggen* war noch nicht gebräuchlich, jedenfalls nicht auf dem Land), auf „richtige" Touren mit.

Er arbeitete bei den Vereinigten Saarländischen Elektrizitätswerken, und wer ihn dem ersten Augenschein nach hätte einschätzen wollen, hätte sich gewaltig täuschen können. Hans-Jürgen, der die regionale Sommersaison-Spezialität des Schwenkbratens über alles schätzte, ein gezapftes Pilsner nicht abstehen ließ und gegen Schwarzwälder Kirschtorte nichts einzuwenden hatte, ließ mit seiner Ausdauer manchen Jungspund alt aussehen. Und was andere als „Training" bezeichneten, betrieb er nebenher. Da er vor allem mit der Überwachung von Überlandleitungen beschäftigt war, musste er oft ins Gelände. Dann hatte er seine Laufschuhe im Kofferraum, und wenn die Arbeit erledigt war, drehte er in der warmen Jahreszeit noch eine Runde von 15 oder 20 km, bevor er zum Feierabend nach Hause fuhr.

Ein Marathon war ein Klacks für ihn, den lief er ohne Vorbereitung. Auch mehrere 100 km-Läufe hatte er schon absolviert. Und jetzt, da mein Vater und ich die neuen Räder hatten, nahm er uns mit zu „richtigen" Touren. Er selbst hatte ein echtes Rennrad, ein kirschrotes *Gitane*. Ohne Gepäckträger, ohne Schutzbleche, die Reifen nur fingerbreit und knallhart aufgepumpt. An den Pedalen waren vorne kleine Körbchen aus Stahl angebracht, die hielten die Schuhspitzen.

Mit Hans-Jürgen fuhren wir zum ersten Mal 100 km. Eine magische Zahl. Zehn Mal zur Schule und zurück. Ich weiß noch, wie ich an dem Abend im Bett lag. Mit lahmen Beinen, aber überglücklich. Einige in der Klasse konnten es kaum erwarten, bis sie endlich ein Mofa fahren durften. Was war ein Mofa gegen 100 Kilometer mit dem Fahrrad?

Wie oft hatte ich voller Bewunderung solchen Gruppen nachgesehen – drei, vier Männer, die an einem Samstag oder Sonntag durchs Dorf fuhren. Mit Rädern, die man sirren hörte, wenn sie vorüberhuschten. Und dann drehte der Vordere sich um, eine Hand lässig auf dem Oberschenkel, und während der Freilauf tickerte, rief er den anderen etwas zu, worauf sie mit einem Lachen reagierten, ehe sie alle den Lenker wieder tief griffen, um in einem Tempo, das wir mit unseren knarzenden Tretlagern im Leben nicht erreicht hätten, hinter der nächsten Kurve zu verschwinden. Sie trugen Mützen mit schmalem Schirm, der war natürlich hochgeklappt, und die Trikots in den leuchtenden Farben hatten die Taschen am Rücken.

Jetzt war ich selbst bei einer solchen Tour mitgefahren. Auf einem Rad mit Schutzblechen und Gepäckträger – aber zehn Mal zur Schule und zurück.

Mit Hans-Jürgen fuhren wir zum ersten Mal 130, zum ersten Mal 140, zum ersten Mal 150 km. Auch er trug eine Mütze mit schmalem Schirm. Auch er hatte ein Trikot. In Gelb und Dunkelblau. Mit einer Aufschrift auf dem Rücken, deren Silben ich mir vorsagte, wenn ich an einer Steigung zu kämpfen hatte. Ohne dass ich gewusst hätte, wie die Worte ausgesprochen werden, brabbelte ich es in Gedanken vor mich hin, ein Mantra gegen das Schlappmachen. Und hätte ich nicht im Pandemie-Frühling diese Eisreklame gesehen an dem Gartenzaun – wer weiß, wann ich mich noch einmal an die Aufschrift auf Hans-Jürgens Trikot erinnert hätte: *IJsboerke Gios* – das belgische Team bei der Tour de France 1978.

Von Hans-Jürgen bekam ich auch meine ersten Fahrradhandschuhe. Er hatte ein zweites Paar, kaum benutzt, so gut wie neu, die gab er mir. Aus cremefarbenem Leder, mit Aussparungen an den Knöcheln, und am Handrücken war ein elastisches Band aus großmaschigem Stoff eingenäht. Auf diese Handschuhe war ich mächtig stolz. Mein Fahrrad schob ich dann auch nicht mehr am Lenker, sondern so, wie Hans-Jürgen es tat – mit einer Hand nur, die auf dem Sattel lag und das Rad mit kaum sichtbaren Bewegungen manövrierte.

*

Ein Sonntag im November, sonnig und schon recht kalt. Ich war dreizehn damals, es war der letzte Herbst vor dem Umzug.

Beim Frühstück schlug mein Vater vor, eine Radtour zu machen.

Wir fuhren, wie wir es oft taten, wenn wir zu zweit waren, einfach mal los. Zwei, drei Ortschaften weiter meinte mein Vater, wir könnten doch eine Familie besuchen, mit der wir befreundet waren. Sie hatten ein Wochenendhaus bei Guerstling, gleich hinter der Grenze, und an einem Tag wie heute waren sie vermutlich dort. Und wenn nicht, dann hätten wir einfach eine schöne Tour gemacht.

Das Ziel beflügelte uns, ich weiß noch, wie wir die Kilometer nur so abspulten. Am späten Vormittag wurde es mild, die Sonne wärmte, und je weiter wir kamen, desto mehr wurde aus der Möglichkeit, die Familie anzutreffen, die Gewissheit, dass sie dort waren. Wo sonst sollten sie das Wochenende auch verbringen? Eine kleine *folie à deux*, ausgelöst durch herbstlich blauen Himmel und Endorphine.

Wir kamen nach Saarlouis, fuhren den Anstieg nach St. Barbara hinauf, überquerten die Grenze, holperten voller Vorfreude über den unbefestigten Waldweg, sahen das Dach des Hauses zwischen den Bäumen auftauchen – und standen vor einem winterfest verschlossenen Domizil.

Jetzt schien die Sonne nicht mehr ganz so optimistisch, das Bild einer Pause im Warmen zerstob. Ich weiß noch, wie flau mir wurde, als ich das verrammelte Haus sah. Wir hatten knapp 50 Kilometer hinter uns, hatten nichts mitgenommen außer unseren Fahrradflaschen, und es wurde schon Nachmittag.

Mein Vater wusste, wo wir ein Restaurant finden konnten. Ob es in Guerstling war oder einen Ort weiter – das weiß ich nicht mehr, ich weiß nur noch, wie schön das war: im Warmen zu sitzen und einen gefüllten Teller vor sich zu haben.

Doch hatten wir nach der Stärkung noch den Rückweg vor uns. Und es wurde frisch und frischer. Und als es dämmerte, wurde es kalt.

Mit Bangen dachte ich an den Anstieg, der uns noch erwartete, von Heusweiler über Kutzhof und Lummerschied nach Steinertshaus. Das zog sich schon bei Sommerwetter elend lange hin.

Am Beginn des Anstiegs hielten wir noch einmal an, gingen in die erstbeste Kneipe, bestellten zwei Tee. Mittlerweile war es stockdunkel, ich spürte meine Finger nicht mehr, die Beine waren schwer wie Blei. Von der Kneipe aus rief mein Vater bei uns zu Hause an, damit meine Mutter wüsste, dass wir noch lebten. In der Ecke stand ein Tischfußballspiel. Wir spielten eine Runde, um uns etwas abzulenken, Kräfte zu sammeln für das letzte Stück. Mit steifen Fingern hantierten wir an den Stangen. Tranken einen zweiten Tee. Dann mussten wir wieder nach draußen.

Kaum saßen wir auf dem Sattel, kroch erneut die Kälte unter die Kleider. Ich weiß noch, wie ich das Rücklicht am Hinterrad meines Vaters fixierte, um nicht zu sehen, wie die Straße vor uns weiter anstieg. Wie ich irgendwann nur noch von einer Umdrehung zur nächsten dachte. Bis wir endlich oben waren. Der Schrottplatz, die

Kapelle … Jetzt war es nur noch der Schulweg, alles löste sich in vertraute Einzelheiten auf. Die Abfahrt über die Bahnhofsbrücke, am Kino vorbei, die nächste Kreuzung … der nächste Ortsteil, die nächste Kurve … unser Ortsschild … unsere Straße … unser Haus.

Wann immer wir später von diesem „Ausflug" gesprochen hatten, waren wir uns einig – das war die allergrößte Schnapsidee gewesen – und eine herrliche Tour.

*

Kurz vor Bresinchen steht eine Kolonie Reiher auf einer Wiese. So reglos in der Stille wirken sie wie Statuen. In einem der ersten Gärten hängt eine zerschlissene Fahne: *„We see us in Valhalla"*. Angesichts der Menschenleere möchte man glauben, der ganze Ort hätte sich schon dorthin auf den Weg gemacht. In einiger Entfernung höre ich dann doch noch einen Rasenmäher. Er würgt an einem Klumpen. Knattert und spuckt. Verstummt. Und mit aufwärts jaulendem Glissando wird er wieder angeworfen.

Hinter Groß Breesen geht es zurück an die Neiße, hier beginnt schon die Peripherie von Guben. Der Radweg führt am Wasser entlang, bis er an den Überresten der Nordbrücke abbiegt in die Stadt. Ein Pfeiler ist noch übrig, Kiefern wachsen aus dem letzten Rest der Fahrbahn, dem Kopfsteinpflaster, das einmal so sorgfältig verlegt worden war.

In den späten 1920er Jahren hatte diese Brücke eine aufwändige Modernisierung erfahren, danach war sie breit genug für Omnibusse. Und wie fast alle Brücken an den beiden Flüssen wurde auch sie im Frühjahr 1945 von der Wehrmacht gesprengt. All die Brückenstümpfe an Oder und Neiße, die seitdem zerbröseln, verwittern, verrosten – sie vermitteln einen Eindruck davon, was diese Grenze bedeutet hat. Wie euphemistisch sie auch in der Rhetorik des Warschauer Paktes bezeichnet worden war, dieser Hieb hatte das Gewebe tief zerschnitten, alle Nerven, alle Sehnen, alle Gefäße waren zertrennt.

Von Guben nach Süden hatte die 1. Ukrainische Front unter Iwan Stepanowitsch Konew gestanden. Nach Norden, bis etwa nach Küstrin, die 1. Belarussische Front, unter Georgi Konstantinowitsch Shukow, wiederum nördlich von dieser Konstantin Konstantinowitsch Rokossowski mit der 2. Belarussischen Front.

In Rokossowskis Leben, seiner gebrochenen Biographie, erscheint wie in einem Prisma die lange Kette der Verwicklungen und Grausamkeiten. Sein Vater stammte aus einer polnischen Adelsfamilie, die durch die Teilnahme am November- und am Januaraufstand verarmt war. Mit fünfzehn war Konstanty Waise, musste eine Fabrikarbeit beginnen, um seinen Lebensunterhalt bestreiten zu können. Bei Ausbruch des Ersten Weltkriegs meldete er sich als Freiwilliger. So begann seine militärische Karriere, in deren Verlauf er seinen Vor- und Vatersnamen russisch assimilierte. Im Russischen Bürgerkrieg stand er auf der Seite der Bolschewiki. Während der stalinistischen „Säuberungen" wurde er verhaftet und unter dem Vorwurf der Spionage (unter anderem für Polen) angeklagt. Mit schwersten Misshandlungen und simulierten Erschießungen brachte man ihn dazu, ein „Geständnis" abzulegen. Das Urteil lautete auf zehn

Jahre Lager. Nach dem Debakel des Winterkriegs gegen Finnland erfolgte in aller Eile die Begnadigung. Er wurde zu einem Kuraufenthalt geschickt, der den vom Arbeitslager gezeichneten Mann wieder auf die Beine bringen sollte – und mit allen Ehren fand er sich in der Sowjetarmee wieder. In mehreren Schlachten im Sommer und Herbst 1941 gelang es ihm, den Vormarsch der Wehrmacht zu verzögern. Im Frühjahr 1942 wurde sein Quartier von deutscher Artillerie beschossen, er erlitt eine schwere Verwundung, die er nur knapp überlebte. Nach langwieriger Genesung kehrte er an die Front zurück. Als einer der Befehlshaber an der Oderfront bereitete er den Sturm auf Berlin vor.

Nach dem Krieg verfolgte Stalin den Plan, die polnische Armee zu sowjetisieren. Gelingen sollte dies unter anderem mit Rokossowski im Amt des Verteidigungsministers der Volksrepublik. Von polnischer Seite aus brachte man ihm allerdings wenig Sympathien entgegen, der Nachfahre der polnischen Aufständischen des 19. Jahrhunderts sprach nur noch gebrochen Polnisch, und dass er verlangte, die Truppe solle sich Russisch mit ihm verständigen, trug nicht zur Verbesserung der Beziehung bei. Als Gomułka Bierut ablöste, wurde Rokossowski in die Sowjetunion zurückbeordert. Er starb 1968 in Moskau.

Ein kurioses Denkmal hat ihm das „Lied vom Marschall Rokossowski" gesetzt. Der Weg „von Stalingrad nach Warschau" wird zur Rückkehr eines verlorenen Sohnes zurechtgebogen. Der „Adler Stalins", so heißt es, fliege „seinen heimatlichen Landen zu". Und nun werde „unser Marschall Rokossowski" wieder – erstmals nach so vielen Jahren – über „die eine, die einzige Heimaterde" schreiten. Dass dem „Adler Stalins" im Namen Stalins die Zähne ausgeschlagen und die Rippen gebrochen worden waren, erwähnt das Lied natürlich nicht.

Zu den Seelower Höhen war ich, von Frankfurt aus, auch mit dem Fahrrad gefahren, weiter nach Hohenwutzen und zum Denkmal der Schlacht bei Cedynia. Bei der Tour hatte ich noch einen Abstecher nach Letschin gemacht, wo ich vor dem verschlossenen Lokal stand – „Zum Alten Fritz" –, das Fontane als Vorbild gedient hatte für das Gasthaus in *Unterm Birnbaum*. Als ich abends wieder in Frankfurt angekommen war und in den Zug nach Berlin stieg, spürte ich die Beine, und der Kopf hatte Gedanken genug, an denen er sich abarbeiten konnte.

Ich fahre über die Brücke, von Guben nach Gubin. Mein Blick fällt auf eine Schrift über einem Ladeneingang … Macht jetzt die Décollage überall Schule entlang der Grenze? … ___*retten Alkohole* steht in roten Lettern an der Wand des Ladens gleich hinter der Brücke. Welche Muse hat sich jetzt diesen Streich ausgedacht?

Auf der Veranda des *Tercet* ist gerade ein kleiner Tisch noch frei. Seit ich zum ersten Mal hier Pause gemacht habe, im Sommer 2019, wurde mir das Lokal zur festen Adresse. Weil man hier – aber ja! – *sehr gut* essen und *sehr schön* sitzen kann!

In der Runde hinter mir herrscht gute Laune. Gubener sind es, wie bald deutlich wird, die offenbar eine Art Jour fixe pflegen. Auch ein Pole sitzt in der Runde, aus Gubin, und seinen Scherzen ist zu entnehmen, dass er nicht zum ersten Mal in dieser Gruppe mit dabei ist. Eine andere männliche Stimme berichtet von einer Reise in die „Tschechei". Das besondere Erlebnis dabei: Ein tschechischer Jude, der in Eger erzählt habe, dass das mit den Deutschen halb so schlimm gewesen wäre, verglichen mit dem tschechischen Antisemitismus. Aber darüber höre man in Deutschland natürlich nichts! Und genau darüber sollte man, genau darüber *müsste* man aber dringend einmal reden! …

Der Bericht aus der „Tschechei" findet eher mäßigen Anklang. Die Frauen vergleichen die Qualität von Lebensmitteln hier und dort. Viele Sachen würden in Polen einfach besser schmecken. Die polnischen Hühnchen zum Beispiel. „Die ziehen die anders auf …". Die Stimme, die eben den tschechischen Juden als Zeugen einer mehr als fragwürdigen Argumentation bemüht hat, mischt sich jetzt mit Bemerkungen zur polnischen Sprache ein. Die angeblich eine der schwersten der Welt sei. Was der Pole in der Runde dazu an behutsamer Korrektur formulieren möchte, wird überhört. Zum Beweis liest der Experte für schwierige Sprachen einige Vokabeln aus der Speisekarte vor (nicht alle sind auf Anhieb zu verstehen) und erklärt des Längeren und Breiteren, welche Buchstaben mit welchen Sonderzeichen wie ausgesprochen werden. Auch hier sind die dezenten Adjustierungen des Polen kein Grund, den Vortrag zu unterbrechen. Und der Mann schließt seine Ausführungen mit der Behauptung, es wäre im Übrigen auch in Polen eine umfassende Rechtschreibreform vonnöten. „Seit dem Mittelalter" habe man ja „rein gar nichts geändert". Wobei er allerdings bereit sei zuzugeben, dass auch die Reform in Deutschland unterm Strich nicht viel gebracht habe. Gut, immerhin habe man „das *h* aus dem *Getto* rausgeschossen", aber damit habe es sich dann auch gehabt. Der Pole wartet auf eine Atempause, die einmal kommen muss. Und als sie eintritt, bittet er den Experten für knifflige Linguistik, ihm nachzusprechen: „W Szczebrzeszynie chrząszcz brzmi w trzcinie." Schallendes Gelächter am Tisch. „Wenn Sie können das sagen, dann Sie können Polnisch". Was das denn heiße, fragt eine der Frauen. „Szczebrzeszyn ist eine Stadt in Polen ... In Szczebrzeszyn ein Käfer brummt im ... wie sagt man? ... Schilf, ja, Schilf ... ein Käfer brummt im Schilf." – „Also, ich bin ja Westfale", tönt es wieder vollmundig, ohne dass der Zungenbrecher mit einer Silbe kommentiert würde, „und ich muss sagen, als ich damals nach der Wende hierhergekommen bin ... ich habe die Ossis nicht gemocht ..."

Was eben noch zwangloses Beisammensein war, ein Zuprosten, ein Scherzwort, ein Lachen – jetzt hört man es förmlich knistern.

Aber was ihn denn gestört habe, fragt eine der Frauen in ruhigem Ton.

„Ja ... das kann ich Ihnen gerne sagen. Ich war damals Leiter der Personalabteilung, und da kamen dann Leute zum Bewerbungsgespräch, da stand in den Unterlagen ‚sechs Jahre Russisch', und die sagen mir doch glatt ins Gesicht: Aber das steht da nur, gelernt haben wir eigentlich nichts."

„Ja, natürlich", erwidert die Frau. „Das war ja auch so. Russisch war für alle Pflicht. Die Leute wollten einfach ehrlich sein."

Der triumphale Westfale braust regelrecht auf – ja, also bitte, was das denn für eine Einstellung sei? Wollten einfach ehrlich sein? ... „Ich habe Leute gebraucht, die auf Russisch Verhandlungen führen können! Das ist doch klar, dass ich da lieber einen Wessi eingestellt habe, der sich wenigstens mal ein Russischlehrbuch gekauft hat."

Jetzt meldet sich der Pole wieder zu Wort: „Sie kennen den Witz …? Sagt der Russe zum Polen: Teilen wir wie Brüder! Sagt der Pole: Oh nein! … Lieber fifty-fifty!"

Wieder bricht der Tisch in schallendes Gelächter aus.

„Ja, ja, Ihr mit Euren Witzen", grummelt der Westfale, und an seiner Stimme ist zu hören, dass er nicht mitgelacht hat. „Aber die Arbeit muss gemacht werden, und mit Witzen erledigt man die nicht."

„Müssen Sie verstehen Geschichte", sagt der Pole begütigend. „Ist alles verbunden mit Geschichte. Wenn Sie verstehen polnische Geschichte, Sie verstehen die Polen! Trinken wir auf Europa ohne Grenzen!"

Fürs erste scheint die Laune wiederhergestellt, und während die Gläser aneinanderstoßen, erinnert sich einer der Gubener – apropos Arbeit – an die alten Zeiten.

„Es war ja leider wirklich so … Muss man einfach ganz ehrlich sagen … Manchmal waren bei uns auf der Baustelle mittags um zwölf schon alle besoffen."

„Mittags um zwölf?", jauchzt der Pole. „Ist doch gar nichts! Bei uns morgens um sechs alle waren schon besoffen!"

Jetzt wackelt der Tisch, die Gläser klirren, immer neue Lachsalven springen wie Knallfrösche hin und her, eine Anekdote gibt die nächste. Dann kommt die Kellnerin, bringt die Gerichte, und bei dem ausgiebigen Lob für das Essen bekommt der Westfale erst recht keinen Fuß mehr in die Tür.

Time is the school in which we learn,
Time is the fire in which we burn.
(Delmore Schwartz, *Calmly we walk through this April's day*)

Ich fahre zurück.

Noch einmal am Plastinarium vorbei. Riesige Tafeln werben mit Fotos für die Sensation der präparierten Körper. Noch einmal an der Nordbrücke vorbei und weiter nach Bresinchen. Von dort möchte ich nach Sembten und über Bomsdorf, Schwerzko, Kummro nach Neuzelle. Dann in westlich-nordwestlicher Richtung über Mixdorf und Müllrose nach Fürstenwalde, von dort aus mit dem Zug zurück nach Berlin.

Schattenlose Mittagsstille. Adrette Vorgärten, gestutzte Hecken, gemähte Rasenflächen, säuberlich gefegte Einfahrten. Nicht anders sieht es in den beiden Dörfern aus, in denen ich aufgewachsen bin. Heute aber klingt mir Polnisch vertrauter als der Dialekt aus der Schulzeit (der im Grunde meine erste Fremdsprache gewesen ist). Und dass mir Deutschland durch die Jahre in Polen in vielem fremd geworden ist, muss ich als großes Glück betrachten. Dank dieser Erfahrungen konnte ich Abstand gewinnen zu den Prägungen eines Welt- und Geschichtsbildes, dessen Verzerrungen und Verfälschungen mir nach und nach bewusst wurden. Die alten westdeutschen Topographien sind für mich auch kein Gefilde nostalgischen Flanierens, vielmehr ist es eine Erinnerungslandschaft fortwährender Irritation. Begegnungen mit mir selbst enden oft genug mit einigem Befremden, das in die Erleichterung mündet, dass ich 1994 den Entschluss gefasst hatte, als Deutschlehrer nach Polen zu gehen. Und dass ich dann länger geblieben war als das ursprünglich vorgesehene Jahr, gehört zu den glücklichsten Entscheidungen, die ich je getroffen habe.

Über dem sanften Anstieg aus dem Odertal ballen sich die Wolken jetzt dunkel zusammen. Der Regen wird nicht mehr lange auf sich warten lassen.

In Sembten sind zwei Männer damit beschäftigt, ein Dach zu decken. Sie werfen besorgte Blicke in den Himmel, es fehlen nur noch wenige Reihen Ziegel.

Wenn ich mir einen weiteren Tag lang an Wykas Schachtelsätzen die Zähne ausgebissen hatte, stöberte ich an den Abenden in den Winkeln des Netzes nach Musik. Las Kommentare, folgte allen möglichen Spuren. So stieß ich etwa auf einen Text von Lou Reed: „O Delmore, how I miss You". Erinnerungen an die Zeit, als Delmore Schwartz – als Schriftsteller und Universitätslehrer – Mentor und Vorbild des jungen Lewis Allan Reed gewesen war, der damals noch eher den Wunsch gehabt hatte, Schriftsteller zu werden. In einem Kommentar zu einem der Lyrikbände von Schwartz hatte jemand geschrieben: „I do not know why no one told me about Delmore Schwartz in all so many years of learning and study. He is so full of mind and heart. This book is an instant favorite and I am so glad I stumbled upon it. Thanks Lou Reed."

Ich selbst hatte Schwartz auch erst reichlich spät entdeckt. Zwischen Lou Reed und Saul Bellow war lange die Lücke verblieben – unbemerkt.

„We do not look for old songs, we look for memories" – auch das ein Kommentar, den ich mir notiert hatte an einem dieser Abende. Den „old songs" möchte ich die Lektüren hinzufügen Und das eigentlich Interessante beginnt (bei den Songs wie bei den Büchern), wenn wir uns endlich als Fremde gegenüberstehen. Wenn wir uns erinnern an die Begeisterung von damals, sie aber betrachten können wie ein Phänomen außerhalb unserer selbst, während wir zugleich die Bilder, die damals die unseren hatten sein sollen, wiedererkennen bis ins Detail. Und in dem Raum, der sich dann öffnet, zwischen damals und heute, gewinnen wir endlich Kenntlichkeit im klaren Licht der Fragen.

Hinter Kummro fallen die ersten Tropfen. Pechschwarz hat es sich jetzt zusammengebraut.

Nicos Stimme – *Pale Blue Eyes* –, morgens um halb fünf, wenn die eben aufgehende Sonne die Silhouette der Schwarzwaldberge als Scherenschnitt vom Grund der Nacht gehoben hatte. Und nach all dem Reden, mit dem wir die Welt aus den Angeln zwingen wollten, blieb die Welt noch immer dieselbe. Und auf dem Weg von der Party nach Hause – zu der vorübergehenden Bleibe, mit der man die kühnsten Fahrten durch ein All der Verlorenheit unternahm, inmitten einer Wirklichkeit, so brüchig, dass man sich nur wundern konnte, dass es Menschen gab, die ihr vertrauen wollten mit ihrer alltäglichen Geschäftigkeit – auf diesem Weg wurde der eben anbrechende Sonntag zum größten Weltenrätsel. Das schlief man aus und stand am Montag wieder in der Schlange für Stammessen I oder II.

Nicos Grab auf dem versteckten Friedhof im Grunewald hatte ich an einem fast schwülwarmen Dezembertag besucht. In der letzten Ruhestätte eines Försters in der Nähe – ein Triptychon mit Bocksgehörn – sah ich einen tröstlich ironischen Akzent, der mich milde stimmte für die Beurteilung meiner selbst in jenen vergangenen Jahren. Bei Nico standen ein paar abgebrannte Kerzen, und in den Pflanzen lagen Modeschmuck und kleine Spiegel, Stofftiere und eine Graspfeife.

Wie auf Knopfdruck wird der Regen zum Wolkenbruch. Neuzelle in der Niederung versinkt in einer Waschküche. Über die Straße gluckst ein breiter Bach. Das Wasser schäumt mir nur so um die Reifen. Ich halte Ausschau nach einer Stelle, die ein wenig Schutz böte. An der nächsten Abzweigung ein knorriger Birnbaum, ich kann mich halbwegs unterstellen. Statt unter einer Dusche stehe ich jetzt nur noch im Regen. Die Autos sind im Schritttempo unterwegs, von den Reifen steigen hohe Wasserfächer auf. Aus einem Feldweg schwemmt es lehmig über die Fahrbahn, Zweige strudeln mit, Steine, welkes Gras.

In den Wochen des Lockdowns im Frühjahr – möglicherweise eine Verbindung der Jahreszeit mit den fürchterlichen Berichten aus Italien – kamen Erinnerungen an die schwere Krankheit wieder, die mich im Frühjahr 2013 um ein Haar auf die Reise in die endgültige Dunkelheit geschickt hätte. Endlose Nächte auf der Intensivstation, ich hatte kaum die Kraft gehabt, ins Bad zu gehen, doch an Schlaf war tage- und nächtelang nicht zu denken gewesen. Restloses Chaos der Synapsen. Eine Erschöpfung, wie sie nicht in Worte zu fassen ist. Aber es kommt und kommt kein Schlaf. Im Fenster der schwarze Himmel einer hartnäckigen Frostperiode, im Zimmer die Umrisse zweier leerer Betten, farbige Zahlen auf dem

Monitor, und jede Viertelstunde pumpte sich automatisch die Manschette auf, die meinen Blutdruck maß.

Nie hatte ich ein größeres Gefühl der Leere empfunden als in jenen Nächten. Der Blick in das nächtliche Fenster – nicht die geringste Spur eines Trostes. Von wegen „heimliche Welt". Eine Ahnung von Sternen, für Momente ein milchiger Mond. Was hatte das mit mir zu tun? Universum? Das Schweigen der unendlichen Räume – Caspar David Friedrichs „Mönch am Meer". Der kleine Mensch in der Endlosigkeit des Alls. Angeblich hatte Friedrich ursprünglich noch irgendwo ein Segel in die Wellen gesetzt und später wieder übermalt. In jenen Nächten fühlte ich mich weder als Mönch noch fühlte ich mich in irgendeiner Weise von Mysterien berührt. Ich hing in einem Nirgendwo, draußen war Finsternis, und es war klirrend kalt. Und mein Bewusstsein, eben noch baumelnd an einem Körper, der sich mit der Unterstützung hochdosierter Medikamente gegen eine Infektion wehrte, die ihn zu vernichten drohte, juckte diesen Himmel nicht die Bohne.

In diesen Nächten auf der Intensivstation verstand ich es mit jeder Faser. Ob es uns gibt oder nicht – der sogenannten Natur ist das so lang wie breit. Bedeutung gewinnen – und erst recht in ethischer Hinsicht – können wir allein durch Interaktion und Reflexion. Nicht Mond oder Sterne geben dem Menschen menschliche Züge, sondern gesellschaftliches Handeln. Und die *sancta simplicitas* ist ganz gewiss auch keine Tugend, es ist der erste Schritt in Teufels Küche.

Die Idee, dass Natur der strahlend positive Gegensatz sein soll zur Gesellschaft mit ihren Zwängen und Konventionen, darf als eine der größten Luftnummern gelten, die jemals Karriere gemacht haben in der Geistesgeschichte. Dass Rousseau ausgerechnet mit diesem faulen Ei derart erfolgreich landen konnte, spricht leider nicht für seine Bewunderer.

Vielmehr ist es umgekehrt: Die Biologie ist das Geflecht der Zwänge, dem wir – im günstigsten Fall – bis zu einem gewissen Grad entgehen können dank der zwischenmenschlichen Beziehungen. Mitgefühl, die Unterstützung von Schwächeren, die Spielarten der Toleranz – das alles sind Erfindungen der Kultur. Die reine Biologie hält sich damit nicht auf. Und nur hier, in den persönlichen Beziehungen, kann so etwas wie „Heimat" entstehen. Kann für Augenblicke das Grundgefühl der Fremdheit (dieses Gefühl allerdings ist ebenso kosmisch wie universal) in Empfindungen der Nähe, des Vertrauens sich verwandeln. Stets flüchtig, stets bedroht, und oft genug mehr in den Sehnsüchten erfahrbar als in erlebter Präsenz. Mit Menschen hat es zu tun, mit individueller Nähe, mit Gedanken und Gesprächen, die jeweiligen Orte sind sekundär. Sicher kann es bestimmte Atmosphären geben, die diesem Empfinden den Hintergrund liefern, ohne das jeweils Individuelle des Erlebens aber werden die Orte zu einer stummen Ansammlung geographischer Koordinaten.

Wie wenig uns letztlich mit den Orten verbindet, sehen wir am deutlichsten, wenn wir sie nach Jahrzehnten wieder aufsuchen, mit einer Erinnerung, die schier überquillt. Als müssten wir uns jeden Augenblick selbst entgegenkommen aus den Kulissen der Vergangenheit. Doch da ist nur Heutiges, und niemand mehr, der uns kennen würde. Der Mann, der den Rinnstein unserer Kindheit fegt, beachtet uns nicht, und aus einem gekippten Fenster riecht es nach geschmorten Zwiebeln.

In solchen Momenten wird uns klar, dass wir in dieser Wirklichkeit des Jetzigen nichts mehr zu suchen haben, am allerwenigsten uns selbst. Orte intensivster Erinnerung – nach Jahrzehnten fremder, als der Mond es wäre.

Und was mich im Kontext jeder Heimat als erstes interessiert: Die Leben derjenigen, denen die Heimat abgesprochen, die Heimat genommen, die Heimat brutal zerstört wurde – davon erzählt die Heimat nur äußerst ungern, und der Heimatverein hat es erst recht nicht damit.

Ich musste nach Polen fahren, um zu verstehen, wie viele der Wörter, die mir aus dem Dialekt der Schulzeit vertraut waren, ihren Ursprung im Jiddischen haben. „Dalles" – als Bezeichnung für eine Krankheit, zumeist Erkältung („jemand hat sich den Dalles geholt"; auch in der Wendung, etwas sei „Bruch und Dalles", im Sinne eines desaströsen Niedergangs) – von *daleß*: „das Elend". „Kalaumes" – Spinnereien, Hirngespinste, Unfug – von *chalojmeß*: „Träume". Mit Sicherheit ist der „Orwes" – der Rest auf dem Teller – aus einem umgedeuteten *orves* entstanden (Kaution, Vorauszahlung), und ein Zusammenhang zwischen „Schales" und *scholet* liegt ebenfalls nahe.

Damals, als wir glaubten, im *Ratskeller* oder in sonst einer Kneipe unserer verschlafenen, gemütlich reaktionären Provinz eine gesellschaftskritische Diskussion zu führen, wussten wir in Wirklichkeit von nichts. Daran war aber weder die Gesellschaft schuld noch die Schule noch sonst jemand, dem wir so gerne den Schwarzen Peter zugeschoben hätten. Dass einige unserer Lehrer sich nicht die geringste Mühe gemacht hatten, über den Tellerrand ihres Eigenheimwohlstands zu schauen – geschenkt. Es wäre kindisch, sich mit dem simpelsten aller Argumente herausreden zu wollen: Aber es hat uns doch niemand gesagt ... Von einem gewissen Alter an ist man für sein Nichtwissen selbst verantwortlich. Der Einzige, dem ich etwas anzukreiden hätte, bin ich selbst. Dass ich mich zufrieden gegeben habe mit einer Wirklichkeit, die tausend Gründe enthielt nachzufragen. Doch die vermeintlich großen Fragen suchte ich krampfhaft woanders. Dabei lag das Ungeheuerliche zutage mit einer Brutalität, die sprachlos hätte machen müssen. Dass es also tatsächlich möglich war: Nach der Zerstörung der Welt durch die deutsche Barbarei konnte man in urgemütlicher Bequemlichkeit leben, als wäre nichts gewesen. Doch unsere Erregung galt – es wird mir heute noch flau, wenn ich an die auftrumpfenden Rechthabereien denke – den Verbrechen der „Amis" in Vietnam.

Jüdisches war einfach nicht mehr da. War verschwunden und weg. Und weder hatten wir Interesse daran noch das geringste Gespür für die entsetzliche Lücke. Unser ganzes, vermeintlich ach so kritisches Räsonnieren in jenen Jahren, die heute von einfältigen Gemütern als die letzte goldene Dekade glorifiziert werden – kein schöner Land, und selbstvergessen trällerte man die Werbelieder mit – dieses ganze Räsonnieren war keinen falschen Pfifferling wert gewesen.

Auch von den Geschichten des Widerstandes wussten wir nichts. Wie viele Bergleute und Hüttenarbeiter nach der Abstimmung im Januar 1935 nach Frankreich geflohen waren. Wie viele von ihnen ihren Emigrationsweg fortgesetzt hatten, um im Spanischen Bürgerkrieg an der Seite der Republikaner zu kämpfen. Wie viele von ihnen in Spanien gefallen waren. Dass es also auch hier eine ganz unmittelbare Verbindung gab zwischen den Dörfern unserer putzigen Provinz und der sogenannten großen Geschichte. Aber das waren ja die Gottlosen gewesen, die Kommunisten, an die erinnerte man besser nicht.

In Illingen – wo ich Abitur gemacht habe – wurde der Bogen vom Eingang der Synagoge sehr spät erst vom jüdischen Friedhof, wo er völlig vergessen in einem Winkel gestanden hatte, in die Ortsmitte gebracht, versehen mit einer Gedenktafel, der anzusehen ist, wie mühsam man sich dieses Gedenken abgerungen hat. An der Stelle, an der die Synagoge gestanden hatte – die Brandstifter der Heimatliebe von damals sind, so weit ich weiß, nie zur Rechenschaft gezogen worden –, findet man, mit etwas Glück, eine weitere, recht verschämt sich gebende Gedenktafel, so diskret platziert, dass sie nicht ins Auge fällt. Stolpersteine – ja, die gibt es mittlerweile auch. Aber ebenso gibt es zahllose Stamm- und Wohnzimmertische, Bierstände und Kneipentresen, an denen gesagt wird, was man wohl noch wird sagen dürfen.

Ja, ich habe in der Gegend meiner Herkunft angenehme Momente erlebt, Momente, die ich nicht missen möchte. Doch jeder positiven Erfahrung steht eine negative zur Seite. In der Gegend meiner Herkunft habe ich Sätze gehört, die entsetzlich waren. Auch von vermeintlichen „alten" Freunden. Die eben deshalb heute keine Freunde mehr sind.

Am Ende bleibt immer der eine Gedanke: Dass nicht die Orte uns Halt geben, sondern Menschen. Und nicht Orte verletzen uns mit ihren Vorurteilen, ihrer Missgunst, ihrer gehässigen Borniertheit, sondern Menschen. Und die Gemütlichkeit – auch das ist ein sehr altes Lied – gefällt sich immer dann am besten, wenn sie seeleninnig Front machen kann gegen diejenigen, die angeblich nicht dazugehören. Dann kommt das „Volk" zu Wort, mit seinem ach so untrüglichen Empfinden für alles, was gut, gesund und richtig sei. Und dann bleibt nur noch eins: die Flucht ergreifen.

Der Sturzregen geht in Landregen über. Es wird wieder heller, die Wolken zerfasern, erste Sonnenstrahlen dringen durch die Watte. Trotz Birnbaum triefe ich, als hätte mich jemand mit einem Schlauch abgespritzt.

Als ich weiterfahre, sehe ich, dass der Tacho sich verabschiedet hat. Diese Mengen an Wasser waren offenbar zu viel des Guten. Angeblich bin ich jetzt mal mit 5, mal mit 75 Stundenkilometern unterwegs. Dann erlischt die Anzeige ganz.

Kobbeln, Treppeln – mit einem Mal die Sonne, gleißend, mit aller Macht. In Minuten wird es heiß. Die Straße beginnt zu dampfen. Hose und Trikot trocknen im Nu.

Kurz vor Chossewitz flackern wieder Zahlen auf dem Tacho, doch wirken sie wenig verlässlich. Bald verschwinden sie erneut. Blitzen noch einmal auf. Dann bleibt die Anzeige wieder leer.

Vor Mixdorf die Reihe der mächtigen Birken. Als luftiger Vorhang wehen die Zweige, fliegen die Tropfen, ein glitzerndes Stieben.

*

„Du liegst im großen Gelausche …"

Als Paul Celan dieses Gedicht schrieb – kurz vor Weihnachten 1967 – war ich eben drei Monate alt.

Lauschen – nach Signalen suchen, Zeichen und Spuren, versuchen, sie wahrzunehmen, sie herauszulesen aus der Fülle des Alltäglichen, das so scheinbar selbstverständlich rauscht. Versuchen sie zu entziffern.

Wenn ich meine Radtouren auf dem Kronprinzessinnenweg beginne, fahre ich immer wieder auch an dem Gedenkstein für Walther Rathenau in der Königsallee vorbei. Es ist ein bedrückend trister Ort. Verloren steht der Stein in der Straßenbiegung, umgeben zumeist von Abfall, und oft genug hat jemand ihn als Sichtschutz benutzt für ein Geschäft.

Der perverse Spruch, der damals „Judensau" auf „Rathenau" reimte – Emil Julius Gumbels Buch über die rechten Gewaltverbrechen in der Weimarer Republik, mit denen die Justiz sich so schwer tat – Joseph Roths Berichte über den Prozess gegen Rathenaus Mörder – Alfred Kerrs *Erinnerungen eine Freundes* – „… daß er von Deutschen roh ermordet wurde … weil er Jude war …"

An der Gedenkstätte Gleis 17 – am Bahnhof Grunewald – sitzen, wenn im Biergarten des Lokals „Floh" alles besetzt ist, die Gäste auf dem Sockel der Bildhauerarbeit von Karol Broniatowski, lassen es sich schmecken vor den Aussparungen in der Mauer, die die Form menschlicher Umrisse haben. Und wer sich umdreht und die Mauer bemerkt, fragt zwischen zwei Schlucken, an den Pommes kauend:

„Watt soll'n ditte hier sein? …"

„Keene Ahnung … kannst Dich ja ma rinnstellen …"

„Keine Logodizee kommt an gegen die Unvernunft des Wirklichen."

Jean Amérys *Unmeisterliche Wanderjahre* – wie oft ich das Buch mittlerweile schon gelesen habe, ich weiß es nicht. Jedes Mal verschlägt es mir von Neuem den Atem mit seiner schmerzhaften Spannung zwischen den mit äußerster Anstrengung geführten Gedanken, die keine Differenzierung auslassen, kein Detail unterschlagen wollen, in immer neuen Anläufen *klären* möchten, in welchen Zusammenhängen sie sich sehen – und den Wendungen, die angesichts der überwältigenden Brutalität des Realen nach Dutzenden von Seiten schärfster Reflexionen im Atemzug eines Satzes die nüchterne Bilanz der Vergeblichkeit ziehen.

Der Versuch, die eigenen Labyrinthe des Denkens zu erfassen – der Versuch, sich selbst, ja: auf die Schliche zu kommen – Reflexionen über die Unmöglichkeit einer „Aufarbeitung", über die Sackgassen des vermeintlichen Neuanfangs nach 1945 – die messerscharfe Diagnose eines Vergessens gerade durch objektivierende Beflissenheit – die um präzisen Ausdruck ringende Sprache, die sich noch im intimen Bekenntnis ihr skeptisch prüfendes Auge bewahrt – die unnachgiebige Auseinandersetzung mit Sartre – die ernüchternden Erkenntnisse über die westdeutsche Linke und Israel – mit jedem erneuten Lesen fährt mir dieses Buch buchstäblich in die Glieder. Als Erschrecken, das ich dann tagelang in mir trage.

*

Der Sommer, der sich heute früh so zögerlich gegeben hatte, ist zurück. Am Himmel nur noch hohe Wolken, schönwetterweiß.

Gleis 17, der Gedenkstein für Walther Rathenau – zu den Orten des „Lauschens" gehört auch das Grab Arnold Słuckis auf dem Friedhof Ruhleben. Der Stein, die Eiben, der Teppich aus Walderdbeerpflanzen.

Das Schtetl, in dem Słucki 1920 geboren wurde – Tyszowce – taucht in seiner Lyrik als *Szagalewo* auf. Chagallingen – wenn man versuchen wollte, es andeutungsweise zu übertragen. Tyszowce übrigens ist auch der Ort, an dem Isaac Bashevis Singer – nach der Verheerung – den „letzten Dämon" auf dem Dachboden ausharren lässt. Dort nährt sich das Wesen, das der menschlichen Phantasie entsprungen ist, von den Buchstaben heiliger Bücher, die noch verblieben sind. Von den Menschen, die sich einmal Geschichten von ihm erzählt, sich einmal vor ihm gefürchtet haben, lebt niemand mehr.

„When the last letter is gone, / the last of the demons is done."

Słuckis Muttersprache war Jiddisch. Nach dem Wunsch seines Vaters hätte er Rabbiner werden sollen. Und er wurde, noch bevor er Dichter wurde, Kommunist. Er überlebte in der Sowjetunion, kehrte nach 1945 in die Volksrepublik Polen zurück.

Seine Gedichte aus den ersten Nachkriegsjahren sind auf ideologischem Kurs, plakativ und wenig ergiebig. Doch schrittweise löste er sich von der Doktrin, näherte sich immer mehr erneut dem jüdischen Denken an. Hier beginnt sein eigentliches Werk. Kompositionen von so fragiler, so vielschichtiger Musik, so fein gearbeitet mit ihren Rhythmen, ihren Klang- und Bedeutungsschichten.

Zusammen mit Salomon Łastik bereitete er eine große Anthologie jiddischer Dichtung in polnischen Übersetzungen vor. Ausgerechnet 1968 war das Buch druckfertig – und durfte nicht erscheinen. Erst 1983, mehr als zehn Jahre nach Słuckis Tod, wurde die Anthologie publiziert.

Nach der antisemitischen Kampagne von 1968 versuchte Słucki vergeblich, in Israel Fuß zu fassen. Mit seiner schwer angeschlagenen Gesundheit vertrug er das Klima nicht. Nach Israel die alte Bundesrepublik. Seine letzte Adresse war eine Pension in West-Berlin. Dort starb er mit 52 Jahren. Neben dem Namen, dem Geburts- und dem Todesdatum finden sich nur zwei Worte auf seinem Grabstein: *poeta polski*.

Im Oder-Spree-Kanal spiegeln sich der Wald, der Himmel. Die Kersdorfer Schleuse taucht auf. Keine 20 km mehr bis Fürstenwalde.

Als Arnold Słucki nach West-Berlin kam, lebte Bernward Vesper nicht mehr. Doch selbst, wenn eine Begegnung möglich gewesen wäre – welche gemeinsame Sprache hätten sie finden sollen: der westdeutsche linke „Revoluzzer" und der polnische Jude, Überlebender der Schoa, den die antisemitische Kampagne in der Volksrepublik aus seinem Land getrieben hatte? Die Frage ist rhetorischer Natur.

Im Juni 1970 schrieb Słucki eines der ersten Gedichte – „Ramersdorf" – für die Sammlung „Im Epizentrum", von der er wusste, dass eine Veröffentlichung zu Lebzeiten unmöglich sein würde. Eine mit wenigen Strichen gefasste, denkbar lakonische Diagnose. Ein „Pakt mit dem Meister", Małgorzata *ganz nackt* (der polnische Name steht hier für Bulgakows Margarita und Goethes Gretchen zugleich) – die beiden Flüsse Weichsel und Rhein – die geknebelte Zunge.

Im Juni 1970 flogen Mahler, Baader, Ensslin, Meinhof und weitere Personen aus dem Kreis der entstehenden RAF in den Libanon, um von dort in ein Camp in Jordanien zu fahren. Wabernde Hirngespinste von einem „neuen Menschen", der „da unten" entstehen sollte, „in diesen revolutionären Kämpfen" …

„Wer bin ich hier / für sie?" fragt Słucki in seinem Gedicht „Rotation", das im September 1970 in der alten Hauptstadt Bonn entstand. Und gibt sich resigniert die Antwort: „Nichts. / Poet / ohne Generation, / ein geflüchteter Donner / ohne Adresse / vom Berg Sinai."

✳

Die große Kreuzung. Der Bahnübergang. Die ersten Häuser von Fürstenwalde.

Die erste Ampel, die zweite Ampel. Der Bahnhof schon fast in Sichtweite.

Die Tachoanzeige ist immer noch leer. Zu der heutigen Strecke wird es keine Kilometerzahl geben. Ich werde sie auf andere Weise in Erinnerung behalten. In den Räumen des Zwischenlandes. In Nähen und Distanzen der Gedanken.

NACHBEMERKUNG

In diese Sammlung sollte ein Beitrag über die Zeit aufgenommen werden, die ich im Februar / März 2022 als Helfer des Ukrainischen Hauses in Przemyśl verbracht hatte.

Dass dieser Text bis heute nicht geschrieben ist, hat mehrere Gründe. Nach meiner Rückkehr war ich über Monate damit beschäftigt, die Arbeit nachzuholen, die ich hatte liegen lassen, um auf dem Bahnhof in Przemyśl zu helfen. Zum anderen fand ich mich, wann immer ich versuchte, mich an diesen Text zu setzen, in einer Blockade wieder. Alles hatte ich vor Augen. Und brachte keinen einzigen Satz zustande. Eine kurze Skizze, die ich mir mühsam genug abgerungen hatte, erschien auf Polnisch (übersetzt von Ewa Czerwiakowski), in dem Online-Magazin *Kultura Enter*. Im Laufe des Jahres 2022 gab es dann so viel anderes zu tun – Unterstützung geflüchteter Ukrainerinnen und Ukrainer, Lesungen und Veranstaltungen mit Spendenaktionen, der ständige Austausch mit Freundinnen und Freunden, in dem Bemühen, die verschiedenen Initiativen möglichst effektiv zu koordinieren –, dass ich die chaotisch wuchernden Notizen zu einer ausführlichen Fassung des Textes irgendwann beiseitelegen musste. Ende 2022 nahm ich mit der Berliner Gruppe *Ukraine Solidarity Bus* Kontakt auf, und das Jahr 2023 wurde zu einer noch intensiveren Zeit von Aktivitäten auf verschiedenen Ebenen.

Dass der 24. Februar 2022 in diesem Buch nicht auftaucht, hat also gerade mit diesem Datum zu tun. Vor die Wahl gestellt, in der ohnehin knapp bemessenen Zeit, die mir neben den Übersetzungen und der Arbeit an der Universität noch blieb, den Rückzug ins Schreiben anzutreten oder konkrete Hilfe zu leisten, habe ich mich für die Hilfe entschieden.

Ich hoffe, dass ich zu diesen Gedanken – Przemyśl im Februar / März 2022 und die Monate danach – noch einmal zurückkehren kann.

Lothar Quinkenstein, Berlin, 31. Mai 2024

NACHWEISE DER ERSTVERÖFFENTLICHUNGEN

Das Gedächtnis der Straßen. Posener Erinnerungen // Basil Kerski, Krzysztof Ruchniewicz, Sabine Stekel (Hg.): *Facetten der Nachbarschaft. Beiträge zur deutsch-polnischen Beziehungsgeschichte.* Berlin 2019, S. 128–141.

Dresdner Nachmittag und Abend // Jabłonowski-Preis 2017, herausgegeben von Ewa Tomicka-Krumrey, im Auftrag der Societas Jablonoviana. Leipzig 2020, S. 27–37.

Flipper // Internetmagazin SPAM (nicht mehr existent).

Lieber Hirsch Glik // fixpoetry (nicht mehr existent).

Am Tag zuvor, am Tag danach // erschien bisher nur auf Polnisch, übersetzt von Ewa Czerwiakowski, in dem Online-Magazin *Kultura Enter* (Lublin).

„Setz dich hin und schreib!" Julian Stryjkowski – Hüter der galizischen Erinnerung // *Sinn und Form*, Nr. 5, 2019, S. 611–622.

Berlin, Königsallee – Warschau, Galerie Zachęta // *Sinn und Form*, Nr. 5, 2020, S. 696–698.

Schulzfest 18 // *Spiegelungen. Zeitschrift für deutsche Kultur und Geschichte Südosteuropas*. 2.18, S. 152–172.

Bereits erschienene Texte wurden für dieses Buch noch einmal überarbeitet. Die Nachweise finden sich auf Seite 263.

ISBN 978-3-949262-46-3

Umschlagfoto
© Cristi Serban, Bratislava
Das Bild zeigt die Brücke über die Moldova in Roman (Rumänien)

Satz und Gestaltung: Gisela Kirschberg, Berlin
Gesetzt aus der Minion und der Frutiger

Druck: bookpress.eu, Olsztyn

Adalbert Stifter | Eduard Mörike | Łucja Danielewska | Ignacy Jan Paderewski | Henryk Sienkiewicz | Witold Gombrowicz | Adam Mickiewicz | Juliusz Słowacki | Józef Ignacy Kraszewski | Cyprian Kamil Norwid | Kazimiera Iłłakowiczówna | J.W.v. Goethe | Friedrich Schiller | Heinrich Böll | Heimito von Doderer | Milan Kundera | Karl Schlögel | Joseph Beuys | Jerzy Łukasz Kaczmarek | Gustav Regler | Józef Wittlin | Peter Huchel | Friedrich Torberg | Joseph Roth | David Bronsen | Claudio Magris | Manès Sperber | Soma Morgenstern | Bruno Schulz | Stanisław Ignacy Witkiewicz (Witkacy) | Czesław Miłosz | Roman Polanski | Krzysztof Komeda | Marek Hłasko | Marek Niziński | Agnieszka Osiecka | Maryla Rodowicz | Henryk Grynberg | Ryszard Krynicki | Janusz Marciniak | Jerzy Ficowski | Monika Krajewska | Samuel Joseph Agnon | Ahron Eliasberg | Alfred Döblin | Heinrich Heine | Friedrich Nietzsche | Paul Celan | Maria Komornicka | Karol Irzykowski | Gershom Scholem | Schalom Asch | Michael Chabon | Charles Reznikoff | Emilia Plater | Jacob Böhme | Zbigniew Libera | Jan Matejko | Theodor W. Adorno | Henryk Warszawski | Hanka Ordonówna | Zula Pogorzelska | Eugeniusz Bodo | Emanuel Szlechter | Kazimierz Wajda | Henryk Vogelfänger | Józef Czapski | Norman Davies | Hirsch Glik | Ephraim Moses Lilien | Morris Rosenstein | Hans Rosenthal | Arno Lustiger | Henry David Thoreau | Else Lasker-Schüler | Kazimierz

Sagnol | David Grossman | Wiera Meniok | Grzegorz Józefczuk | Adam Zagajewski | Sjón (Sigurjón Birgir Sigurðsson) | Alfreð Flóki | Michail Bulgakow | Gustav Meyrink | Sotirios Karageorgos | Władysław Panas | Isaak Luria | Ivan Franko | Bożena Shallcross | Włodko Kaufman | Anna Maria Słowikowska | Jerson Vicente Fontana | Kazimierz Wierzyński | Rita Ostrowskaja | Itzik Manger | Keti Kantaria | Władysław Panas | Anna Kaszuba-Dębska | Ariko Kato | Debora Vogel | Jurko Prochasko | Abraham Jakob Brawer | Cynthia Ozick | Georg Trakl | Leontyna Schreyer | Alfred Schreyer | Mordechaj Gebirtig | Aleksandra Zińczuk | Bernward Vesper | Georg Büchner | Jakob Michael Reinhold Lenz | Will Vesper | Chaim Potok | Alexander Berkman | Iwan Bunin | Warlam Schalamow | Ossip Mandelstam | Nadeschda Mandelstam | Rolf Schneider | Denise Levertov | Gerd Koenen | Fritz Bauer | Joseph Wulf | Hans Deutsch | Ulrike Meinhof | Claus Peymann | Gabriele von Lutzau | Jürgen Schumann | Stefan Aust | Pieter Bakker-Schut | Hermann Kinder | Markus Imhoof | Henner Voss | Andreas Baader | Gudrun Ensslin | Joachim Fest | Kazimierz Wyka | Charles Simic | Jerzy Stempowski | Vilém Flusser | Jorge Semprún | Georg Herwegh | Timothy Garton Ash | Peter Huchel | Jan Skácel | Jona Rosenfeld | Delmore Schwartz | Lou Reed | Saul Bellow | Nico | Isaac Bashevis Singer | Salomon Łastik | Arnold Słucki